ARCHIVOS DEL PRESIDENTE JOSÉ AZCONA

Notas de Prensa. Julio—Agosto de 1987

MERENDÓN

COLECCIÓN

ARCHIVOS DE PRENSA DEL PRESIDENTE JOSÉ AZCONA

Diarios El Heraldo, La Prensa, La Tribuna y Tiempo (julio-agosto de 1987)

©Editorial Erandique 2024
©Colección Merendón
Supervisión Editorial: Óscar Flores López
Diseño de portada: Andrea Rodríguez-Lilyana Gálvez
Administración: Tesla Rodas y Jéssica Cordero
Levantamiento de texto: Zona Creativa
Director Ejecutivo: José Azcona Bocock

Primera Edición

Tegucigalpa, Honduras-Mayo de 2024

CASO TEMIS, PAZ EN LA REGIÓN
Y LLANTO DEL PRESIDENTE AZCONA

Estos volúmenes del archivo José Azcona Hoyo de la Colección Merendón nacen de los documentos que dejó mi papá al fallecer. Hubiese sido su voluntad que la información fuese compartida con todas las personas que deseen acceder a la misma.

La colección incluye un registro de publicaciones periódicas contemporáneas con los hechos, informes de gobierno y otros documentos anexos. La edición que hoy publicamos contiene los archivos de prensa de los diarios La Tribuna, El Heraldo, La Prensa y Tiempo de julio y agosto de 1987.

Fueron dos meses de agitación. El asesinato de un magistrado de la Corte Suprema de Justicia, Mario Antonio Reyes Sarmiento, a manos de un elemento de la entonces Fuerza de Seguridad Pública (Fusep), conmocionó al país y provocó serios cuestionamientos hacia las autoridades policiales del país.

La edición que hoy publicamos también incluye, entre otros temas, el sonado caso de Temístocles Ramírez, por quien Estados Unidos exigía una indemnización por un asunto de tierras. ¿Cuál fue la postura del mandatario hondureño? ¿Estaba de acuerdo en pagarle una cifra millonaria a "Temis"? También contiene los avances del proceso de paz en Centro América con los infaltables estira y encoge entre los países de la región con el régimen sandinista de Nicaragua.

El cuidado y divulgación de documentos históricos tiene dos componentes importantes. El primero, y condición necesaria para el segundo, es la conservación de la información para su posterior uso. La función primaria se ha logrado durante las décadas que este archivo ha estado bajo custodia de mi madre, Miriam Bocock de Azcona, y se espera darle un hogar definitivo permanente.

La segunda función se cumple con la publicación de este archivo. El mismo se ha organizado, capturado digitalmente, convertido a texto, editado y publicado de una manera sistemática.

La intención es que el mismo sea accesible, a un costo económico, para quienes deseen conocer mejor este importante periodo de la historia de Honduras.

Adicionalmente, que sirva de fuente para investigadores que se interesen en los temas cubiertos por el mismo. Un complemento importante es que se pretende tener estas obras en una edición disponible de forma permanente, para garantizar el acceso al mismo a futuro

Hemos cuidado de hacer edición para garantizar: que no haya errores y facilidad de búsqueda. La intención no es distorsionar el archivo para favorecer o perjudicar imágenes, sino conservarlo y compartirlo en forma íntegra.

JOSÉ S. AZCONA B.
Abril de 2024

[EDITORIAL]
GASTO CORRIENTE INCONTROLABLE Y EL DETERIORO DE LA ECONOMÍA

Hace más de tres años la opinión pública hondureña se vio profundamente impactada por el denominado "Memorándum Rosenthal", cuyo autor es el actual designado a la presidencia de la República, ingeniero Jaime Rosenthal Oliva, en el que se enfatiza sobre graves consecuencias de un déficit fiscal incontrolado.

"El problema del subdesarrollo normalmente revienta en un déficit fiscal -dice el memorándum del 23 de abril de 1984, dirigido al entonces presidente Suazo Córdova- y en un déficit de divisas que, en su conjunto crea problemas económicos y sociales adicionales a los que ya tenemos".

Indicando que, en aquel momento, "el problema más grande es el del déficit fiscal", en la serie de medidas recomendadas para hacerle frente se planteó el reducir los gastos corrientes de la administración pública, incluyendo no sólo el presupuesto del Gobierno Central, sino el de las entidades autónomas.

"El gobierno de la República -insiste el memorándum- no conoce un presupuesto consolidado que incluya el propio, el de las instituciones autónomas y otros organismos estatales". En el presente parece persistir la misma situación, no obstante que algunas de las recomendaciones se han ido aplicando, aunque fragmentariamente y sin un coordinado esfuerzo para resolver este problema estructural.

En una reciente charla dada por el diputado Liberal y empresario, abogado Edmond L. Bográn, en el Club Rotario de Tegucigalpa, señala el fenómeno. "No ha habido una política fiscal como complemento de una política económica... el gasto corriente se está volviendo incontrolable, porque de 400 millones de lempiras se ha pasado a 600 millones de lempiras".

"Si sumamos el gasto corriente del sector público y de las instituciones autónomas, creo que es pavoroso", sentenció el diputado Bográn.

El asesor en materia económica y otras yerbas, como se dice, del presidente de la República, abogado Carlos Falck, hace pocos días dio declaraciones estimulantes en el sentido de que el gobierno estaba cumpliendo con el objetivo de reducir el gasto corriente en 130 millones de lempiras.

La decisión de cortar ese gasto obedecía a una necesidad impostergable que, como se ve, data de varios años atrás hasta conformar una enfermedad crónica de urgente resolución, en tanto incide en el desarrollo económico y en el bienestar de todos los hondureños, como quedó establecido en el memorándum Rosenthal.

También porque organismos internacionales de financiamiento multilaterales y bilaterales, tipo Fondo Monetario Internacional, BID y USAID, conscientes de la gravedad del déficit fiscal, han recomendado el control del gasto público para una adecuada aplicación de la cooperación económica y la estabilidad monetaria del país.

En este aspecto la disminución del gasto público fue ordenada por el presidente en el orden de un 10 por ciento sobre lo presupuestado. Sin embargo -y pese a las optimistas informaciones anteriores del asesor gubernamental- ahora nos trae el gobierno una dolorosa noticia, dada sorpresiva por estar ajustada a la realidad.

En el primer semestre de este año, ha declarado el abogado Carlos Falck, el gasto corriente se ha disparado en 88 millones de lempiras. O sea que no sólo no se ha reducido el déficit, ni siquiera se ha mantenido estático, sino que ha crecido en forma desorbitada.

Esto quiere decir, en lenguaje llano, que el déficit fiscal se ha vuelto completamente incontrolable. Las consecuencias de esto son de suma gravedad, y la nación tiene por ello suficientes motivos para preocuparse, máxime en estos momentos en que, a diferencia de 1984, la pobreza y el desempleo es mucho más agudo y creciente.

Nos sorprende, eso sí, el asesor presidencial cuando parece darle por importancia a este hecho, argumentado que existe un adecuado control. La revelación de las cifras nada influye en este optimismo demagógico, que conduce a bajar la guardia y a fomentar la irresponsabilidad administrativa.

"Ese desfase (de los 88 millones) podría ser controlable dice el abogado Falck – y en base a los lineamientos generales que se han hecho para la reducción del gasto, creemos que es manejable y que a fin de año saldremos con los planes económicos del gobierno".

En realidad, nada apunta a una solución heroica como lo demanda la situación. Más bien queda la impresión de una actitud similar a la de los avestruces frente al peligro.

Tiempo/31 de julio de 1987

EDITORIAL
DECLARACIONES VAN Y DECLARACIONES VIENEN EN EL CASO TEMÍSTOCLES

El canciller de aquí, doctor Carlos López Contreras, ha indicado que el Estado de Honduras debe indemnizar a Temístocles Ramírez, el aventurero norteamericano famoso ya por su reclamación de 20 millones de dólares por unas tierras que nunca podrían pertenecerle y cuyo costo no llega ni al medio millón de dólares.

El canciller López Contreras es muy cuidadoso al hacer este señalamiento. Dice que no hay que indemnizar a Temístocles, sino a su empresa -Ganadera Trujillo-, pues el gobierno trata con empresas y no con personas foráneas.

Al mismo tiempo, el canciller López Contreras se opone así a la voluntad del presidente de la República, ingeniero José Simón Azcona del Hoyo, quien declaró públicamente su posición de no indemnizar ni a Temístocles ni a su empresa, por ser un asunto lesivo a nuestra soberanía y dignidad nacional.

El canciller, sin embargo, resulta salomónico en su juicio. Hay que pagarle a Temístocles, pero con el nombre de empresa Ganadera Trujillo, y la indemnización habría que compartirla en el pago con el gobierno de los Estados Unidos.

Lo justo sería, naturalmente, que los Estados Unidos se encargaran de pagar esos platos rotos. Fue por decisión norteamericana que se estableció el Centro Regional de Entrenamiento Militar (CREM) para entrenar tropas salvadoreñas -10.000- soldados en nuestro territorio. El CREM se instaló en esas tierras por ser un punto estratégico.

Temístocles, como extranjero, no podía poseer tierras en el Litoral Atlántico ni cuarenta kilómetros tierra adentro. Cualquier registro de propiedad a su favor, en este caso, es nulo. Los funcionarios registradores de esa propiedad, incluso, incurrieron en responsabilidad si hicieron el registro.

Pero en el gobierno del doctor Roberto Suazo Córdova, para obtener los aparentes -ciertamente irreales- beneficios de la iniciativa de la Cuenca del Caribe, se firmó un compromiso para indemnizar a Temístocles en lo relativo a las mejoras. Temístocles, ni corto ni perezoso, subió la reclamación a niveles estratosféricos, y ha logrado el apoyo del Congreso de los Estados Unidos.

Ahora está el lío. Según el canciller López Contreras, el Congreso norteamericano ha congelado 60 millones de dólares de ayuda "suplementaria" hasta que no se indemnice a Temístocles, un sujeto de cuenta. Los 60 millones de dólares provienen de otro cuento chino, de aquellos famosos 300 millones perdidos desde el año anterior, prometidos a los países "democráticos" de América Central como consolación por los 100 millones de dólares aprobados para ayudar a los "Contras".

La verdad es que los países apodados "democráticos" no han recibido nada, independientemente de lo sucedido con Temístocles. Pero ahí está el argumento, y para el canciller todo argumento marca USA hay que aceptarlo sea como sea.

Un país y un gobierno de dignidad diría, simplemente, que se queden con sus 60 millones "suplementarios" pero nada de indemnización a un aventurero norteamericano que, de paso, evadió el pago de los impuestos al fisco y explotó ilegalmente tierras de Honduras.

También, pondría un precio más justo y firme a las "facilidades" militares que tienen los Estados Unidos en Honduras que, en realidad, constituyen lo denominado en el mundo entero como el portaviones USS Honduras.

Opinión Editorial
CHAMBEROS

Es la bruta criticar algunas de las deidades de este gobierno. Indignación le provocó al señor ministro de peaje y carreteras un editorial intitulado "Barzones". Resulta que el ministro en una de esas sus acostumbradas peroratas dijo que los capitalinos "eran unos haraganes".

Ya antes había dicho que eran lengones. Aquí en LA TRIBUNA, no muy convencidos con la opinión del ministro y mucho menos con esa su forma peculiar de decir burradas, le indicamos que estaba equivocado.

El ministro ha estado acostumbrado a que le celebren todo lo que dice. Que cuando habla así, a la diabla, como generalmente lo hace, le digan que es campechano, que es bien pelado y que llama a las cosas por su nombre; sin pelos en la lengua.

En su nota, admite que así es. Dice que a él le gusta "decirle al pan, pan; al vino, vino; al necio, necio; al iluso, iluso; y al malcreado, malcreado". En la nota de redacción que le pusimos al pie de su misiva le aclaramos que quien le escribió la carta lo hizo meter otra vez las extremidades. Que malcriado no se escribe con "e" sino con "i". Así, ve, señor ministro: "Malcriado"…

También demanda que su nota de contestación se la publicáremos como editorial. Ni Dios quiera. Para editorializar en este periódico se necesita saber escribir.

Y al ministro, que le cuesta hablar, no digamos escribir.

Y es que de cierto momento para acá, ser ministro es como ser nada. Qué se va a comparar estos tiempos con otros de antes cuando los hombres del presidente eran personalidades. Cada uno de los ministros era en sí un verdadero valor. De ahí salió aquella expresión de los "gabinetes de lujo". No como éstos, "ministros de adorno".

Se enojan porque no todo mundo celebra cuando abren la boca para balbucear majaderías. Como esa magistral apreciación del ministro, asegurando que los capitalinos son barzones y además dando a entender que nadie aquí puede vivir si no es con una chamba pública. Y como su excelencia ha triunfado en el campo profesional, por humildad es que no cuelga entre sus diplomas el título de ingeniero, ¿verdad, señor ministro? Ya nadie recuerda quien construyó esos bulevares que se inundan cada vez que llueve, porque el "ingeniero" le metió unos desagües que "malhaya"...

Y por el éxito que tuvo en el campo profesional, será que lo consagraron dándole a perpetuidad una chamba pública. Desde chambear varias veces en la alcaldía sampedrana, pasando por las chambas del Congreso Nacional, y sin que le costara mayor cosa, estar chambeando todavía en la Secretaría de Comunicaciones. Toda una vida de lucha dice; dedicada a la chamba pública, será. Y si no, que diga ¿qué trabajito independiente ha tenido en los últimos diez o quince años? Así que ¿por qué se ofende tanto que la gente busque chambas en el gobierno? ¿O que activistas de su partido que se rompieron la chaqueta trabajando, sirviéndole de escalera, quieran ahora, aquí en la capital, un empleíto público?

Y ve quien habla de golpes de estado a gobiernos democráticos. El oficial mayor del Ministro de Gobernación en tiempos de la dictadura, que se hace liberal hasta que lo sacan de la chamba.

Le aclaramos -dice el ministro en su nota- que "SECOPT nada tiene que ver con el mantenimiento de calle alguna". Vaya, hoy sí que nos salvamos. ¡Entonces, ¿qué hace su majestad? ¿Para que ocupa la mitad del presupuesto semejante pipa que le asignan?

¿No nos diga que en obras que se entregan como favores en apoyo de la candidatura del Secretario Privado de la Casa de Gobierno?

Ah los colaboradores del ingeniero Azcona. Cómo le prestigian su gobierno.

*La Tribuna/*3 de julio de 1987

NO ESTÁ CONGELADA AYUDA DE EUA, ASEGURA AZCONA

Estados Unidos no ha emitido ninguna disposición para suspender la ayuda que brinda a Honduras, declaró ayer el presidente José Azcona Hoyo.

Versiones de prensa difundidas ayer indicaban que el Congreso norteamericano habría tomado la decisión de suspender la ayuda económica a Honduras hasta que sea indemnizado el empresario puertorriqueño, Temístocles Ramírez.

El presidente Azcona calificó como "falsas" esas versiones y añadió que toda la ayuda está fluyendo normalmente.

"El primer desembolso para estabilización económica, por 30 millones de dólares, lo recibiremos en julio", dijo Azcona, en referencia al convenio firmado hace dos semanas por un total de 65 millones de dólares.

Agregó que los otros desembolsos para los programas de carreteras, educación y salud "se están haciendo normalmente".

Al parecer, el Congreso de los Estados Unidos ha "congelado" la discusión para aprobar un proyecto de ley mediante el cual brindaría una asistencia económica suplementaria a los países aliados de la región.

El monto de esa ayuda se eleva a 300 millones de dólares y el año pasado formó parte de un paquete de ayuda a la contra nicaragüense la cual sí fue aprobada.

El empresario Ramírez ha solicitado al Congreso estadounidense que suspenda la ayuda a Honduras hasta que nuestro país le indemnice por la expropiación de unos terrenos en las cercanías de Puerto Castilla, en los que posteriormente se instaló el Centro Regional de Entrenamiento Militar (CREM).

*El Heraldo/*3 de julio de 1987

SUTRASFCO QUIERE ELECTRIFICAR
CAMPOS BANANEROS DE COYOLES

TEGUCIGALPA. -Los directivos del Sindicato Unificado de Trabajadores de la Standard Fruit Company (SUTRASFCO) solicitaron ayer al presidente José Azcona Hoyo la electrificación de los campos bananeros en el sector Coyoles Central, Olanchito, Yoro, para beneficiar unos 2,000 trabajadores afiliados a esa organización sindical.

El presidente del SUTRASFCO, Carlos Roberto Flores Garrido, dijo que el presidente Azcona les prometió que en los próximos meses estaría electrificada esa zona para lo cual le pidió al gerente de la Empresa Nacional de Energía Eléctrica (ENEE), Jack Arévalo, que presente un informe inmediato para la ejecución de ese proyecto.

Flores manifestó que desconoce la inversión que hará el Estado para la electrificación de Coyoles Central, pero señaló que la Standard Fruit Company está en la disposición de dar 30 lempiras por cada trabajador que sea beneficiado con el alumbrado eléctrico.

Azcona recibió ayer a los directivos de SUTRASFCO, quienes solicitaron ayuda para electrificar los sectores bananeros de Coyoles.

El dirigente sindical indicó que desde el 18 de febrero pasado están solicitándole al presidente Azcona la electrificación de ese sector, "puesto que los trabajadores de los campos bananeros le dieron su apoyo durante la campaña política, pensando que podrían obtener, por lo menos, el alumbrado eléctrico". Dijo que la Standard Fruit Company ha contratado a más de 500 trabajadores temporales con el proyecto de mejoramiento de las fincas bananeras, y que eso contribuye al fortalecimiento del sindicato. (TDG).

*Tiempo/*4 de julio de 1987

ESPOSOS BRIGGS VISITAN LA CEIBA

Durante un exquisito coctel, celebrado en Ricardo's Restaurant los esposos Bonny y Randolph Fleming agasajaron la visita que por tres días realizaron a esta ciudad los esposos Everett Briggs, embajador de Estados Unidos en Honduras y señora Sally de Briggs. Como invitado especial asistió el ingeniero José Azcona del Hoyo, su esposa Mirian y su hija Mirian Elizabeth. He aquí dos aspectos gráficos de la reunión tomados por Magdalena Velásquez.

Tiempo/6 de julio de 1987

El ingeniero José Azcona con Everett Briggs. A la izquierda, Mirian Elizabeth hija del Presidente y al otro extremo, Sally de Briggs.

Randolph Fleming, Eleonor Konghel de Rietti, Luis Rietti M., José Azcona del Hoyo, Margie Dip y Abraham Dip.

TNE ACTUÓ CORRECTAMENTE AL DECLARAR DESIERTOS LOS COMICIOS MUNICIPALES

El presidente José Azcona Hoyo dijo ayer que el Tribunal Nacional de Elecciones no tenía más remedio que declarar desiertas las elecciones municipales debido a que ningún partido presentó planillas de candidatos.

"Si ningún partido cumplió los requisitos para participar ¿cómo pueden celebrarse esas elecciones?, se preguntó el presidente, quien aún cree que esos comicios pueden llevarse a cabo.

Tras señalar que "ahora todo mundo quiere lavarse las manos" con el asunto de las elecciones, el mandatario también responsabilizó de la suspensión a los partidos pequeños.

"Si la Democracia Cristiana y el PINU hubieran celebrado elecciones internas, los partidos grandes se hubieran visto obligados a escoger sus candidatos porque, de lo contrario, se quedan fuera del torneo electoral", señaló Azcona.

El titular del Poder Ejecutivo es de la opinión que si los alcaldes quieren seguir en sus cargos deben ser ratificados hasta que se elija a sus legítimos sucesores.

Agregó que los dirigentes Carlos Montoya y Rafael Leonardo Callejas tienen la mayoría en el Congreso y pueden legislar para que las elecciones municipales se lleven a cabo el próximo año.

"Yo avalo todo lo que sea para beneficio y tranquilidad del país", concluyó.

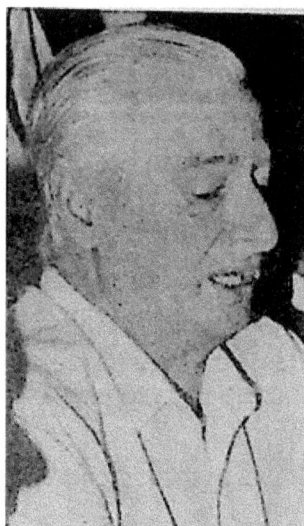

JOSÉ AZCONA HOYO

El Heraldo/3 de julio de 1987

AZCONA A ECUADOR Y PERÚ

TEGUCIGALPA. - El presidente José Azcona Hoyo viajará en los próximos meses a Perú y Ecuador, para dialogar con los mandatarios de estos países sobre la problemática de Centroamérica y la posibilidad de suscribir convenios de cooperación.

Azcona viajará a Perú atendiendo una invitación que hace varios meses le formuló el mandatario de ese país, Alan García, mientras que a Ecuador es en reciprocidad a la visita que realizó en mayo pasado a Honduras el presidente León Febres Cordero.

Asimismo, se anunció que el presidente Azcona está en la disposición de asistir a la cumbre que se llevará a cabo en septiembre en Nueva Orleans, Estados Unidos, con la participación de los mandatarios.

Dicha conferencia estaba programada para finales de este mes, pero se pospuso porque los presidentes centroamericanos han decidido reunirse en Guatemala el 6 y 7 de agosto para discutir el plan de paz del presidente costarricense, Oscar Arias Sánchez. (TDG).

*Tiempo/*4 de julio de 1987

AZCONA CONFIRMA PRÓXIMO VIAJE A PERÚ Y ECUADOR

El presidente José Azcona viajará en el curso de los próximos meses a Perú y a Ecuador, confirmó la Casa de Gobierno.

El jefe de Prensa de la Casa Presidencial, Marco Tulio Romero, recordó que el canciller de Perú Allan Wagner, había oficializado ya la invitación del presidente Allan García al mandatario hondureño y que éste ya la aceptó y fijará la fecha en que se realizará su viaje.

Azcona viajará también a Ecuador para reciprocar la visita de su colega León Febres Cordero, que se produjo después que asistió a la toma de posesión del presidente de Costa Rica, Oscar Arias Sánchez.

El portavoz presidencial indicó que la próxima semana será dada a conocer la fecha en que el mandatario hará su viaje a la América del Sur.

*La Tribuna/*4 de julio de 1987

ELECTRIFICARÁN COYOLES CENTRAL

El mandatario José Azcona viabilizará la electrificación del sector bananero de Coyoles Central, departamento de Yoro, según confirmó el presidente del Sindicato Unificado de Trabajadores de la Standard Fruit Company (SUTRASFCO).

Este anuncio fue hecho tras la reunión sostenida ayer entre el mandatario y los integrantes del nuevo Comité Ejecutivo del SUTRASFCO, quienes fueron presentados por el dirigente Mariano de Jesús González.

Flores Garrido informó que ellos plantearon al presidente Azcona la necesidad de electrificar la zona bananera de Coyoles Central "y él inmediatamente se puso en contacto con el gerente de la

ENEE, Jack Arévalo, a quien le pidió que le enviara un informe lo más pronto posible para viabilizar el proyecto.

El dirigente del SUTRASFCO afirmó que la contraparte será aportada por la Standard en base a una cláusula del contrato colectivo de trabajo, en el cual la empresa se obliga a pagar 30 lempiras por cada trabajador para cubrir el pago del alumbrado interior de sus viviendas.

El proyecto beneficiará a unos 2 mil trabajadores de la bananera y podría ser iniciado en el curso de los próximos meses.

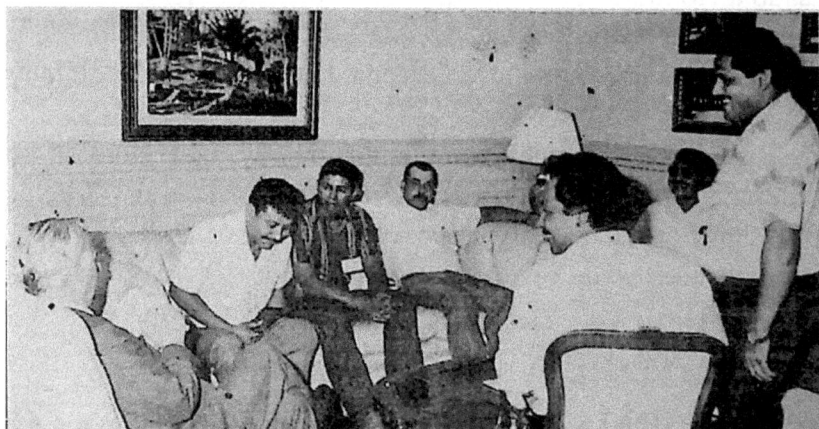

El presidente José Azcona (izquierda) dialoga con los nuevos miembros del Comité Ejecutivo del SUTRASFCO, encabezado por Carlos Flores Garrido.

La Tribuna/4 de julio de 1987

AZCONA VISITARÁ PERÚ Y ECUADOR

El presidente José Azcona Hoyo visitará Perú y Ecuador antes de fin de año para corresponder a invitaciones que le fueran formuladas por sus colegas de esos países, informó ayer el vocero presidencial, Marco Tulio Romero.

El informante dijo que la visita a Ecuador será de reciprocidad ya que el presidente de ese país, León Febres Cordero, estuvo en Honduras el año pasado al día siguiente de la toma de posesión del presidente de Costa Rica, Oscar Arias Sánchez.

Romero añadió que el presidente Azcona aceptó también la invitación que le formulara su colega peruano, Alan García, a través del canciller de ese país, Alan Wagner, quien estuvo en Tegucigalpa en compañía de los secretarios generales de la ONU y OEA a principios de 1987.

En esa ocasión, también llegaron al país, en misión de paz, los cancilleres del Grupo de Contadora y del Grupo de Apoyo, del cual forma parte Perú.

El vocero presidencial no precisó la fecha en que el presidente Azcona viajará a los dos países sudamericanos, pero señaló que el viaje podría producirse después de la reunión cumbre presidencial de Guatemala, los días seis y siete de agosto próximos.

El Heraldo/4 de julio de 1987

MEJORAR PRESUPUESTO Y MEDIACIÓN EN CONFLICTOS PIDIERON A AZCONA

TEGUCIGALPA. - Un aumento al presupuesto de los diferentes hospitales públicos, y su mediación para evitar sean intervenidos por el SITRAMEDHYS, pidieron ayer al presidente José Azcona, dirigentes de la Unión de Sindicatos de Hospitales de Honduras (USDEH).

Los presidentes de los sindicatos de los hospitales Escuela, Psiquiátrico, Tórax y San Felipe, acompañados del titular de la Confederación de Trabajadores de Honduras (CTH), Mariano de Jesús Gonzáles sostuvieron una entrevista con el mandatario para denunciar el atropello de que son objeto de parte de la dirigencia del Sindicato de Trabajadores, Medicina, Hospitales y Similares, que los pretende convertir en seccionales suyos.

Tanto Rodolfo Ramírez, presidente de la USDEH y Gonzáles informaron que Azcona Hoyo, intercederá para evitar un enfrentamiento entre sindicatos que es muy seguro si los del SITRAMEDHYS siguen con sus intenciones de intervenirlos.

El objetivo de este sindicato, según explicaron, es para sacar mayor representatividad en el siguiente congreso y reelegirse en sus cargos.

En cuanto al incremento en el presupuesto en los hospitales públicos los sindicalistas entregaron un documento al gobernante, que ya había sido enviado al ministro de Salud, Rubén Villeda, y en el cual no solamente piden más dinero para los centros hospitalarios sino otro tipo de demandas.

Para el caso, en el Hospital Escuela desean que se dote de medicamentos y material médico quirúrgico, reparación inmediata del aire acondicionado central, compra de herramientas y materiales y una nueva planta telefónica.

Los empleados del Hospital Psiquiátrico necesitan "vacaciones profilácticas, seguro de vida, además, de teléfono y que se pavimente la vía que comunica el acceso a ese centro, con la ciudad capital".

Dirigentes de la CTH, el nuevo Comité Ejecutivo del SUTRASFCO y los conductores de sindicatos de hospitales, se entrevistaron con el presidente Azcona. *(Foto Salinas).*

El Hospital "San Felipe" requiere, a juicio de los sindicalistas, "que se le aumente la partida 280 para el mantenimiento de todo su sistema y que se desaloje inmediatamente el Departamento de Control de Vectores del hospital ya que su funcionamiento dentro del mismo perjudica la salud de los pacientes".

Para el Tórax hacen similares planteamientos en relación al Hospital Escuela, o sea la necesidad de dotarlos del equipo médico quirúrgico necesario.

Todos los planteamientos anteriores se hacen en vista de que: "Observamos cómo la atención médica-hospitalaria está en situaciones paupérrimas que lógicamente sufren las mayorías marginadas", apuntan los dirigentes de la USDEH entre los que figuran Rodolfo Ramírez, Daniel Cabrera, Jerónimo Rodríguez, Ada Luz de Moncada, Edda Carías, José Luis Baquedano, Micaela Durón, María Verónica Núñez y Víctor Rogelio Cubas.

La Prensa/4 de julio de 1987

En lo comercial:
GOBERNADOR DE LA FLORIDA BUSCA MEJORAR RELACIONES CON HONDURAS

- *Ayer se reunió con el Presidente*

TEGUCIGALPA.- El gobernador del estado de Florida de los Estados Unidos, Bob Martínez, se reunió ayer con el presidente José Azcona Hoyo, para intercambiar impresiones sobre la posibilidad de mejorar las relaciones comerciales entre el estado de Florida y Honduras.

El gobernador Martínez dijo que el estado de Florida está interesado en mejorar las importaciones y exportaciones con Honduras, y que próximamente vendrá una misión encabezada por el jefe de comercio de ese estado.

"Nosotros estamos interesados en importar lo que necesitamos en el país nuestro y, al mismo tiempo, exportar servicios y manufactura electrónica", agregó.

Por otra parte, Bob Martínez manifestó que la administración Reagan tiene mucho interés en que Honduras continúe "con su democracia, y está haciendo todo lo posible para que el problema de Nicaragua no llegue a este país".

Tiempo/7 de julio de 1987

Después de cumbre de Guatemala
AZCONA VISITARÁ ECUADOR Y PERÚ

TEGUCIGALPA.- Después de la cumbre de mandatarios centroamericanos que se desarrollará en Guatemala el 6 y 7 de agosto el presidente José Azcona Hoyo viajará a las ciudades de Lima, Perú y Quito, Ecuador, para sostener entrevistas oficiales con sus homólogos de esos países.

La información conocida ayer en fuentes gubernamentales establece que Azcona Hoyo contestará la visita que en mayo del año pasado le hizo el gobernante ecuatoriano León Febres Cordero, al tiempo que atenderá una invitación de Allan García, presidente de Perú. Durante la visita que realizó Cordero el año anterior viajó a varios centros de producción agrícola, en la Costa Norte suscribiendo con Azcona Hoyo acuerdos de cooperación mutua.

Aún no se sabe concretamente la fecha que viajará el presidente de la República a estos países suramericanos, que, según Marco Tulio Romero, jefe de información de la secretaría de prensa, Azcona "mantiene la buena voluntad de asistir, además, a la conferencia económica que se desarrollará en New Orleans y que ha sido aplazada en dos oportunidades.

La Prensa/4 de julio de 1987

GOBERNADOR DE FLORIDA DE VISITA EN HONDURAS

El gobernador del Estado de Florida, EE.UU., Robert Martínez, se encuentra en el país para conocer la realidad centroamericana, y hoy se reunirá con el mandatario hondureño, José Azcona.

De acuerdo a una fuente de la embajada norteamericana en esta capital, el gobernador hizo ayer tarde una visita a la base de Palmerola, donde están acantonados centenares de sus compatriotas formando parte de los contingentes castrenses de su país.

La fuente indicó además que hoy se reunirá con el presidente José Azcona, a fin de conocer el pensamiento del mandatario hondureño sobre los diversos aspectos sociopolíticos y económicos de Honduras y de los restantes países.

Según se informó, Robert Martínez procura percatarse de lo que realmente acontece en la región centroamericana, pero la fuente no pudo precisar si la gira comprende los países vecinos.

Se indicó solamente que ayer tarde visitó la base militar mencionada, para efectuar hoy pláticas con el mandatario hondureño, sin conocerse mayores detalles sobre la visita del gobernador del Estado de la Florida.

El Heraldo/7 de julio de 1987

ELECTRICIDAD LLEGARÁ A CAMPOS BANANEROS DE COYOLES CENTRAL

La nueva Junta Directiva del Sindicato Unificado de Trabajadores de la Standard Fruit Company (SUTRASFCO) logró ayer un acuerdo con el presidente José Azcona para llevar la energía eléctrica a los campos bananeros de Coyoles Central

Según informó el presidente del SUTRASFCO, Carlos Flores Garrido, la conquista estaba contenida en el último Contrato Colectivo de Condiciones de Trabajo, pero faltaba la aprobación del sector oficial.

De acuerdo al Contrato Colectivo, la empresa se compromete a aportar la suma de 30 lempiras por cada trabajador al momento de gozar de los servicios de electricidad.

Flores dijo que el presidente Azcona se comunicó con el gerente de la ENEE, Jack Arévalo, para que le presente de inmediato un informe a fin de tomar la decisión sin dilaciones.

Agregó que el proyecto beneficiará a unos dos mil trabajadores, quienes nunca en el pasado habían gozado de los beneficios de la energía eléctrica.

"Los trabajadores del sector apoyaron las aspiraciones políticas del ahora presidente Azcona, porque estaban confiados en que lograría llevarnos la electricidad a nuestras viviendas", indicó Flores.

El presidente del SUTRASFCO manifestó que la zona está experimentando un nuevo auge debido a las inversiones que hace la compañía y que han permitido la contratación de unos 500 ó 600 trabajadores.

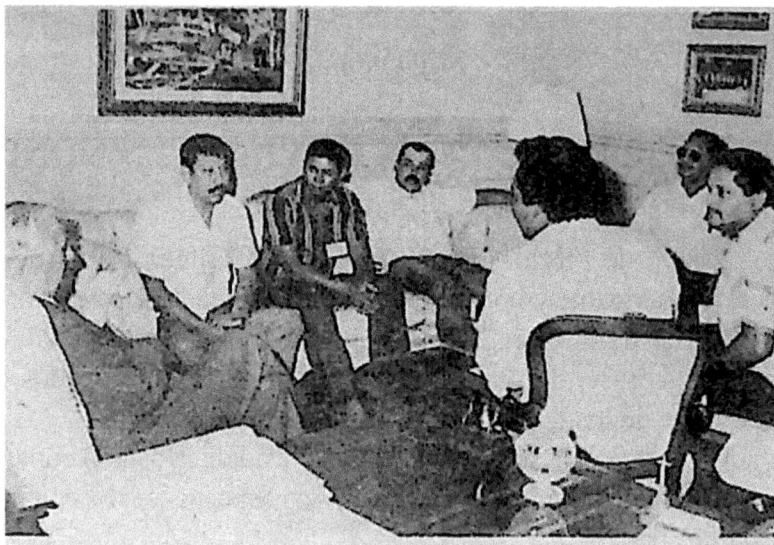

El presidente José Azcona con los dirigentes del Sindicato de Trabajadores de la Standard Fruit Company.

El Heraldo/4 de julio de 1987

J. AZCONA ASISTIRÁ A CONGRESO DE MÉDICOS

TEGUCIGALPA. - El presidente José Azcona Hoyo asistirá a la inauguración del Congreso Médico que el Colegio Médico de Honduras realizará del jueves al sábado próximo, el cual tendrá como tema fundamental las enfermedades infecciosas.

Los miembros del comité organizador del Congreso Médico invitaron ayer al presidente Azcona para que asista a dicho evento, y según el presidente de ese comité, doctor Milton González, el mandatario aceptó gustosamente.

El doctor González expresó que en el Congreso Médico se insistirá en la actualización de los tratamientos para la tuberculosis, parásitos y enfermedades bacterianas.

Azcona aceptó la invitación de los médicos.

Asimismo, se analizará el problema del SIDA y el tratamiento de infecciones en pacientes que tienen disminuidas sus defensas inmunológicas, y los problemas que enfrentan los hospitales del país.

González manifestó que la incidencia de enfermedades infecciosas en el país es de aproximadamente 80 por ciento de los pacientes que se hospitalizan. (TDG)

*Tiempo/*7 de julio de 1987

¡PAGARÁN LOS CULPABLES!

- *Consternación y dolor en sepelio del magistrado Reyes Sarmiento*

Enmedio de desgarradoras escenas de consternación y dolor ayer fue sepultado a las 05:00 de la tarde, en el cementerio Jardines de Paz Suyapa, el magistrado Mario Antonio Reyes Sarmiento.

Entre los asistentes al sepelio figuraban el presidente José Azcona y su esposa, los miembros de la Corte Suprema de Justicia, del Congreso Nacional, directivos del Partido Liberal, funcionarios del gobierno, abogados y numerosas personas.

Minutos antes de que se descendiera el féretro llovió copiosamente que obligó a los asistentes a refugiarse en los vehículos y bajo el alero de la lona que protegía la sepultura.

Tras amainar la lluvia y ante el sarcófago varios oradores con voces pausadas y entrecortadas por las lágrimas exaltaron las virtudes del fallecido.

Al momento de depositar el ataúd varias personas prorrumpieron en incontenible llanto: su madre, esposa, hermanos e hijos y demás familiares, así como sus más íntimos amigos.

En nombre del Partido Liberal habló Orlando Gómez Cisneros. El vicepresidente de la Corte Suprema de Justicia, Roberto Perdomo Paredes, dijo que la partida al más allá de su colega deja una estela de dolor, un vacío profundo y una interrogante que exige una respuesta clara y terminante para mitigar ese dolor, para despejar ese dilema y para aceptar la causa de su muerte.

El medio empleado, dijo, para segar la vida del magistrado Mario Antonio Reyes Sarmiento, debemos decirlo con toda sinceridad, que no fue justo y necesario, y por ello inaceptable.

La madre del magistrado fallecido Graciela Sarmiento de Reyes, es asistida por otro de sus hijos (primer plano) y Roberto Perdomo Paredes, minutos antes del sepelio. *(Foto de Orlando Sierra).*

El presidente de la Corte Suprema de Justicia, Salomón Jiménez Castro, abandona llorando, la ceremonia fúnebre. *(Foto de Orlando Sierra).*

Mientras, el secretario del Congreso Nacional, Oscar Melara, dijo que "no podemos pasar desapercibidas las balas asesinas que destruyeron lo constructivo de tu vida. Si algo somos en este país haremos que se te haga justicia", acotó.

Finalmente, con voz estentórea y categóricamente afirmó que "este asesinato no va a quedar impune, porque los culpables tendrán que pagar su culpa, porque mataron a un hombre bueno, a un hombre inteligente y a un hombre que quería a Honduras".

POR LA MUERTE DE MAGISTRADO CSJ
NO SUSPENDERÁ LABORES

- *El Poder Judicial, a través del más alto tribunal del país, emitió un acuerdo de duelo por la muerte del magistrado Mario Reyes S.*

El documento luctuoso dice:

Considerando: Que el 4 de julio de 1987, falleció el abogado Mario Antonio Reyes Sarmiento, magistrado propietario de la Corte Suprema de Justicia.

Considerando: Que la muerte de tan distinguido ciudadano constituye una pérdida para el país en general y, especialmente para la Corte Suprema de Justicia, en la cual ejerció sus funciones como magistrado en forma meritoria.

POR TANTO,
ACUERDA

1º.- Deplorar el deceso del compañero y amigo, abogado Mario Antonio Reyes Sarmiento.
2º.- Decretar tres días de duelo sin suspensión de labores.
3º.- Hacer llegar a la casa del duelo una ofrenda floral y asistir en pleno a sus funerales.
4º.- Expresar a la viuda del difunto, doña Nancy Arias de Reyes Sarmiento, a sus hijos, hermanos y demás familiares, las muestras de pesar por su desaparecimiento físico.

La Tribuna/6 de julio de 1987

AZCONA CONOCE DE PLEITO DE SINDICATOS EN SALUD

El problema planteado en el Ministerio de Salud Pública por la existencia de dos sindicatos de trabajadores, que ha estado a punto de degenerar en enfrentamientos, será analizado por el presidente de la República, quien ayer prometió hablar con el titular de dicha Secretaría, Rubén Villeda Bermúdez.

Lo anterior fue revelado por el presidente de la Unión de Sindicatos de Hospitales de Honduras (USDEH), Rodolfo Ramírez, tras sostener una entrevista con el mandatario hondureño en la que se le entregó copia de un planteamiento hecho al ministro de Salud Pública, exigiendo mayor asignación para los presupuestos de los hospitales del país.

Esta visita fue aprovechada por los sindicalistas para exponerle al gobernante el problema que afrontan los empleados de hospitales por la injerencia del SITRAMEDYHS, quienes han generado la división de los trabajadores y han estado a punto de provocar un enfrentamiento.

Ramírez dijo que el mandatario les prometió hablar con el ministro Villeda Bermúdez para tratar de solucionar el conflicto, ya que no es conveniente la existencia de dos organizaciones sindicales en una misma dependencia estatal, cosa que también prohíbe el Código de trabajo vigente.

"Creemos que el SITRAMEDYHS debe preocuparse por organizar sindicatos en aquellas empresas que no tienen una entidad gremial, pero en los hospitales del Estado donde ya existen estas agrupaciones no debe seguir interviniendo", dijo Ramírez.

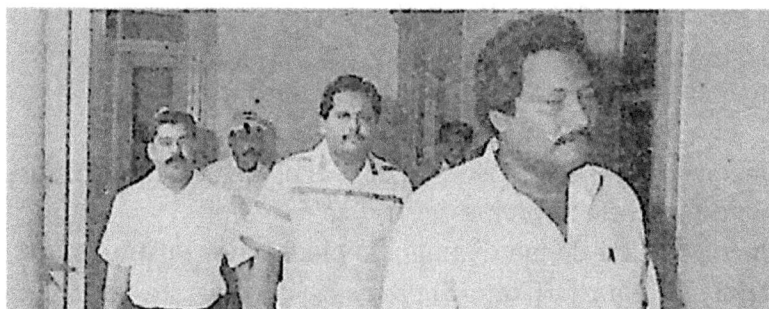

Mariano de Jesús González, presidente de la CTH, es seguido por dirigentes de la Unión de Sindicatos de Hospitales, quienes ayer le plantearon al presidente de la República el problema que tienen con el SITRAMEDYHS, el cual prometió resolver pronto.

La Tribuna/4 de julio de 1987

AZCONA INAUGURARÁ CONGRESO MÉDICO

Dirigentes del Colegio Médico de Honduras invitaron ayer al presidente José Azcona Hoyo a los actos de inauguración del XXX Congreso Médico Nacional que se desarrollará del nueve al once de julio en esta capital. Según informó el presidente del Comité Organizador del Congreso, Milton González, el presidente aceptó la invitación e incluso se mostró interesado en los posibles resultados del evento cuyo tema oficial será enfermedades infecciosas. González dijo que las enfermedades infecciosas están causando estragos en la población hondureña al extremo de que un 80 por ciento de los pacientes que ingresan a los hospitales, padecen de algún grado de infección.

Una de las enfermedades objeto de análisis será el temido Síndrome de Inmunodeficiencia Adquirida (SIDA), para lo que se contempla la participación de especialistas nacionales y extranjeros. Además, serán abordados los últimos avances para contrarrestar males como las diarreas, infecciones urinarias, dengue, enfermedades de transmisión sexual y otros.

El Heraldo/7 de julio de 1987

Vicepresidente de Poder Judicial:

HAY QUE FRENAR EL USO ABUSIVO DE LAS ARMAS

- *Exige respuesta clara sobre muerte de magistrado.*

Con la presencia del presidente José Azcona Hoyo y bajo un fuerte aguacero, se llevó a cabo ayer en Jardines de Paz Suyapa, el sepelio del magistrado de la Corte Suprema de Justicia, abogado Mario Antonio Reyes Sarmiento, quien murió el sábado anterior a manos de la policía.

Además del presidente Azcona y los parientes del occiso, entre ellos su madre, Graciela Sarmiento; su esposa, Nancy Arias viuda de Sarmiento; sus hijas, hermanos y otros, asistieron funcionarios del Poder Judicial, diputados y altos empleados del gobierno, quienes colmaron los alrededores del sitio en donde fueron sepultados los restos mortales.

Entre lágrimas y sollozos, el secretario de Congreso Nacional, Oscar Melara; el abogado Jorge Burgos, por el Frente Independiente Liberal; Orlando Gómez Cisneros, por el Partido Liberal; Roberto Perdomo Paredes, por la Corte Suprema de Justicia y otros, dejaron escuchar sendos discursos de condolencias antes que el féretro descendiera a tierra.

Sólo el mandatario no dejó escuchar su pesar, limitándose a manifestar ante un grupo de periodistas que "es una desgracia la muerte del magistrado".

EXIGE RESPUESTA CLARA

El magistrado de la Corte Suprema de Justicia, Roberto Perdomo Paredes, en su bien estructurado discurso que pronunció a nombre del máximo tribunal, manifestó que es "un dilema buscar la justificación de su muerte", para luego añadir que ello ha golpeado en lo más profundo el sentimiento de sus seres queridos y ha causado una herida aguda en la dignidad de la sociedad hondureña.

"Buscar la justificación de su muerte resulta un dilema… aceptar la desaparición física también nos parece increíble, pero sus restos mortales que en estos momentos despedimos llenos de tristeza, por más que resistamos a admitirlo allí están, pero perpetuarán su memoria con su ejemplo".

Con palabras entrecortadas, Perdomo Paredes prosiguió: "la muerte del magistrado Reyes Sarmiento deja una interrogante que exige una respuesta clara y terminante para mitigar el dolor, para despejar ese dilema y para aceptar la causa de su fallecimiento. La fuerza debe estar enmarcada dentro del derecho… el pretender rebasar sus límites es arbitrario, crea injusticia y provoca una justificada reacción".

USO ABUSIVO DE LAS ARMAS

"El medio empleado para ultimar al magistrado Reyes Sarmiento, debemos decirlo con toda sinceridad que no fue justo y necesario y por ello inaceptable, sin embargo, debemos esforzarnos para encontrar una explicación razonable, aunque sea un sacrificio", sostuvo Perdomo Paredes, para luego pedir que no sea un sacrificio que caiga en el olvido y la indiferencia… por el contrario, que sirva para acrecentar el respeto a la vida humana y para frenar el uso abusivo de las armas que se han dado para la defensa de la soberanía, integridad territorial y seguridad de las personas".

El ingeniero Azcona catalogó como "una desgracia" la muerte del magistrado liberal. Aquí cuando se enjuga las lágrimas. *(Foto Alejandro Serrano).*

"Hay que evitar el uso desmedido de ellas para no caer en la violencia, porque recordemos que la violencia engendra violencia", sentenció el magistrado y vicepresidente de la Corte Suprema de Justicia.

Para finalizar, Perdomo Paredes, a nombre del tribunal supremo, presentó a los familiares del extinto, Graciela Sarmiento, madre; Nancy de Reyes, esposa; sus hijas, Zenia, Gisely y Estefany; sus hermanos Jorge, Edgardo, Elver, Juanita y Luz, las más sentidas muestras de condolencia y con ella, su solidaridad en este momento de dolor.

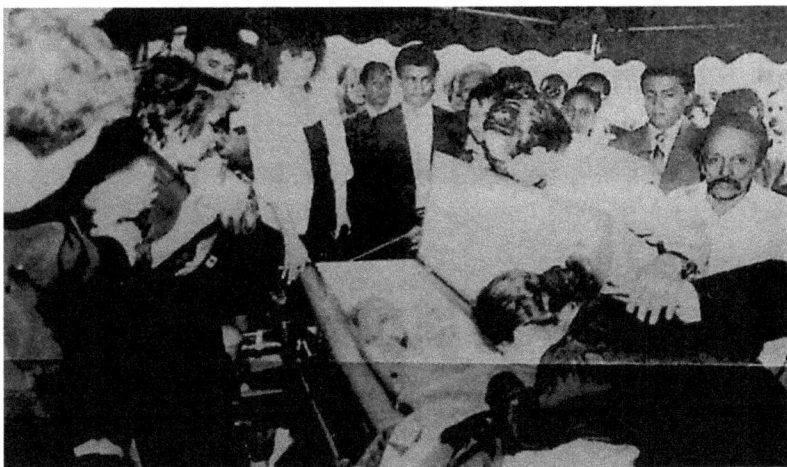

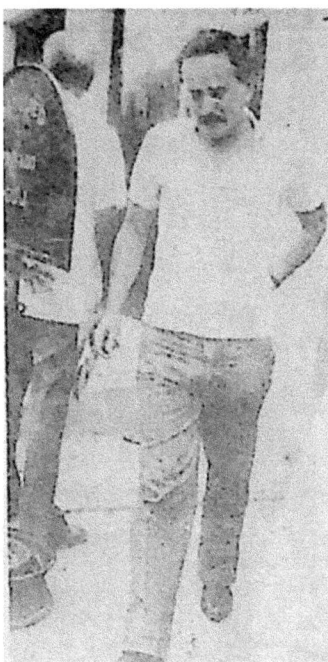

Elver Vicente Sarmiento, catalogó de "basura y acomodado" el informe proporcionado por la policía, sobre la muerte de su hermano. Aquí es visto cuando llorando salió de la morgue judicial. *(Foto Alejandro Serrano).*

*El Heraldo/*6 de julio de 1987

MEJORAR RELACIONES BUSCA GOBERNADOR DE FLORIDA

TEGUCIGALPA. - El Gobernador del Estado de Florida, el hispano Bob Martínez, se entrevistó ayer con el mandatario José Azcona Hoyo, con quien dialogaron sobre la posibilidad de incrementar las relaciones económicas entre Honduras y ese estado norteamericano.

Bob, primer gobernador de origen hispano que ostenta un cargo de esta naturaleza, llegó a la Casa de Gobierno acompañado de unos 25 periodistas que cubren el resultado de su gira que realiza por Honduras, Panamá y Ecuador, en la que también participan representantes de la Guardia Nacional del Estado de Florida.

El político norteamericano anunció la llegada al país como producto de la plática con Azcona Hoyo, de "una misión de comercio" de Florida que estará presidida por él y el Secretario de Comercio de ese sector, señor Bush, para entrevistarse en nuestro país con dirigentes de la empresa privada y del Gobierno.

El resultado del encuentro de ayer entre Martínez y Azcona podría concluir en que un grupo de empresarios norteamericanos, particularmente del lugar donde el visitante ejerce jurisdicción, acompañen a la misión de comercio para estudiar la posibilidad de invertir en el país, pero aún no se ha precisado fecha alguna, según Bob.

"Nosotros, como Estado, estamos interesados en importar lo que necesitamos en el país nuestro y al mismo tiempo tenemos muchos servicios (aparatos) de electrónica que queremos exportar", dijo el gobernador de Florida.

Al ser consultado el político estadounidense, que pertenece al mismo partido de Reagan, sobre la política que éste ha implantado en el área centroamericana, dijo que "el Presidente está muy interesado en que Honduras siga con su democracia y evitar que el problema de Nicaragua no llega a este país. " Yo naturalmente", subrayó, apoyo mucho al presidente Reagan".

El gobernador del Estado de Florida, Bob Martínez, se entrevistó ayer con el presidente José Azcona Hoyo, con quien habló sobre la posibilidad de incrementar las relaciones de negocios entre Honduras y ese estado norteamericano. *(Foto Alberto Salinas).*

*La Prensa/*7 de julio de 1987

PRESIDENTE AZCONA IMPEDIRÁ
SINDICATOS PARALELOS EN SECTOR SALUD

Acusan al SITRAMEDHYS de dividir a las organizaciones obreras

El presidente José Azcona Hoyo prometió ayer a los dirigentes de la Unión de Trabajadores de Hospitales que hará cumplir la ley para que no haya seccionales paralelas en los centros hospitalarios del Estado.

Los distintos presidentes de los sindicatos de hospitales acusaron al Sindicato de Trabajadores de la Medicina, Hospitales y Similares (SITRAMEDHYS) de intervenir en las organizaciones de base para aumentar su propia membresía.

Según informó el presidente de la Confederación de Trabajadores de Honduras (CTH) Mario de Jesús González, que acompañó a los dirigentes, la ley establece que no pueden existir sindicatos o seccionales en forma paralela.

"El presidente se ha manifestado de conformidad con la ley y hará la solicitud correspondiente a los funcionarios del Ministerio de Salud para que se aplique lo que la ley establece", dijo González.

Añadió que el SITRAMEDHYS no ha exigido como se debe la solución a los problemas de los trabajadores y además procura que su organización crezca en menoscabo de los sindicatos ya formados.

"Hay mucho terreno donde el SITRAMEDHYS podría crecer", añadió el dirigente sindical, quien mencionó que esa organización podría activar en las droguerías Nacional y MANDOFER, donde no existen sindicatos.

"Hacer lo contrario equivale a dividir al movimiento sindical, lo cual no es prudente", finalizó González.

El Heraldo/4 de julio de 1987

Azcona a los ajedrecistas:

"LUCHEN CON HIDALGUÍA Y CABALLEROSIDAD"

- *La selección nacional partió hacia Puerto Rico en donde participará en el Festival Mundial de la Paz y la Juventud.*

TEGUCIGALPA. - Llenos de optimismo partieron el domingo pasado (5:30 p.m.) los integrantes de la Selección Nacional de Ajedrez con destino a San Juan, Puerto Rico, donde están interviniendo en el Festival Mundial de la Paz y La Juventud.

Esta Selección Nacional fue juramentada el viernes anterior a las 3:30 p.m. por el presidente de la República, Ing. José Simón Azcona en el salón Obal de Casa Presidencial.

El Ing. Azcona dialogó por más de diez minutos con los ajedrecistas y les entregó el pabellón patrio, solicitándoles que supieran defender con decoro, hidalguía y caballerosidad los colores patrios en este importante certamen mundial, que será clausurado el próximo 22.

En esta juramentación estuvieron presentes directivos de la Liga Central de Ajedrez que preside el Lic. César Marini, el secretario y el tesorero de la Federación Deportiva Extraescolar, Hipólito López y Armando Zelaya Ferrera.

Los ajedrecistas sampedranos no estuvieron presentes en esta juramentación ni en la despedida que se les hiciera por parte de la LICEA el sábado pasado en la sede de esta organización deportiva.

En esta despedida hicieron acto de presencia los padres de familia de los integrantes de esta selección, amigos, cronistas deportivos; también el presidente de la Federación Deportiva, Rubén Antonio Villalta y otros dirigentes de este ente deportivo y de la LICEA, quienes les auguraron éxitos allá en Puerto Rico.

EN DIÁLOGO CON LA PRENSA

Antes de que viajaran a aquella isla caribeña LA PRENSA logró dialogar con algunos de estos integrantes, primeramente lo hizo con el más pequeño de ellos, se trata de Jorge Samour.

Este pequeño ajedrecista capitalino de ocho años de edad dijo: "Lo más importante para mí ha sido el haber dialogado con el presidente de la República, Ing. José Azcona Hoyo".

"Él nos solicitó que supiéramos defender con coraje los colores patrios en Puerto Rico y que iba a estar pendiente de nosotros. Estas palabras de nuestro presidente me emocionaron, espero no defraudarlo".

RONNY SALATIEL MARINI

Dijo que "me he preparado para poder hacerle frente a mis rivales que tendré en este Festival Mundial, hemos recibido el asesoramiento necesario, confío en mi capacidad".

JOSÉ ANTONIO GUILLÉN

Expresó que "considero que en este Festival Mundial de Ajedrez tendré rivales de gran trayectoria como lo son los rusos, norteamericanos, cubanos, checoslovacos, franceses y otros, pero trataré de concentrarme plenamente en las partidas, para acumular los puntos que puedan darme el triunfo, no es nada fácil, pero yo soy de los que luchan hasta el final".

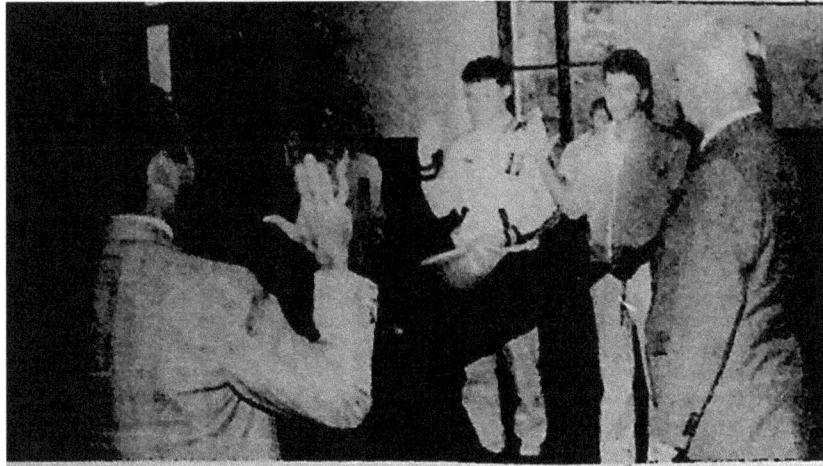

Los integrantes del seleccionado nacional sostienen el pabellón patrio al ser juramentados por el primer mandatario de Honduras, Ing. José Azcona.

El Ing. José Azcona saludó uno a uno a los integrantes del Seleccionado Nacional. *(Fotos de Salinas).*

El ajedrecista más pequeño de la Selección Nacional que viajó a Puerto Rico vía Panamá, Jorge Samour dijo que le prometió al Ing. José Simón Azcona, representar con decoro y dignidad a Honduras.

ALEJANDRO COLINDRES

Afirmó que "estoy plenamente seguro que cada ajedrecista hará lo propio en este certamen mundial, confío en ellos, especialmente en la experiencia de José Antonio Guillén y Jorge Samour.

Las relaciones que se mantienen internamente y externamente son excelentes, estos jóvenes no son ningún problema para nadie, su coeficiente mental es muy especial, en ningún momento se nos ha cruzado por nuestras mentes que ellos puedan provocar un acto de indisciplina estando en Puerto Rico. (AC)

La Prensa/7 de julio de 1987

POLICÍA DISPARÓ CONTRA REYES
SABIENDO QUE ERA MAGISTRADO

TEGUCIGALPA. (Por Nery Arteaga).- El magistrado Mario Antonio Reyes Sarmiento, habría sido ultimado por agentes de la Fuerza de Seguridad Pública debido a que les reclamó el procedimiento que utilizaban para realizar la detención de dos personas en el Boulevard Morazán.

Diario LA PRENSA ha logrado tener acceso a un informe que se ha remitido al Juzgado Primero de Letras de lo Criminal, en donde se revela que el magistrado Reyes Sarmiento antes de ser muerto tuvo una agria discusión con los agentes de la FSP.

Según los datos obtenidos, el magistrado Reyes Sarmiento después de abandonar el Hotel La Ronda en donde participó en una reunión del Frente Independiente del Colegio de Abogados de Honduras, decidió pasar por el Boulevard Morazán para dirigirse a su residencia en la Colonia Reforma.

El magistrado en su vehículo Chevrolet Ranger placa 29373, tomó el boulevard y al llegar a la altura de los puentes a desnivel, observó que una patrulla de la FSP tenía detenidos a dos individuos a quienes se les registraban las pertenencias incluyendo las carteras que portaban.

El magistrado que había consumido, presuntamente, algunas copas de licor, detuvo su vehículo y sintiéndose identificado con su investidura, decidió observar el tratamiento policial.

Al percatarse los agentes de la presencia del magistrado, detuvieron momentáneamente su acción, el abogado Reyes Sarmiento sintiéndose sorprendido tocó la bocina de su auto y decidió marcharse del lugar.

Un elemento de la Patrulla 4-11 se acercó al vehículo y le indicó que por qué razón intervenía en el cateo, a lo que el ahora occiso les respondió él era Magistrado de la Corte Suprema de Justicia, que como autoridad podía y tenía derecho de observar la forma como la policía intervenía.

El magistrado, según el informe, se encolerizó al recibir una altanera respuesta del agente, quien le dijo que no se metiera en lo que no le importaba y que lo mejor era que se identificara porque caso contrario le iría muy mal.

El magistrado hizo caso omiso a la advertencia del agente y decidió marcharse del lugar, iniciándose acto seguido la persecución y posterior muerte del magistrado.

RADIOAFICIONADO ESCUCHO DIALOGO DE LA FSP

Todo habría quedado confuso en la muerte del magistrado a no ser porque a esa hora, un radioaficionado hondureño al que por razones de seguridad no es posible identificar, escuchó una transmisión en la frecuencia de la policía.

Según este radioaficionado, cuya grabación la dio a conocer a las personas que redactaron el informe en mención, los elementos de la radio-patrulla, se comunicaron con un oficial de la FSP que presumiblemente estaba al mando.

Los agentes le indicaron, "mi teniente, por aquí acaba de pasar uno de la Corte, que dice que nosotros somos ladrones y no se quiere detener, cambio".

El oficial de la FSP respondió que el trato era igual para todos y que no importaba que fuera uno de la Corte Suprema, "ustedes ya saben lo que tienen que hacer".

Señala el radioaficionado que inmediatamente los miembros de la patrulla 4-11 fueron informados que cerca de ese lugar estaba la patrulla 09, la que les daría auxilio.

En el informe se presume que Reyes Sarmiento no fue muerto por un disparo realizado sobre la marcha por el vehículo militar; observando los resultados del informe de la autopsia y la rápida muerte del magistrado, se presume que se le disparó a quemarropa cuando el vehículo se detuvo.

Esta versión ha cobrado más crédito después de observarse ayer mismo el lugar por donde penetraron los cinco disparos en contra del vehículo.

NINGÚN VEHÍCULO SE LES PERDIO

Por otra parte, el informe es concluyente al señalar que la señora Victoria Macedo Soriano, niega que se le haya extraviado vehículo alguno tal como lo informó la FSP.

Por fortuna para los investigadores y para infortunio de la FSP, la supuesta perjudicada con el robo del vehículo, tiene un hijo que está unido familiarmente con el magistrado Reyes Sarmiento.

Supuestamente la señora Macedo Soriano, ignoraba que la persona que la FSP había dado muerte era el magistrado Reyes Sarmiento.

El presidente José Azcona hizo entrega del Pabellón Nacional a la viuda Nancy Arias de Reyes, como parte de los actos previos al sepelio del magistrado Mario Antonio Reyes Sarmiento. *(Foto José Luis Sosa).*

PRUEBA DE LA PARAFINA

Otro detalle que ofrece el informe es la prueba de parafina practicada en las manos del magistrado Reyes Sarmiento, el resultado de este examen no ha sido conocido aún en forma oficial pero se presume que hoy será enviado al Juzgado Primero de Letras de lo Criminal.

Presuntamente el informe, que incluso puede ser practicado ocho días después de la muerte de una persona, se realizó inmediatamente concluida la conferencia de prensa de la FSP y en una forma discreta por pedidos forenses.

La prueba de la parafina se utiliza para establecer si en la mano quedan restos de pólvora después de que una persona realiza un disparo.

La Prensa/7 de julio de 1987

VIUDA DE REYES SARMIENTO SE REÚNE CON AZCONA

"No pido nada, no he hablado nada sobre la muerte de mi esposo con el presidente de la República", dijo Nancy Arias hoy viuda de Reyes Sarmiento, al abandonar ayer la casa de gobierno luego de reunirse con el presidente José Azcona.

Según aseguro, llegó a la Casa Presidencial con sus hijas Xenia (10), Gisela (7) y Stefanie (4) y de su cuñado Herbert Vicente Reyes Sarmiento.

Con el mandatario se reunió por más de una hora.

Sin embargo, al abandonar el despacho presidencial se negó a dar declaraciones en torno al motivo de su visita y se limitó a decir que "mis hijas querían conocer al presidente, porque ellas habían escuchado a su padre hablar de él por mucho tiempo".

Cuando se le preguntó si había pedido al mandatario su intervención para que se haga justicia por la muerte de su esposo, ella se limitó a decir "no, no he pedido nada, no pido nada, no he hablado de esa situación".

Nancy Arias de Reyes Sarmiento, sus tres hijas y su cuñado Herbert llegan a Presidencial a entrevistarse con el presidente Azcona *(Foto de Aquiles Andino).*

*La Tribuna/*7 de julio de 1987

Azcona los recibirá
HOY LLEGAN LOS CHINOS

TEGUCIGALPA. - La selección de China de tennis de mesa, ingresará esta mañana a esta capital, con procedencia de Costa Rica, e iniciará en horas de la noche, una serie de presentaciones que tendrá como invitado especial al presidente hondureño José Azcona Hoyo amante de dicho deporte.

La gira promocional de los taiwaneses, comprenderá visitas a los colegios capitalinos así como a las escuelas primarias, lugares en los cuales impartirán pequeñas clínicas sobre este deporte, que empieza a tomar auge entre los hondureños.

Los taiwaneses solamente permanecerán un día en esta capital para luego moverse hasta la norteña ciudad de San Pedro Sula, donde realizarán el mismo trabajo que se hará en esta capital.

El viernes, en el local de la Asociación de tennis de mesa costado norte de Casa Presidencial, el presidente Azcona, jugará varios partidos de exhibición contra integrantes de la selección de China, igualmente lo harán varios embajadores acreditados aquí para que en la noche, el mandatario les brinde el cocktail de despedida a los taiwaneses.

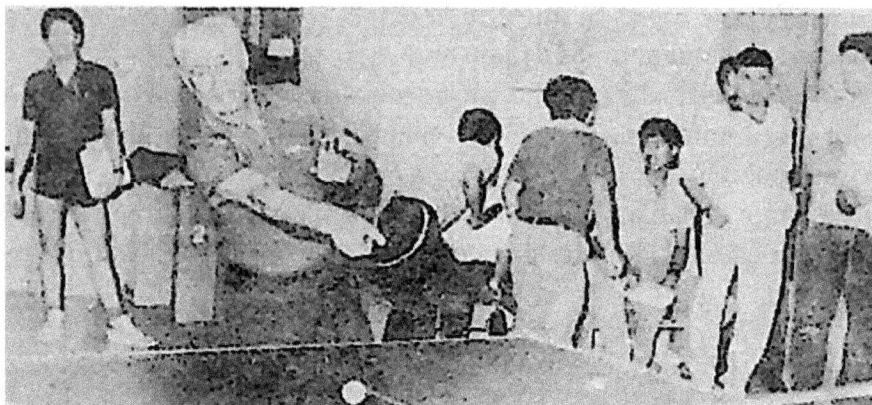

*El presidente Azcona demostrará su potencial con la raqueta.

*El Heraldo/*7 de julio de 1987

INFECCIONES, EL MAYOR MAL DE LOS HONDUREÑOS

"El 80 por ciento de los hondureños que ingresan a los hospitales del Estado padecen de enfermedades infecciosas", afirmó el doctor Milton González, presidente del comité organizador del Congreso Médico Hondureño a realizarse del 9 al 11 del presente mes.

González afirmó lo anterior luego de entrevistarse con el presidente Azcona, quien confirmó su asistencia a los actos de instalación del conclave científico.

El congreso anual se enfocará en las enfermedades infecto contagiosas y, según el galeno, "se seleccionó ese tema por la importancia que tiene para la salud del país".

También se hablará sobre la actualización del tratamiento para la tuberculosis, parásitos y enfermedades bacterianas y el SIDA dijo González.

Se hará una evaluación sobre el funcionamiento de los hospitales del Estado, para lo que se ha pedido a los directores que presenten un informe sobre el particular, especialmente con relación a sus trabajos en enfermedades contagiosas.

(Foto Aquiles Andino)

*La Tribuna/*7 de julio de 1987

CENA A EMBAJADOR AMERICANO

El fin de semana anterior, luego de una visita a la Costa Atlántica hondureña, el señor embajador de los Estados Unidos de América, Everett Briggs y su esposa Sally, fueron atendidos finamente por el gerente general de la Standard Fruit Co. Randy Fleming y doña Bonni, en un prestigiado restaurante ceibeño; como invitado especial figuró el presidente de la República, Ing. José Azcona, su esposa, doña Miriam y su hija mayor.

La cena bufet fue deliciosa y se contó, además, con la asistencia de lo más granado de la sociedad ceibeña. Dos gráficas del momento fueron logradas por JUCERO, ágil camarógrafo nuestro.

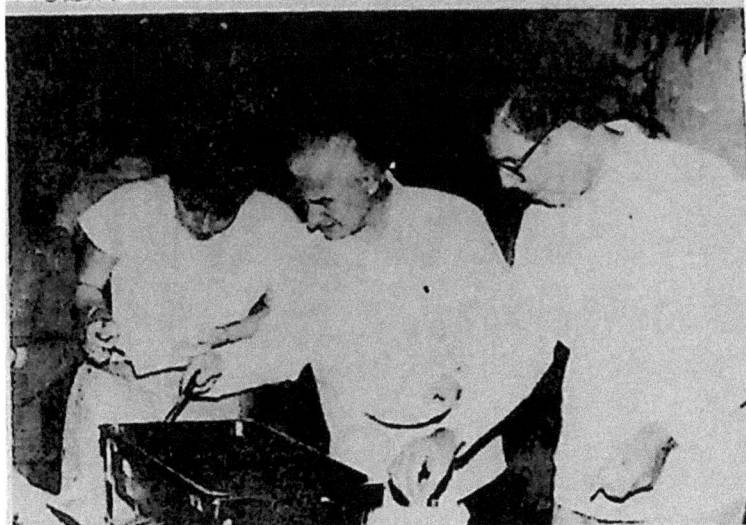

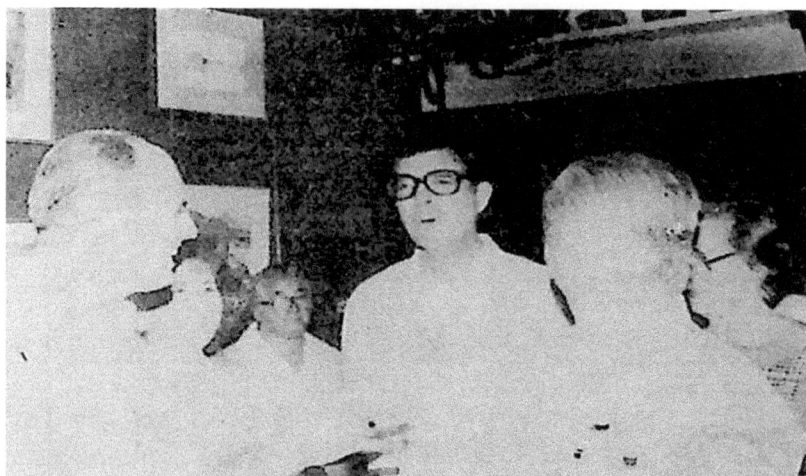

La Prensa/7 de julio de 1987

GRAN ENTUSIASMO POR LA FIESTA
DE GALA DE LA CRUZ ROJA HONDUREÑA

La Cruz Roja Hondureña, realizará el próximo 17 de julio, la Cena de Gala Presidencial, la cual será presidida por el señor presidente, ingeniero José Azcona y su esposa doña Miriam.

Este evento es una de las actividades que realiza la Cruz Roja Hondureña, con el propósito de recaudar fondos para lograr llevar a cabo las múltiples labores humanitarias que realiza esta benemérita institución en el país.

Actuarán conocidos cantantes nacionales, será amenizado por la Banda One y la banda de la Naval. El ingeniero Salvador Nasralla será el maestro de ceremonias.

LA TRIBUNA/7 de julio de 1987

RECHAZAN EN CONGRESO MOCIÓN PARA
QUE SE SUSPENDA A RIERA LUNATI

Excitan, sin embargo, al presidente Azcona a realizar una investigación urgente de la muerte de Reyes Sarmiento.

(Por Eduardo Maldonado Redactor de EL HERALDO).

Después de algunos argumentos acomodaticios por parte de varios diputados, el Congreso Nacional, aprobó anoche una moción en la que se le pide al presidente de la República, José Azcona Hoyo, que ordene a las Fuerzas Armadas una investigación urgente sobre los hechos que culminaron con la muerte del magistrado Mario Antonio Reyes Sarmiento.

La moción original fue presentada por el diputado Orlando Gómez Cisneros, quien pedía al mandatario que se suspendiera del cargo en forma temporal, al comandante de la Fuerza de Seguridad Pública (FSP), Leonel Aquiles Riera Lunati, y que mientras se investigara el caso ejerciera sus funciones el jefe de las FF.AA., Humberto Regalado Hernández.

Después de algunas discusiones sobre lo anterior y de un llamado a reflexionar en lo que se estaba haciendo por parte del diputado democristiano Alfredo Landaverde, los demás parlamentarios accedieron que fuera el mandatario José Azcona Hoyo, quien ordenase la investigación a las Fuerzas Armadas, pero sin la participación de la Fuerza de Seguridad Pública.

El presidente del Congreso, Carlos Montoya, en su intervención dijo que "lo malo de la FSP es que haya mentido y creado un parte que no es real, nos preocupa que ahora se diga que la responsabilidad es del muerto".

Montoya pidió que la posición de la Cámara no fuera tomada como un enfrentamiento entre el poder militar y el civil, sino que era necesario aclarar "que cómo es posible que los cuadros intermedios hayan sorprendido a los jefes con un parte amañado".

La moción de Gómez Cisneros también fue entibiada por los diputados Efraín Reconco Murillo, Nicolás Cruz Torres y al final por el titular del Legislativo, Carlos Montoya.

El texto de la moción aprobada anoche por el Congreso Nacional es el siguiente:

1) Que la Comisión de Despacho Presidencial, Defensa y Seguridad y la Comisión de Cumplimiento Constitucional se apersonen ante el presidente de la República, en su condición de Comandante General de las Fuerzas Armadas de Honduras, para comunicarle la decisión de este Congreso Nacional excitándole a tomar todas las providencias que fueren indispensables a efecto de garantizar una investigación urgente, imparcial y objetiva para el esclarecimiento final de los hechos que motivaron la muerte del ex-mandatario de la Corte Suprema de Justicia, abogado Reyes Sarmiento. La investigación deberá ser realizada con exclusión de la Fuerza de Seguridad Pública.

2) El Comandante en jefe de las FF.AA. y como fiel cumplidor de la Constitución de la República ponga a la orden de los tribunales comunes de justicia, tal como lo ordena el artículo 91 de la Constitución, a todos los implicados en el delito cometido, y preste todos los auxilios y fuerzas a los demás poderes del Estado, especialmente al Poder Judicial para el fiel cumplimiento de sus funciones.

3) Que los tres Poderes del Estado a través de sus respectivos organismos se mantengan en permanente comunicación y prestando los apoyos que fuesen necesarios hasta tanto haya un verdadero esclarecimiento de los hechos que ocasionaron la muerte del ex-magistrado

abogado Mario Antonio Reyes Sarmiento y así podamos decir que estamos viviendo en un verdadero estado de derecho y que la sociedad hondureña se encuentra plenamente satisfecha.

4) Deberá transcribirse la presente moción al presidente de la República, Comandante de las Fuerzas Armadas y al presidente de la Corte Suprema de Justicia.

El Heraldo/8 de julio de 1987

DIRIGENTES DE FECORAH DIALOGAN CON AZCONA A ESPALDAS DE SU PRESIDENTE

Varios dirigentes de la Federación de Cooperativas para la Reforma Agraria de Honduras (FECORAH), visitaron ayer la Casa de Gobierno, sin la presencia de su presidente, Nelly Ramírez.

Los dirigentes campesinos, que se entrevistaron con el presidente José Azcona Hoyo, se negaron a informar sobre los asuntos tratados en la reunión.

Apenas alcanzaron a decir que visitaron al presidente Azcona para plantearle la posibilidad de desarrollar "un proyecto de banano en la Costa Norte".

Uno de ellos, Rafael Sosa, dijo que no estaban autorizados para hablar con los periodistas aunque enfatizó en que no ocultaban nada a la opinión pública.

Sin embargo, ante la insistencia de los reporteros, anunció: "Vamos a hablar a su debido tiempo".

En los últimos días ha cobrado fuerza la especie referente a que ha crecido el distanciamiento entre el director del Instituto Nacional Agrario, Mario Espinal, y el presidente de FECORAH.

Dirigentes de FECORAH cuando se reunían ayer con el presidente Azcona, según se dijo a espaldas de Nelly Ramírez.

Las autoridades gubernamentales responsabilizan a Ramírez por el reciente movimiento campesino que exigió en vano la separación de Espinal de la dirección del INA.

De allí que haya interés en las esferas gubernamentales por llevar a otros dirigentes a los cargos decisivos de FECORAH.

Sus máximos dirigentes actuales son Nelly Ramírez y Benjamín Garmendia quienes, a la vez, se desempeñan como diputados al Congreso Nacional, el primero en representación del Suazocordovismo y el segundo, del Callejismo.

*La Heraldo/*8 de julio de 1987

Como Comandante en Jefe de las FF.AA.:
CONGRESO PIDE A AZCONA ORDENE UNA "INVESTIGACIÓN IMPARCIAL"

TEGUCIGALPA. - El Congreso Nacional excitó ayer al presidente de la República, José Azcona Hoyo, en su carácter de comandante en jefe de las Fuerzas Armadas a que ordene una investigación urgente, objetiva e imparcial sobre la muerte del magistrado de la Corte Suprema de Justicia, abogado Mario Antonio Reyes Sarmiento.

En la sesión de anoche del Congreso, el vicepresidente de la Cámara Legislativa, Orlando Gómez Cisneros, presentó una moción en la que pedía al presidente José Azcona que ordenara al jefe de las Fuerzas Armadas, general Humberto Regalado Hernández, asumir temporalmente la comandancia general de la Fuerza de Seguridad Pública (FUSEP), mientras se investiga la muerte del magistrado.

Además, "que el comandante en jefe de las Fuerzas Armadas como fiel cumplidor de la Constitución de la República ponga a la orden de los tribunales comunes de justicia, tal como lo ordena el Artículo 91 de la Constitución, a todos los implicados en el delito cometido".

Asimismo, que los tres poderes del Estado se mantengan en permanente comunicación dando el apoyo necesario "hasta tanto haya un verdadero esclarecimiento de los hechos que ocasionaron la muerte del ex magistrado Reyes Sarmiento. La moción también pedía a las Fuerzas Armadas suministrar toda la colaboración y apoyo necesario a los tribunales de justicia para el esclarecimiento de los hechos.

La iniciativa fue rechazada por la bancada nacionalista, pues argüían que la misma provocaría un enfrentamiento entre el Poder Legislativo y las Fuerzas Armadas.

Ante el impasse, el presidente del Congreso Nacional, Carlos Orbin Montoya, introdujo una enmienda a la moción de Gómez Cisneros, la cual fue aprobada quedando de la siguiente manera:

"Que la Comisión del Despacho Presidencial y Defensa y Seguridad y la Comisión de Cumplimiento Constitucional, se apersone ante el presidente de la República, en su condición de comandante en jefe de las Fuerzas Armadas, para comunicarle la decisión de este Congreso, excitándole a tomar todas las providencias que fueren indispensables a efecto de garantizar una investigación urgente, imparcial y objetiva para el esclarecimiento final de los hechos que motivaron la muerte del magistrado. Esta investigación deberá ser realizada con la exclusión de la FUSEP".

*Tiempo/*8 de julio de 1987

ESTARÍAN MOVIÉNDOLE "PETATE"
AL PRESIDENTE DE LA FECORAH

Con el pretexto de plantearle al presidente de la República un proyecto bananero a realizarse en la zona norte del país, dirigentes de FECORAH adversos al presidente de la organización, Nelly Ramírez, se reunieron con el mandatario José Azcona.

Esta delegación encabezada por Rafael Sosa sostuvo una larga reunión con el presidente Azcona, pero al término de la misma se mostró renuente a revelar lo tratado.

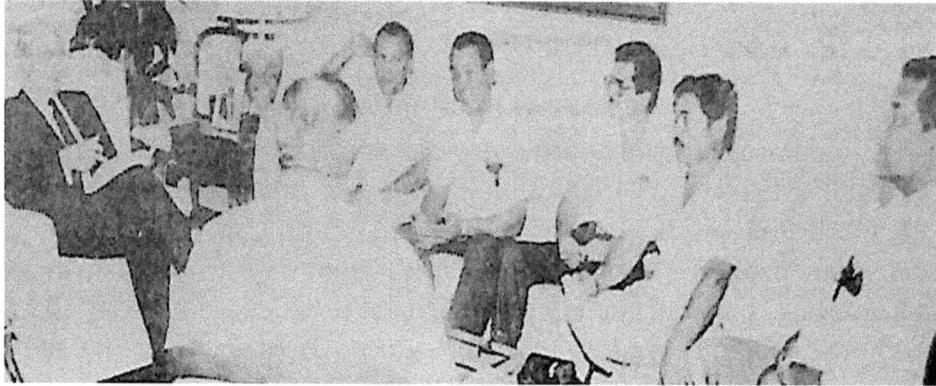

Rafael Sosa y otros dirigentes de FECORAH del sector norte se reúnen con el presidente José Azcona, ayer. Ellos rehusaron comentar lo tratado. *(Foto Aquiles Andino).*

Sosa, quien fue identificado como adversario de Ramírez, dijo que la reunión se había realizado para exponerle un proyecto de desarrollo bananero a desarrollarse en la zona norte.

Empero, el dirigente de FECORAH se negó a dar detalles sobre el referido proyecto, su costo o lugar donde se desarrollará, por lo que se estima que su propósito no fue solamente el de plantear ese tema sino tratar de lograr el apoyo del mandatario para "moverle los cimientos a Ramírez".

La Tribuna/8 de julio de 1987

Sería considerado en Guatemala:
AZCONA CONOCE PLANTEAMIENTO
POLÍTICO HECHO A D. ORTEGA

"La crisis política interna de Nicaragua es de tan grandes dimensiones que hasta uno de los partidos comunistas que existen en el país ha apostado a la negociación política para obtener la paz", dijo el presidente del Partido Liberal Independiente (PLI), Virgilio Godoy Reyes.

El dirigente político nicaragüense se reunió ayer con el ingeniero José Azcona para entregarle copia del planteamiento, de nueve puntos, que siete partidos políticos, incluyendo el comunista, hicieron llegar al gobernante Daniel Ortega para buscar soluciones pacíficas al problema de aquel país.

Godoy Reyes, quien era acompañado por el diputado Antonio Ortez Turcios, afirmó que él le expuso este documento al presidente Azcona "para que sea analizado en la reunión cumbre que se realizará en agosto, en Guatemala".

Este documento, suscrito por los partidos Liberal Independiente, Social Cristiano, Socialdemócrata, Popular Social Cristiano, Conservador, Liberal Constitucionalista y Comunista de Nicaragua propone que se integre una comisión nacional de paz, que se dé vigencia plena a los derechos políticos, económicos y sociales reconocidos por la nueva Constitución nicaragüense; forjar la unidad patriótica para la defensa integral del país y de la revolución democrática y nacional.

Godoy Reyes dijo que este planteamiento tiene puntos coincidentes con el Plan de Paz del presidente Oscar Arias Sánchez, así como con la gestión mediadora del Grupo de Contadora.

"Queremos que este documento se tenga en cuenta, por lo menos en sus líneas generales, durante la reunión de presidentes en Guatemala, porque eso expresa una voluntad política de 7 partidos que representan la gama ideológica de Nicaragua", dijo.

El presidente Azcona, agregó, lo ha escuchado. Lo analizará pero él dará su opinión en el futuro.

"Lo que buscamos es una solución política al conflicto de nuestro país, recalcó, pero hasta ahora el presidente Ortega no ha dicho ni sí, ni no al planteamiento".

El presidente del Partido Liberal Independiente de Nicaragua (PLI), Virgilio Godoy Reyes, es recibido en el aeropuerto de Tegucigalpa por una delegación liberal hondureña *(Foto Aquiles Andino).*

La Tribuna/8 de julio de 1987

COCTEL DE BIENVENIDA PARA EL EMBAJADOR BRIGGS

La Ceiba se vistió de gala, el pasado fin de semana para recibir a dos personalidades, siendo ellos el señor presidente de la república, ingeniero José Simón Azcona, su esposa doña Miriam, y su hija Lizzy y el señor embajador de los Estados Unidos en Honduras, Everett Briggs y señora Sally de Briggs. Azcona apadrinó los graduados del Centro Universitario del Litoral Atlántico, CURLA, mientras que el embajador Briggs atendió una gentil invitación que le hiciera el gerente general de Standard División de Honduras, señor Randy Fleming y su esposa Bonny de Fleming.

Por la noche del sábado los Fleming ofrecieron un coctel de bienvenida a los esposos Briggs en el restaurante "Ricardo´s" al que asistieron altas personalidades de nuestros círculos sociales, comerciales y políticos, autoridades locales y miembros de la prensa hablada y escrita, de esta ciudad puerto de La Ceiba, y como invitado especial el Presidente de la República y familia.

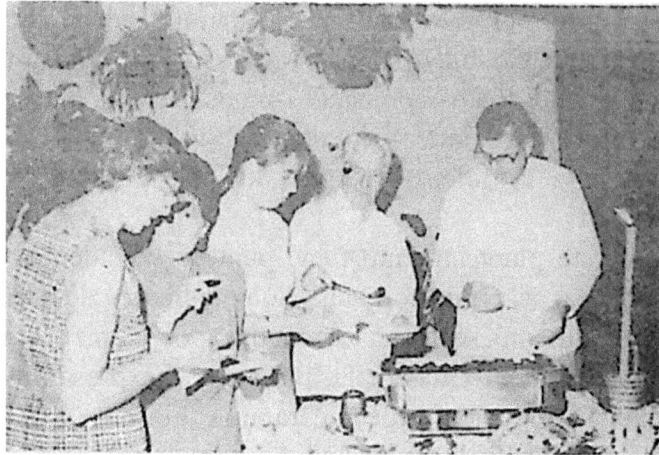

Exquisitas viandas saborearon los Azcona y los Briggs, en el coctel de bienvenida la noche del sábado.

Julio Cerezo, Everett Briggs, Roberto Dip. Janeth de Bendeck, Idda de Anderson y César Nasthas.

El anfitrión Randy Fleming en amena charla con el presidente Azcona, Margie de Dip y Luis Rietti.

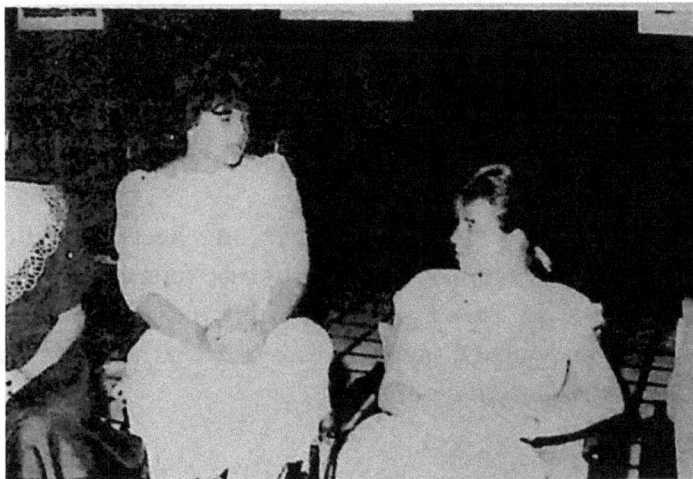

Lizzy Azcona platicando con Larissa Mena.

Marjorie de Medina, Margie de Dip, la señora de Briggs y Eleonor de Rietti.

*La Tribuna/*8 de julio de 1987

Tenis de mesa:

AZCONA INAUGURÓ AYER PRESENTACIONES DE LAS SELECCIONES OLÍMPICAS DE TAIWAN

El presidente de la República, José Azcona hace el saque inicial antes de las presentaciones de las famosas selecciones olímpicas de tenis de mesa de Taiwán, China Nacionalista. Los visitantes ofrecerán charlas y enseñanzas de este deporte que toma auge en Honduras. *(Foto de Aquiles Andino).*

*La Tribuna/*9 de julio de 1987

FUERON RECIBIDOS EN LA CASA DE GOBIERNO

TEGUCIGALPA. - El martes en horas de la tarde, el presidente de la República, Ing. José Azcona, recibió en Casa Presidencial a la delegación nacional de República de China de Tenis de Mesa (Ping- Pong).

Asimismo, acompañaron a los seleccionados chinos sus homólogos hondureños, quienes con su presidente Ing. Kennet Rivera y el Dr. Antonio Rosales, dialogaron ampliamente con el mandatario hondureño.

Aprovechando su visita la representación china le hicieron objeto una serie de presentes al Ing. Azcona Hoyo a través del presidente de la Asociación de Tenis de Mesa de aquel país asiático, acto que fue observado por el presidente del Comité Olímpico Hondureño, Julio C. Villalta.

El embajador de China acreditado en este país, Dr. Chan-Li Huang, acompañando a sus compatriotas en todos sus actos públicos, sociales, culturales y deportivos, a los que ellos han asistido desde el día de su llegada a esta capital.

El mejor raquetista de la República de China, Shieb Wen-Tang posa en compañía del Ing. Azcona, presidente de los hondureños. *(Fotos Aulberto Salinas).*

El secretario general de la Asociación de Tenis de Mesa de China, Chou Lin Chen, hace entrega de un presente al Ing. José Simón Azcona.

*La Prensa/*9 de julio de 1987

Mañana juegan contra selección hondureña:
EMBAJADORES DE LA AMISTAD SON
LOS CHINITOS DEL TENIS DE MESA

Una delegación de tenis de mesa (ping pong) de China Nacionalista arribó a Tegucigalpa el pasado martes para fomentar este deporte en Honduras; los chinitos son parte de la selección olímpica que defenderá a su país en las próximas olimpiadas de Seúl, Corea del Sur.

En audiencia privada, la delegación china fue recibida por el presidente de la República Ing. José Simón Azcona Hoyo, quien es entusiasta de esta disciplina deportiva la cual practica en sus ratos libres.

A la delegación olímpica de China Nacionalista se ha anexado el señor embajador de este país en Honduras, quien se mira satisfecho de que su patria cuente con estos embajadores de la amistad.

El mismo martes en horas del mediodía la Embotelladora La Reyna les ofreció en el Restaurante "El Arriero" de Tegucigalpa un almuerzo-agasajo al cual también asistieron, los directivos de la Liga Central de Tenis de Mesa, Federación Nacional Deportiva Extraescolar de Honduras y Comité Olímpico Hondureño.

Ayer miércoles el equipo olímpico de ping pong de China Nacionalista hizo algunas exhibiciones de su poderío en este deporte y además, se enfrentaron a la selección de tenis de mesa de Honduras, que participará en los próximos Juegos Panamericanos de Indianápolis, Estados Unidos.

Para hoy en la tarde (2:00 p.m.) los chinitos, en dos ramas, harán otras partidas amistosas en el Gimnasio Municipal de San Pedro Sula para los jugadores y amantes del ping pong sampedranos.

Esta corta estadía de los chinitos dejará mucho provecho a la selección de Honduras (masculina y femenina) ya que los jugadores de la China Nacionalista (Taiwán) son considerados como potencia mundial en el tenis de mesa.

Las delegaciones de tenis de mesa de Honduras y China Nacionalista. *(Foto Aquiles Andino).*

La señora ministro de Educación Pública de Honduras, Elisa Valle de Martínez, fue captada por nuestro camarógrafo Aquiles Andino cuando ayer miércoles pronunciaba un discurso con motivo de la llegada de la delegación de China Nacionalista de tenis de mesa. La ministro dijo "Bienvenidos hermanos del continente chino". La ministro se refería posiblemente al continente asiático.

Los chinitos de Taiwán en plena exhibición de tenis de mesa. *(Foto Aquiles Andino)*.

*La Tribuna/*9 de julio de 1987

AZCONA INAUGURA SERIE INTERNACIONAL
DE TENIS DE MESA ENTRE HONDURAS Y CHINA

- *Brillante exhibición ofrecieron los orientales en el Gimnasio Nacional en presencia del presidente de los hondureños.*
- *La llegada de los chinitos a Honduras es co-patrocinada por Pepsi, el refresco de la nueva generación.*

TEGUCIGALPA. (Por Alicia Caron).- Al inaugurarse la serie internacional de Tenis de Mesa (ping pong) mixta entre las Repúblicas de China y de Honduras, el Ing. José Simón Azcona al ingresar a la duela del Gimnasio Nacional, fue ovacionado por los 6 mil niños y jóvenes escolares y colegiales que abarrotaron esta instalación deportiva.

El primer mandatario de la República, ingresó al Gimnasio Nacional cinco minutos antes de las 9:00 de la mañana del miércoles, demostrándole a la propia ministro de Educación

Pública, Lic. Elisa Valle de Pavetti, lo que es el sentido de la responsabilidad. Ella llegó a las 9:20, lo mismo hizo el representante de la Federación Deportiva Extraescolar, Hipólito López.

Durante los actos de inauguración fungiendo como maestro de ceremonias el presidente de la Asociación Nacional de Tenis, Ing. Kenneth Rivera, se ejerció un control de seguridad minucioso sin que se suscitase ningún problema, tomando en cuenta que estaba el presidente de la República.

En este acto estuvo presente el embajador de China, Dr. Chuan-Li Huang, la directora general de Educación Física y Deportes, Lic. Angélica Suazo de Martínez, todos ellos acompañaron al Ing. Azcona en la mesa principal.

Después de la ejecución de los himnos nacionales de China y Honduras por la Banda de los Supremos Poderes, intervino el embajador de China, la directora de Educación Física y Deportes y el propio mandatario del país, quien se mostró muy emocionado.

Asimismo, lo hizo el presidente de la Federación Deportiva Extraescolar, Rubén Antonio Villalta, quien a última hora se hizo presente, comprendiendo que esa mañana tuvo que internar de emergencia a su hija menor.

El saque de honor de esta serie internacional lo realizó el Ing. Azcona y el secretario general de la Asociación Nacional de Tenis de Mesa de la República de China, Chou Lin-Chen, ante la ovación total de los aficionados capitalinos.

Después de la intervención del mandatario se realizaron en primer lugar la exhibición del poderío y la técnica de las chinitas Lin-Li-Zu y Chen Yueh-Jen, ganando la primera 21-19 y 21-18.

En el segundo juego participaron los chinos Wu-Shen-Yuy Feng, Seng-Chin, ganando el primero por 21-13 y 21-14 puntos.

En el tercer encuentro el hondureño Francisco Lanza de la Selección de Honduras perdió ante la chinita Huang Chiu-Hsiang por 21-12 y 21-9 puntos.

El presidente Azcona, la ministro de Educación, Elisa Valle, la Lic. Angélica Suazo de Martínez, el P.M. Antonio Villalta, presidente de la FNDEH, el embajador de China. *(Fotos René Martínez).*

**El presidente de Honduras, Ing. José Simón Azcona, realiza
el saque de honor con el secretario general de la Asociación
Nacional de Tenis de China, Chou Lin-Chen. Pepsi, el
refresco de la nueva generación, copatrocina el evento.**

En el último juego en dobles entre los chinitos formando pareja Wun Shen Yun y Hung Tsun Min les ganaron a sus compatriotas Feng-Sheng Chin y Shueh Wen Tang, 21 por 17 puntos.

Después de estos juegos de exhibición, el Comité Olímpico Hondureño les ofreció un almuerzo en un restaurante capitalino, al que se dieron cita las principales autoridades deportivas de esta capital y por la noche se les ofreció una recepción en el Hotel Honduras Maya, por parte del embajador de China. Chuan-Li Huang.

*La Prensa/*9 de julio de 1987

"MUDOS" SALEN DIRIGENTES DE
FECORAH DE CASA PRESIDENCIAL

TEGUCIGALPA. "Mudos" salieron ayer dirigentes de la Federación de Cooperativas de la Reforma Agraria de Honduras (FECORAH), de la casa presidencial luego de sostener una entrevista con el presidente de la república José Azcona Hoyo.

Un grupo de directivos en los que no se observó al máximo conductor de la organización agraria, Nelly Ramírez, en ningún momento quisieron responder a interrogantes de los periodistas.

La dirigencia de la FECORAH, mientras dialogan con el presidente de la república, José Azcona Hoyo en donde le entregaron un documento. *(Foto Aulberto Salinas).*

Se supo que estos dirigentes son los que están en contra de Ramírez a quien quieren quitar como titular de la FECORAH por razones que aún se desconocen.

"No estamos autorizados para hablar", dijo sin embargo Rafael Sosa quien no quiso revelar el puesto que ocupa en la FECORAH y más adelante agregó que "hablamos de un proyecto bananero de la costa norte", pero no brindó detalles.

*La Prensa/*9 de julio de 1987

PRESIDENTE AZCONA PROMETE AYUDA
A ALCALDÍA DE COMAYAGUA

TEGUCIGALPA. - El presidente José Azcona se comprometió ayer con la Corporación Municipal de Comayagua brindarles muy pronto ayuda para obras comunales.

La delegación de la excapital de la República presidida por Maximiliano Maradiaga hizo saber al gobernante que ellos no quieren estar sentados en sus puestos sino trabajando en los proyectos, pero que para ello necesitan el apoyo económico del ejecutivo.

Maradiaga precisó que en primera instancia la municipalidad necesita que el gobierno a través de la Secretaria de Comunicaciones, Obras Públicas y Transporte, preste alguna maquinaria para mejorar y posteriormente pavimentar algunas de las calles de la ciudad.

"No queremos pasar vegetando, sino haciendo obras", subrayó el rector de la municipalidad de Comayagua.

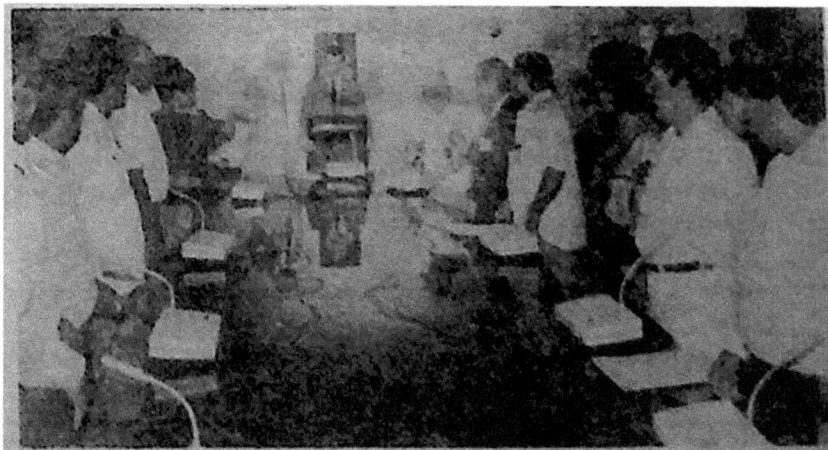

La Corporación Municipal de Comayagua, reunida con el presidente José Azcona Hoyo para presentarle un pliego de peticiones para solventar una gama de problemas. *(Foto Aulberto Salinas).*

*La Prensa/*9 de julio de 1987

CUMPLE AZCONA CON LOS OBREROS DEL SITRATERCO

LA LIMA, CORTES. - El millón de lempiras que prometiera el Ejecutivo al Sindicato de Trabajadores de la Tela Railroad Company (SITRATERCO) como subsidio para que pusiera fin a la huelga general de 7 días (16-23 enero anterior), ya fue entregado a todos los trabajadores, informó ayer el presidente de ese sindicato, Luis Yánez.

Explicó Yánez que el presidente Azcona Hoyo le entregó al Comité Ejecutivo General el 5 de junio pasado el cheque por el millón de lempiras como cumplimiento a lo pactado para ponerle fin a la huelga, luego de la intervención del designado presidencial Jaime Rosenthal Oliva y el presidente del Congreso Nacional, Carlos Montoya.

Dijo que el cumplimiento del mandatario demuestra la buena voluntad del gobierno para mantener la estabilidad social y la buena relación entre el capital y el trabajo.

Señaló que con la cantidad recibida se está pagando el reajuste del décimo tercer mes como lo establece el Decreto 178-86. (RM)

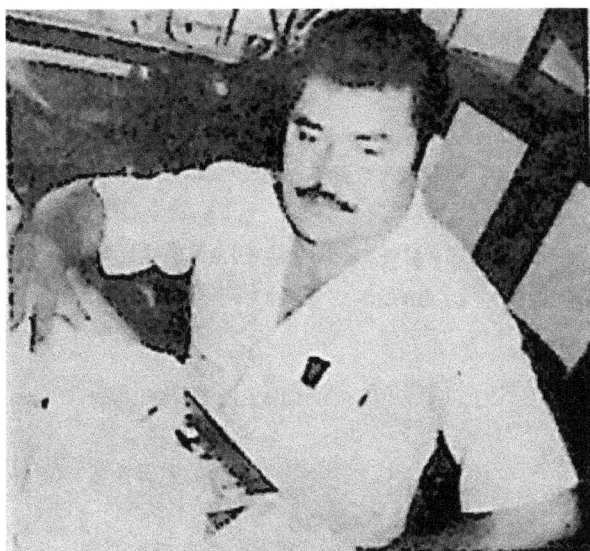

Luis Yánez muestra los comprobantes de pago del reajuste del aguinaldo en base al Decreto 178-86.

*Tiempo/*9 de julio de 1987

Presidente Azcona:

HONDURAS NO CONTABA CON LOS 20 MILLONES RETENIDOS

La retención de 20 de los 59 millones de dólares de la ayuda suplementaria de Estados Unidos a Honduras, decretada por el Congreso norteamericano, "no afecta la economía nacional", según el presidente José Azcona.

El mandatario dijo que en la difusión de estas noticias hay una clara "tergiversación", porque "ellos (los congresistas norteamericanos), de la parte que le corresponde a Honduras de la ayuda complementaria de los 300 millones de dólares aprobados por el gobierno norteamericano, que asciende a 59 millones, han apartado o congelado 20 para ver si Honduras llega a un arreglo con Temístocles Ramírez sobre la indemnización que reclama".

Este arreglo, recalcó el mandatario, puede hacerse a través de un arbitraje o directamente.

Empero, agregó, los desembolsos corrientes de la ayuda normal norteamericana están saliendo. Azcona aseveró que esta retención de fondos de la ayuda suplementaria "no afecta la economía nacional porque no estaban en nuestro presupuesto esos 59 y medio millones de dólares, de los cuales 40 van a ser desembolsados rápidamente".

*La Tribuna/*9 de julio de 1987

DIPUTADOS SUGIEREN AL PRESIDENTE DEPURACIÓN DE CUERPOS POLICIALES

- *Azcona de acuerdo que policías sean juzgados por tribunales civiles.*

TEGUCIGALPA. -Las comisiones del Congreso Nacional de Despacho Presidencial, Defensa y Seguridad Pública y de Cumplimiento Constitucional, se reunieron ayer en la tarde con el presidente José Azcona Hoyo, para exigirle que proceda a ordenar una investigación exhaustiva para esclarecer el asesinato del magistrado de la Corte Suprema de Justicia (CSJ) Mario Antonio Reyes Sarmiento, y se ponga a la orden de los tribunales comunes a los responsables de ese hecho sangriento.

Por parte de la comisión de Despacho Presidencial, Defensa y Seguridad Pública, en la reunión participaron los diputados Nicolás Cruz Torres, Roberto Ramón Castillo, Antonio Ortiz Turcios, Raúl Agüero Neda y Miguel Andonie Fernández.

En tanto, por la comisión de Cumplimiento Constitucional participaron los diputados Ramón Rufino Mejía, Orlando Gómez Cisneros, Raúl Medina Reyes, Efraín Díaz Arrivillaga y Manuel de Jesús Castellanos.

El diputado Nicolás Cruz Torres dijo que el presidente Azcona se manifestó "totalmente coincidente" con el pronunciamiento del Congreso Nacional, que exige el cumplimiento del Artículo 91 de la Constitución de la República, a efecto de que los tribunales de lo común sean los que conozcan el caso del asesinato del magistrado Reyes Sarmiento.

Asimismo, está de acuerdo que las autoridades militares, con exclusión de los miembros de la Fuerza de Seguridad Pública (FUSEP), realicen una investigación imparcial sobre la muerte de Reyes Sarmiento.

Cruz Torres anunció que estas mismas comisiones del Congreso Nacional se reunirán hoy con el Consejo Superior de las Fuerzas Armadas "para seguir platicando sobre este asunto, a efecto de que haya una complacencia de la ciudadanía en la aplicación de la justicia de este hecho".

El parlamentario indicó que al presidente Azcona le plantearon también de que debe aprovecharse "esta circunstancia trágica para realizar una depuración de los cuerpos policiales, fundamentalmente de los organismos de investigación nacional, sobre los cuales hay muchos cuestionamientos de parte del pueblo, por la forma de proceder y la conducta de algunos de sus miembros". (TDG).

AZCONA

*Tiempo/*9 de julio de 1987

HECHOR DEL ASESINATO DEBE SER CASTIGADO: JAH

- *No veo la necesidad de suspender a jefe de la FUSEP*

TEGUCIGALPA. - El presidente José Azcona Hoyo manifestó ayer que no ve la necesidad de suspender al actual comandante de la Fuerza de Seguridad Pública (FUSEP), coronel Leonel Aquiles Riera Lunati puesto que la muerte del magistrado de la Corte Suprema de Justicia, Mario Antonio Reyes Sarmiento, fue una acción de mala conducta de los subalternos de ese cuerpo policial.

Azcona, que fue entrevistado en horas de la mañana, dijo que en la tarde recibiría los informes tanto de las Fuerzas Armadas como del Congreso Nacional sobre la muerte de Reyes Sarmiento, y que dependiendo de esos informes ordenaría una investigación para el esclarecimiento de ese asesinato.

No obstante, dijo que el hechor del asesinato del magistrado Reyes debe ser castigado, y considera que ese hecho no puede ser motivo de una confrontación entre el pueblo hondureño y las Fuerzas Armadas, porque fue un acto de "prepotencia" un acto de mala conducta de una persona que le disparó al magistrado. (TDG).

*Tiempo/*9 de julio de 1987

AZCONA DE ACUERDO CON REESTRUCTURACIÓN DE FSP

La reestructuración y depuración de la Fuerza de Seguridad Pública fue planteada ayer al presidente José Azcona por los miembros de la comisión de Despacho Presidencial, Defensa y Seguridad y de Cumplimiento Constitucional, tras entregarle el documento mediante el cual el Congreso Nacional le excita a agilizar y profundizar las pesquisas sobre la muerte del magistrado Mario Antonio Reyes Sarmiento.

Nicolás Cruz Torres, que actuó como vocero de ambas comisiones, indicó que al mandatario se le exigió que se cumpla con el artículo 91 de la Carta Magna en el sentido de que, después de concluidas la indagaciones exhaustivas, los responsables sean puestos a la orden de los tribunales comunes.

Cruz Torres también reveló que las comisiones del Congreso se reunirán hoy con el comandante en jefe de las Fuerzas Armadas general Humberto Regalado Hernández y con el Consejo Superior del instituto castrense. Afirmó que el presidente Azcona se ha manifestado coincidente con el pronunciamiento del Congreso y esto propicia la cita que se sostendrá hoy con los militares a efecto de que haya complacencia en la ciudadanía sobre la dilucidación de este asunto.

Cruz Torres dijo que no trataron lo relacionado con la suspensión del comandante de la FSP, "porque esto no está contemplado en la resolución del Congreso Nacional".

Lo de la depuración de la FSP podría ser abordado con el Consejo Superior de las Fuerzas Armadas, las cuales tendrán que esclarecer los hechos que entornan la muerte del magistrado Reyes Sarmiento.

Esta investigación no implica una actitud contraria de parte del Congreso al otorgamiento de un aumento presupuestario para la fuerza policial, porque ésta tiene necesidad de aumentar su personal y dar mayor seguridad y protección a la ciudadanía hondureña.

El presidente Azcona está en consonancia con la resolución del Congreso Nacional. *(Foto Aquiles Andino).*

*La Tribuna/*9 de julio de 1987

CONGRESO PEDIRÁ HOY A FF.AA. DEPURAR CUERPOS DE SEGURIDAD

Una comisión de diputados entregó ayer al presidente José Azcona el decreto que aprobó el martes el Congreso, donde lo excitan para que se haga una investigación urgente sobre la muerte del magistrado Mario Reyes Sarmiento. Posteriormente, oficiales de las Fuerzas Armadas le presentaron los resultados preliminares de las pesquisas sobre el mismo suceso. *(Foto Andrés Sabillón).*

*El Heraldo/*9 de julio de 1987

JOSÉ AZCONA EN EL BANQUILLO DE LOS ACUSADOS

Tegucigalpa, (Diario Tiempo). - En lo que constituyó sin duda un hecho inédito, la Corte Interamericana de Derechos Humanos (CIDH), dependiente de la OEA, llamó al banquillo de los acusados a un país, Honduras, para que responda jurídicamente por la desaparición forzosa de cuatro personas por motivos políticos.

La CIDH, con sede en Costa Rica, instruyó audiencias preliminares en los casos de secuestro y desaparición de los hondureños Ángel Manfredo Velásquez y Saúl Godínez Cruz, y de los costarricenses Francisco Fairen Garbi y Yolanda Solís.

Los hechos ocurrieron en 1981 y la CIDH debe decidir, ahora, si es admisible o no el juicio para establecer la responsabilidad del estado hondureño. Por lo pronto, según dijo a ALASEI Ramón Custodio, presidente del Comité para la Defensa de los Derechos Humanos en Honduras (CODEH), "es la primera vez en la historia del sistema interamericano que un estado miembro es acusado por la práctica de secuestro y desapariciones".

De hecho, la "guerra sucia" que se libró en Honduras entre 1981 y 1984 estuvo inspirada en la experiencia de la dictadura argentina, en cuyos cuarteles se entrenaron numerosos militares hondureños, empezando por el exjefe de las Fuerzas Armadas, general Gustavo Álvarez.

Fue durante el período en que Álvarez fungió como jefe de los cuerpos de seguridad y luego como máxima figura de la institución castrense que se comenzó a practicar una política oficial de secuestros de opositores políticos. De acuerdo con documentación del CODEH, la responsabilidad de la "desaparición" de más de un centenar de personas, atribuida públicamente a un denominado "Escuadrón de la Muerte", recae directamente sobre una sección del Ejército, el Batallón 3-17, creado por Álvarez. Al frente del cuerpo represor estuvo el mayor Alexander Hernández, actual director de la Academia de Policía de Honduras.

"Nuestras pruebas sobre el involucramiento de los militares hondureños incluyen testimonios de agentes de seguridad que participaron en los operativos", reveló Zenaida Velásquez, presidenta del Comité de Familiares de los desaparecidos, y hermana de una de las víctimas investigadas por la CIDH.

Para enfrentar la demanda, el gobierno de José Azcona nombró una comisión de abogados encabezada por Mario Díaz Bustamante, que incluye a ocho profesionales más. En las audiencias preliminares los agentes del gobierno abogaron para la "inadmisibilidad" del juicio, basándose en argumentos tales como que los afectados no habían agotado los recursos de la legislación interna, que el delito de desaparición forzada e involuntaria de personas no está tipificado en la Convención Americana de Derechos Humanos y que la CIDH no había dado oportunidad a Honduras para propiciar una negociación amistosa.

"En realidad, no tuvieron argumentos para defenderse y se limitaron a tratar de eximir de responsabilidad al general Álvarez (actualmente exiliado en Miami) y al gobierno civil de Roberto Suazo Córdova (1982-1986), que permitió la instalación de una infraestructura de terror que violó todas las leyes", dijo Custodio.

La presidente del Cofadeh agregó que "varios miembros de la comisión defensora hondureña, entre ellos los abogados Ángel Augusto Morales y Mario Boquín, trabajan directamente con las Fuerzas Armadas, lo que demuestra que los militares se saben implicados en numerosos crímenes.

Zenaida Velásquez, hermana del desaparecido Ángel Manfredo, sostuvo que el alegato oficial fue "vergonzante", puesto que durante varios años el Cofadeh, el CODEH y varias organizaciones han tratado de que la justicia actuara en el interior del país, castigando a los culpables y evitando que nuevas violaciones sucedieran.

En respuesta, recordó, las Fuerzas Armadas sólo divulgaron dos informes de supuestas investigaciones, en los cuales se rehuyó toda responsabilidad oficial. La respuesta gubernamental a las demandas ha sido que los "presuntos desaparecidos, o han sido víctimas de sus propios compañeros de izquierda o se encuentran entrenando en países comunistas".

Sin embargo, probarlo ante la CIDH es un enorme desafío para el gobierno de Azcona. "Creo que si el juicio se inicia será una pérdida para el estado hondureño y si no se inicia pondrá en duda la efectividad de la CIDH" comentó en esta capital el abogado Gustavo Acosta Mejía, presidente de la Comisión de Derechos Humanos del Colegio de Abogados.

En efecto, el asunto que tienen entre manos los jueces Thomas Buergenthal (presidente), Rafael Nieto Navia, Pedro Nikken, Héctor Gros Espiel, Rodolfo Piza, Héctor Zamudio y Rigoberto Espinal Irías (este último, juez ad-hoc por Honduras) es una oportunidad histórica para evitar que los desaparecidos sean una especie de fantasmas que no tienen derecho a la justicia. (Tomado de La Hora, Guatemala, 4/7/87).

Acuerdo Azcona-diputados

CASO DEL MAGISTRADO REYES SARMIENTO SERÁ TRASLADADO A JUZGADO DE LO CIVIL

TEGUCIGALPA. (Por Faustino Ordóñez Baca).- Los responsables de la muerte del magistrado Mario Antonio Reyes Sarmiento, luego de realizarse exhaustivamente las investigaciones sobre la comisión de este delito serán remitidos a los juzgados civiles según un acuerdo al que llegaron ayer el presidente José Azcona Hoyo y los miembros de las comisiones de Despacho Presidencial, Defensa y Seguridad y de Cumplimiento Constitucional.

El mandatario y los representantes de esas comisiones, encabezadas por Nicolás Cruz Torres y Ramón Rufino Mejía, se entrevistaron por espacio de 2 horas al término de la cual el Presidente se comprometió a profundizar las investigaciones.

Cruz Torres anunció que este día a las 2 de la tarde, en las instalaciones del Estado Mayor de Las Fuerzas Armadas de Honduras (FF AA), las mismas comisiones se entrevistarán con el Consejo Superior de las Fuerzas Armadas (COSUFFAA), encabezado por el general Humberto Regalado Hernández, y luego realizar una reunión conjunta con el gobernante del país.

El presidente, precisó Cruz Torres, está de acuerdo en que los responsables de la muerte del magistrado de la Corte Suprema de Justicia, sean trasladados a los tribunales comunes al tenor del artículo 91 de la Constitución de la República.

Los parlamentarios en que figuraba, además, Roberto Ramos Castillo, Antonio Ortez Turcios, Raúl Agüero Neda, Miguel Andonie Fernández y Efraín Díaz Arrivillaga, entregaron a Azcona Hoyo, la resolución legislativa de la noche del martes donde se exige que el caso de la muerte de Reyes Sarmiento sea auscultado profundamente y en forma imparcial.

Reunidos en el despacho presidencial los diputados que integran las comisiones de Despacho Presidencial, Defensa y Seguridad y Cumplimiento Constitucional, establecen con el mandatario Azcona Hoyo un acuerdo por el que los responsables de la muerte del abogado serán remitidos a los tribunales.

La investigación a realizarse excluirá la representatividad de la Fuerza de Seguridad Pública por tratarse de estar implicado un elemento de esa rama de las FF AA, dijo Cruz Torres.

Uno de los aspectos importantes analizados en la reunión con el presidente Azcona, reveló el político nacionalista, es que se aprovechará esta circunstancia trágica suscitada con la muerte del togado, para realizar una depuración de los cuerpos de la policía a fin de hacerlos más efectivos y garantizar la vida de los ciudadanos.

*La Prensa/*9 de julio de 1987

CONGELAMIENTO DE LOS $ 20 MILLONES NO AFECTA ECONOMÍA DEL PAÍS: AZCONA

El presidente José Azcona Hoyo dijo ayer que el congelamiento de los 20 millones de dólares de la asistencia económica que los Estados Unidos dará a Honduras, que podrían servir para pagar la indemnización que exige el norteamericano Temístocles Ramírez de Arellano, no afecta la economía del país, porque no estaban incluidos en el presupuesto general de la República.

Según el mandatario, ha habido una "tergiversación" en cuanto a las informaciones proporcionadas sobre la decisión del Congreso de los Estados Unidos de congelar 20 millones de dólares de los 66.5 millones que corresponden a Honduras en asistencia económica para este año.

Indicó que el Congreso norteamericano tomó esa decisión "para ver si Honduras llega a un arreglo de una indemnización con Temístocles Ramírez, que puede ser a través de un arbitraje o un arreglo directo, pero los desembolsos corrientes están saliendo".

El presidente Azcona afirmó que los restantes 39.5 millones de dólares "van a ser desembolsados rápidamente por el gobierno de los Estados Unidos".

Por otra parte, el mandatario se abstuvo de comentar las críticas sobre su empecinamiento de no hacer cambios en el Gabinete de Gobierno, diciendo que "eso es un tema muy trillado que ya no quiero hablar de ello". (TDG)

*Tiempo/*9 de julio de 1987

NO HAY NECESIDAD DE SEPARAR A COMANDANTE DE FSP: AZCONA

TEGUCIGALPA. - El presidente Azcona declaró ayer que no hay necesidad de separar al comandante de la Fuerza de Seguridad Pública, coronel Aquiles Riera Lunatti, a raíz de la muerte del magistrado Mario Reyes Sarmiento, y se pronunció a favor de que sean castigados conforme a la ley los policías que cometieron el delito.

Asimismo, el mandatario sostuvo que la retención de los veinte millones de dólares como ayuda adicional por parte del Congreso de los Estados Unidos no afecta la economía nacional, porque no estaba contemplado en el presupuesto nacional.

"No creo yo la necesidad de suspender al comandante en jefe de las Fuerzas Armadas (se refería al comandante de la FSP), porque esta es una acción de subalternos, es un acto de conducta más que otra cosa", dijo el presidente.

El acto cometido por los miembros de la patrulla que dispararon contra el magistrado fue calificado por el mandatario como un acto de prepotencia, de mala conducta.

"Creo que el hechor de este asunto debe ser castigado, pero eso no debe ser de ninguna manera, motivo de un supuesto enfrentamiento entre el pueblo y las Fuerzas Armadas".

El presidente se reunió ayer en horas de la tarde con los miembros de las comisiones de la Presidencia, Defensa y Seguridad Pública y Cumplimiento de Garantías Constitucionales, para conocer la posición del Congreso sobre este asunto, al tiempo que recibió un informe de las Fuerzas Armadas en relación a los hechos de la madrugada del sábado anterior.

SUSPENSIÓN DE AYUDA NO AFECTA

Ayer se conoció que el Congreso de los Estados Unidos decidió suspender temporalmente cuarenta millones de lempiras como parte de un desembolso de 59 millones de dólares, contemplados en un apoyo económico adicional, mientras Honduras y el granjero Temístocles Ramírez, llegan a un acuerdo sobre las demandas de éste.

El Presidente de la República dijo que la medida adoptada por los congresistas de ninguna manera afectará la economía nacional en vista de que la ayuda no estaba prevista en el Presupuesto General de Ingresos y Egresos de la nación.

Afirmó Azcona, que la información procedente de los Estados Unidos fue tergiversada en Honduras y reiteró que los desembolsos correspondientes a la ayuda normal están saliendo según lo previsto.

La suspensión de la ayuda es para ver si Honduras llega a un arreglo con el señor Temístocles Ramírez, que puede ser a través de un arreglo directo o mediante un arbitraje, dijo.

El gobierno de Ronald Reagan pidió una aprobación de 300 millones de dólares al Congreso de ese país como una ayuda extraordinaria para los cuatro países democráticos de Centroamérica, Honduras, Guatemala, El Salvador y Costa Rica.

*La Prensa/*9 de julio de 1987

AZCONA: NO NOS AFECTA QUE NOS
QUITEN 40 MILLONES DE LEMPIRAS

Candidato presidencial opina que el gobierno no debe someterse al arbitraje para dirimir la indemnización a Temístocles Ramírez.

El presidente José Azcona Hoyo aseguró ayer que la economía hondureña no será afectada por la decisión del Congreso norteamericano de congelarle 40 millones de lempiras a raíz de la reclamación del empresario Temístocles Ramírez.

"De todas maneras, esos 40 millones no estaban dentro del Presupuesto Nacional", justificó el mandatario.

Añadió que el Congreso norteamericano aprobó 300 millones de dólares para cuatro países centroamericanos, de los cuales 59 y medio le corresponden a Honduras.

Azcona precisó que de esos 59 y medio, el mismo Congreso congeló 20 millones "para ver si llegamos a un acuerdo con el empresario ya sea a través de un arbitraje o mediante arreglo directo".

El gobernante aclaró que los desembolsos corrientes siguen fluyendo normalmente y que incluso los 39 millones y medio de dólares de ayuda extraordinaria "van a ser desembolsados rápidamente".

Sobre el mismo particular, el candidato presidencial, Enrique Ortéz Colindres, dijo ayer que, por dignidad nacional, el país no debe comparecer al arbitraje a que lo quiere someter el Congreso de los Estados Unidos.

"Mejor que se queden los norteamericanos con sus 20 millones y no que pretendan aplicarnos la política de la zanahoria que consiste en ofrecernos un premio si vamos a ese arbitraje", concluyó el dirigente político liberal.

NO QUIERE OÍR SOBRE CAMBIOS EN GABINETE

El tema de los cambios en el Gabinete de Gobierno está muy trillado y ya no quiero referirme a él, declaró ayer el presidente José Azcona Hoyo.

El gobernante fue interrogado ayer sobre la opinión del dirigente de la Democracia Cristiana, Hernán Corrales Padilla, quien asegura que "Azcona es buen trabajador pero el resto de la orquesta le está fallando".

"Nadie sabe mejor que yo si la orquesta está fallando. Además, ese tema es muy trillado y ya no quiero referirme a él", agregó.

Funcionarios de la Casa de Gobierno aseguraron en enero pasado que el presidente introduciría algunos cambios en su Gabinete a mediados de año pero, al parecer, está conforme con su equipo de trabajo.

A la pregunta de un reportero sobre la posibilidad de un golpe de estado contra su gobierno, Azcona respondió: "No sé de eso. No he oído nada de eso".

GOBIERNO INICIA PRIVATIZACIÓN DE EMPRESAS

El gobierno comenzará la próxima semana a vender parte de sus empresas al sector privado, informó ayer la Secretaria de Prensa de la Presidencia de la República.

El Programa de Privatización de las Empresas Estatales comenzará con la venta de la compañía Metales y Aluminios S.A. METALSA, la cual se encuentra libre de gravamen y de cualquier otro problema de índole legal, según la información oficial.

METALSA produce diariamente tres mil artículos de aluminio y tres mil 500 piezas revestidas de peltre, la mayoría de ellas utensilios para el hogar.

También la Secretaría de Recursos Naturales está dando los pasos iniciales para pasar al sector privado el Programa Nacional de Mecanización Agropecuaria PROMECA.

Entre esas diligencias figura la subasta de restos de maquinaria agrícola, transporte y equipos varios, ubicados en los planteles regionales de La Ceiba, Omonita y Comayagua.

El secretario de Prensa, Lisandro Quesada, aseguró que en América Latina "existe consenso para impulsar la iniciativa privada como medio eficaz para generar empleo".

Más adelante, destacó que el programa de privatización de empresas estatales es ajeno a cuestiones políticas o sectarias.

Finalmente, informó que el próximo lunes se abrirán las propuestas de compra de METALSA en un acto solemne que será encabezado por el presidente ejecutivo de la Corporación Nacional de Inversiones Jorge Epaminondas Craniotis.

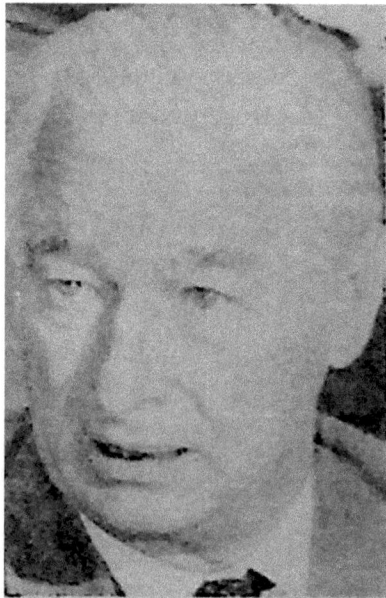

JOSÉ AZCONA

*El Heraldo/*9 de julio de 1987

ESPOSOS BRIGGS FUERON AGASAJADOS EN LA CEIBA

El fin de semana anterior fueron agasajados en La Ceiba los esposos Everett Briggs, Embajador de Estados Unidos en Honduras, y su distinguida esposa, los que fueron presentados a la sociedad de ese sector del País.

Los esposos Briggs tuvieron como invitados especiales al ingeniero José Azcona Hoyo, a lo más selecto de La Ceiba, de la empresa privada, y la banca, acto que fue organizado por la Standard Fruit Company y los esposos Randy Flemming y señora.

La ocasión fue propicia para que los allí presentes intercambiaran opiniones diversas con los esposos Briggs durante un cóctel que resultó muy alegre.

Otro aspecto de lo que fue la inolvidable reunión en la ciudad de La Ceiba.

El ingeniero Azcona Hoyo aparece sirviéndose. Con él, los esposos Briggs, agasajados de la noche. *(Fotos Julio César Rodríguez).*

*El Heraldo/*9 de julio de 1987

AZCONA NO CREE NECESARIO SUSPENDER
AL COMANDANTE GENERAL DE LA FUSEP

*El mandatario recibió ayer tarde los informes del Congreso Nacional y las Fuerzas Armadas en relación a la muerte del magistrado Reyes Sarmiento.

El presidente José Azcona Hoyo declaró ayer que no ve la necesidad de suspender en el ejercicio de su cargo al comandante general de la Fuerza de Seguridad Pública, coronel Leonel Riera Lunati.

El mandatario recibió, en horas de la tarde, a dos comisiones del Congreso Nacional y una de las Fuerzas Armadas que le presentaron sendos informes sobre el caso de la muerte del magistrado Mario Reyes Sarmiento.

Las comisiones del Congreso, una de Cumplimiento Constitucional y otra de Defensa y Seguridad, le entregaron el texto de la moción, aprobada por el pleno de la Cámara, para que garantice una investigación urgente, imparcial y objetiva de la muerte del magistrado.

La comisión de las Fuerzas Armadas le hizo entrega del resultado de las investigaciones realizadas hasta el momento y que se relacionan con las circunstancias en que fue ultimado Reyes Sarmiento.

El mandatario dijo que, previo estudio de ambos documentos, procederá de conformidad y aseguró que todavía no ha leído el pronunciamiento del Colegio de Abogados sobre el particular.

El citado Colegio está demandando que el presidente Azcona, en su calidad de comandante general de las Fuerzas Armadas, suspenda en su cargo al comandante de la FUSEP y demás personal policial de la Región Metropolitana, relacionado con el caso.

Sobre el particular, el presidente dijo que no ve la necesidad de suspender a Riera Lunati ya que "la acción la llevaron a cabo subalternos y es un acto de conducta más que otra cosa".

"Fue un acto de prepotencia y de mala conducta por parte de una persona que disparó contra un carro. Por eso debe ser castigado el hechor de este asunto, pero ello no debe ser motivo para una confrontación entre el pueblo y las Fuerzas Armadas", finalizó Azcona.

Que no era necesario suspender al coronel Riera Lunatti dijo ayer el presidente Azcona a las comisiones del Congreso y de las Fuerzas Armadas que lo visitaron.

*El Heraldo/*9 de julio de 1987

AZCONA: INNECESARIO SUSPENDER A RIERA L.

El presidente De la República, José Azcona, consideró innecesaria la suspensión en sus funciones del comandante general de la FUSEP, coronel Leonel Aquiles Riera Lunatti, "puesto que la situación creada a raíz de la muerte del magistrado Mario Antonio Reyes Sarmiento, es una cuestión de conducta de sus subalternos".

El mandatario afirmó que él analizaría los informes que le presentaron y el de las Fuerzas Armadas así como la excitativa que aprobó la noche del martes el Congreso Nacional, "para proceder ulteriormente".

Recalcando que el problema era de conducta de los agentes de la FUSEP, Azcona afirmó que no cree que eso dé lugar a enfrentamientos entre el poder civil y el militar.

"No creo que se pueda dar eso, subrayó, porque el trágico suceso es consecuencia de la prepotencia, de un acto de mala conducta de una persona que disparó a un carro".

"Sin embargo, considero que ese hecho debe ser castigado y el hechor debe ser enjuiciado, pero eso no debe ser, por ningún motivo, objeto de un enfrentamiento entre las Fuerzas Armadas y el pueblo".

Finalmente, el presidente Azcona aseveró que él no ha escuchado rumores de un golpe de Estado, "yo nada sé de eso, ni he oído algo de eso", concluyó.

*La Tribuna/*9 de julio de 1987

AZCONA INAUGURÓ AYER LAS DEMOSTRACIONES DE TENNIS DE MESA DE LA SELECCIÓN CHINA

TEGUCIGALPA. - El presidente de la república José Azcona, inauguró ayer en esta capital, las clínicas de tennis de mesa que están siendo impartidas desde la fecha, por la selección de China de este deporte que llegó aquí el lunes anterior para permanecer hasta el sábado próximo día en el cual partirán rumbo a Costa Rica.

Junto al presidente Azcona, se encontraba el señor embajador de China acreditado aquí, señor Chuan-Li-Huang así como la señora ministro de Educación señora Elisa Valle de Martínez P. y el presidente del Comité Olímpico Hondureño Julio C. Villalta, promotor de la llegada de la selección China.

La selección de tennis de mesa del Lejano Oriente, está compuesta por 10 jugadores, cinco damas e igual cantidad de varones y son dirigidos técnicamente por Yang Tsun-Shiung quien será el encargado de conducirlos a los juegos Olímpicos de Seúl en 1988.

*La mesa principal fue presidida por el mandatario hondureño José Azcona y el embajador de China Chuan Li Huang. *(Gráfica de Rolando Mondragón).*

En las clínicas que el presidente Azcona inauguró ayer en esta capital estuvieron presentes gran cantidad de escolares de todos los niveles que fueron invitados para que presenciaran las demostraciones que por espacio de cuarenta y cinco minutos impartieron los miembros de la selección China que hoy estarán realizando en el gimnasio sampedrano el mismo trabajo desde las 11 de la mañana.

Los seleccionados retornarán a ésta, el próximo viernes en horas de la mañana para jugar en la tarde partidos contra el presidente Azcona quien junto a varios embajadores acreditados aquí, tienen un equipo que será el que les haga frente a los poderosos de la raqueta a nivel mundial.

*El Heraldo/*9 de julio de 1987

Presidente de abogados:

EJECUTIVO Y FF.AA. DECIDIRÁN SI SE SUSPENDE A RIERA LUNATTI

El presidente José Azcona y el comandante de las Fuerzas Armadas, general Humberto Regalado Hernández, decidirán si se separa, temporalmente, del mando de la FUSEP al coronel Leonel Aquiles Riera Lunatti.

Lo anterior fue confirmado por el presidente del Colegio de Abogados de Honduras, Guillermo Pérez Arias, tras concluir una reunión con el mandatario.

Azcona, según Pérez Arias, se mostró muy receptivo a las solicitudes planteadas por el Colegio de Abogados en el pronunciamiento emitido condenando la muerte del magistrado Mario Antonio Reyes Sarmiento.

Estas solicitudes, son entre otras; la separación temporal del comandante de la FUSEP, la investigación exhaustiva de la muerte de Reyes Sarmiento y la puesta a la orden de los tribunales comunes de los responsables de la misma,

Pérez Arias, dijo, que en base a lo tratado con el mandatario se estará emitiendo un nuevo comunicado en el cual se resumirán los acuerdos logrados.

Hemos encontrado al presidente sumamente preocupado por lo acontecido con Reyes Sarmiento, agregó, y nos ha afirmado que a la brevedad posible se reunirá con el alto mando militar, en su carácter de comandante general de las Fuerzas Armadas, para investigar lo acaecido el fin de semana pasado.

El presidente del Colegio de Abogados sostiene que el ingeniero Azcona les fue claro en cuanto a que primero tenía que realizarse una investigación, pero en conjunción con el alto mando.

Por otro lado, el informante aseguró que no están tratando de que se detenga el aumento presupuestario aprobado por el Congreso Nacional para reforzar el personal de la FUSEP, "porque es necesario detener por todos los medios la ola de criminalidad que se nos viene encima, pero eso tiene que hacerse con todo el respeto a la dignidad y a los derechos individuales y colectivos de los hondureños".

Directivos del Colegio de Abogados llegan ayer a la Casa Presidencial encabezados por su presidente, Guillermo Pérez, para entregarle su planteamiento al presidente José Azcona. *(Foto de Aquiles Andino).*

*La Tribuna/*10 de julio de 1987

NO SE REESTRUCTURARÁ POLICÍA, SIN ANÁLISIS

La reestructuración de la Fuerza de Seguridad Pública (FUSEP) debe ser objeto de un análisis severo "y no producto de una situación determinada", dijo ayer el presidente José Azcona.

El mandatario consideró que en la actualidad "hay muchas especulaciones (en alusión a las informaciones sobre la muerte del magistrado Mario Antonio Reyes Sarmiento) y esto no debe tener efecto en una acción momentánea".

Debemos estudiar las cosas y ver lo que conviene hacer para beneficio de Honduras, comentó.

El presidente dijo que está de acuerdo en que los responsables de la muerte de Reyes Sarmiento sean juzgados por los tribunales comunes, pero advirtió que esto deberá establecerse una vez se haya concluido con las investigaciones.

"Yo me comunicaré con el coronel Roberto Martínez Ávila y las comisiones del Congreso Nacional para ver qué podemos hacer para esclarecer estos hechos", aseveró.

Empero, dijo, hablar de reestructurar la fuerza policial es algo que debe ser analizado profundamente y no que surja como consecuencia de las especulaciones.

La Tribuna/10 de julio de 1987

Las bases unidas, pero...
HAY LIBERALES QUE EXIGEN COMICIOS
Y SE OPONEN A LA FECHA PROPUESTA

Las bases del Partido Liberal en Honduras están unidas, según sostuvo el titular del Poder Ejecutivo, José Azcona, pero advirtió que "lo simpático es que hay algunos que exigen elecciones municipales y dentro del Partido, objetan que se hagan votaciones el primer domingo de septiembre".

Sin embargo, reconoció que pudiese haber alguna duda respecto a esos comicios "porque el tiempo no es muy largo.

Lo importante es que haya una decisión de todos los candidatos para que esas elecciones se celebren.

Pero lo simpático, subrayó, es que hay quien dice, queremos que haya elecciones municipales e internas, del Partido y objeta que se hagan el primer domingo de septiembre".

Azcona dijo que hay que entender claramente la Ley Electoral aprobada por el Congreso Nacional. Es una norma muy completa, pero muy difícil de aplicar. Entonces, todos los partidos tienen que adecuarse a esa ley, y para lograr eso tiene que haber una voluntad de todos los dirigentes de esos partidos para realizar las acciones que se estipulan en ella".

"Para mí, concluyó el mandatario, esas adecuaciones deben hacerse cuanto antes y que se hagan todos los esfuerzos para que las elecciones internas del Partido Liberal se celebren el primer domingo de septiembre".

JOSÉ AZCONA

La Tribuna/10 de julio de 1987

Para evitar quiebra:

TABAQUEROS PIDEN 10 MILLONES A AZCONA

Diez millones de financiamiento solicitaron ayer los sindicalistas y empresarios de la industria tabaquera, para poder "salvar" la producción de tabaco en el oriente del país y evitar el cierre total de 15 de las 19 productoras que operan en Danlí, El Paraíso.

La solicitud de financiamiento fue planteada al presidente José Azcona durante una reunión sostenida por sindicalistas de las fábricas de puros, encabezados por el presidente de la CTH, Mariano de Jesús González, y empresarios de la industria tabaquera.

De acuerdo a lo revelado, de las 19 fábricas de puros existentes en Danlí, cuatro han cerrado operaciones definitivamente y 11 han pedido permisos de suspensión de labores, afectando con ello a unas 4.500 personas.

Las únicas cuatro empresas que se encuentran funcionando están importando materias primas (tabaco), "por lo que su utilidad es elevada, ya que reciben incentivos del gobierno y su producción la exportan dentro del marco del Plan de la Cuenca del Caribe", comentaron.

González indicó que la situación de las tabaqueras y fabricantes de puros se debía al financiamiento que han tenido "que ha sido grosero por las altas tasas de interés que pagan lo que les impide continuar con la producción".

Las deudas que tienen los empresarios son de alrededor de unos cuatro millones, dijo, por la cual tienen que pagar intereses onerosos que les impiden mantener su producción tabaquera y los pone en condiciones precarias que los obligan al cierre de sus operaciones.

Empero, apuntó, Azcona ha prometido trasladar el problema al Banco Central y a los Ministerios de Hacienda y Economía, a fin de que se busque, a mediano plazo la iniciación de la producción tabaquera y luego continuar con la readecuación de la deuda de estos empresarios.

Dirigentes de los sindicatos de las fábricas de puros y productores de tabaco dialogan con el presidente José Azcona, a quien le solicitaron un financiamiento de 10 millones para poder "salvar" la producción. *(Foto Aquiles Andino).*

*La Tribuna/*10 de julio de 1987

HABRÁ QUE NEGOCIAR CON TEMÍSTOCLES: J. AZCONA

Honduras tiene que negociar con Temístocles Ramírez para no perder totalmente los 20 millones de dólares de la ayuda suplementaria de los Estados Unidos, pues de no hacerlo el reclamante podría quedarse con toda esa donación.

Lo anterior se colige de lo manifestado ayer por el presidente José Azcona, quien reiteró que "el congelamiento de 20 de los 59 millones de dólares de esa ayuda no era decisión de la administración Reagan, sino del Congreso de aquella nación".

"Esa es una decisión que nosotros no podemos rebatir, aseveró, porque ése es un dinero que los Estados Unidos nos están regalando y ellos deciden apartar esos 20 millones para que se solucione este problema, porque el mismo tiene tres años de haber sido planteado por Ramírez", dijo.

"Ramírez ha estado tocando la puerta de sus representantes en el senado norteamericano, así como lo puede hacer cualquier hondureño ante los diputados al Congreso Nacional, pero puedo asegurar de que hay la mejor buena voluntad de parte del presidente Reagan para ayudar a Honduras a salir de este problema", recalcó.

La resolución del Congreso norteamericano es que haya un arreglo directo o que se emplee el sistema arbitral que se usó durante la administración de Roberto Suazo Córdova, donde se aceptó una especie de "buen componedor", pero Ramírez no aceptó la proposición.

Azcona sostiene que el gobierno hondureño va a estudiar bien el problema para ver lo que mejor le conviene a los intereses de la nación "porque si no buscamos la negociación perdemos los 20 millones de dólares de esa ayuda suplementaria".

"Nosotros, dijo, hemos estado resistiendo todas las presiones y todas las demandas de Ramírez, pero ahora lo que vamos a defender es un regalo que nos hacen los Estados Unidos, pues si podemos lograr que él acepte 3 millones, nosotros recibiremos 17 de estos 20 millones retenidos".

"Tenemos que negociar con Temístocles Ramírez para obtener algo de esos 200 millones de dólares de la ayuda suplementaria", dijo el presidente José Azcona. (Foto Aquiles Andino).

La Tribuna/10 de julio de 1987

MUERTE DE MAGISTRADO NO QUEDARÁ IMPUNE: AZCONA

Una delegación del Colegio de Abogados de Honduras se reunió ayer con el presidente José Azcona Hoyo, para entregarle una copia del pronunciamiento publicado por ese organismo en el que condenaron el asesinato del magistrado Mario Antonio Reyes Sarmiento, ocurrida durante la madrugada del sábado anterior. El mandatario prometió a los togados ordenar todas las diligencias necesarias para que el crimen no quede impune. (Foto Sabillón).

El Heraldo/10 de julio de 1987

PREOCUPADO EL EJECUTIVO POR REBAJA DE IMPUESTOS

El presidente José Azcona se mostró preocupado por algunos proyectos de ley existentes en el Congreso Nacional, que tienden eliminar algunos impuestos, especialmente el propuesto por el presidente de ese Poder del Estado, Carlos Montoya, para eliminar los cargos fiscales a la exportación del café.

En una reunión sostenida entre la junta directiva del Congreso Nacional y el presidente Azcona, dejó entrever su preocupación en ese sentido, pues quien recibe el impacto de la rebaja de impuestos es el Ejecutivo.

En la realidad existen varios proyectos de ley en el Congreso Nacional dirigidos a eliminar impuestos, lo que vendría a redundar en una disminución de los ingresos del fisco, entre ellos el de café, de tractores, insumos agrícolas y repuestos de vehículos.

Se discutió en la reunión la interrelación que debe de existir entre el Ejecutivo y el Legislativo, para evitar entrar en acciones que pueden perjudicar al pueblo por falta de diálogo.

En la reunión también se habló sobre el nuevo proyecto de arancel aduanero, en el que se espera que los expertos y técnicos de las dependencias gubernamentales aporten sus ideas sobre todos los asuntos plateados.

Se estimó que uno de los pasos de acercamiento entre ambos poderes se dio cuando el mandatario invitó a los directivos del Congreso Nacional a cenar en su casa de habitación.

La Tribuna/10 de julio de 1987

Es de Lps. 3 millones
TABAQUEROS PIDEN A AZCONA LA READECUACIÓN DE SU DEUDA

TEGUCIGALPA. - Los productores de tabaco de la zona oriental pidieron ayer al gobernante José Azcona Hoyo la readecuación de una deuda de tres millones de lempiras y la consecución de nuevos préstamos para mejorar la producción que ha disminuido en los últimos meses.

Los tabaqueros y productores de puros acompañados de dirigentes de la Confederación de Trabajadores de Honduras (CTH), recibieron la promesa del presidente de la República en solucionarles sus problemas de financiamiento.

El conductor de la CTH, Mariano de Jesús Gonzáles, refirió que la situación que atraviesan los dueños de fábricas de puros en Danlí ha repercutido en los trabajadores, pues hasta la fecha fueron despedidos un total de cuatro mil 500 personas.

"Se le ha solicitado al señor presidente ayudas mediatas e inmediatas para poder readecuar las deudas ya que en la actualidad están pagando intereses del 25 por ciento", reveló el dirigente sindical.

"Azcona Hoyo, agregó, ha manifestado su interés y decisión de trasladar el problema al Banco Central junto a los ministros de Hacienda y de Economía para reactivar en ese sentido, a mediano plazo, la producción de tabaco y luego continuar con la readecuación de la deuda que es lo que prácticamente está matando a estos productores", dijo Gonzáles.

"La deuda se está pagando paulatinamente, pero los "asfixia" y no pueden continuar así", puntualizó el entrevistado.

La Prensa/10 de julio de 1987

GOBIERNO PODRÍA COMPARTIR LOS 40 MILLONES CON TEMÍSTOCLES: AZCONA

- *Si no cedemos un poco los perderemos totalmente, sostiene.*

El presidente José Azcona Hoyo aseguró ayer que su gobierno podría llegar a un arreglo para indemnizar al puertorriqueño Temístocles Ramírez de Arellano por una suma de seis millones de lempiras a fin de no perder en su totalidad los 40 millones congelados por el Congreso norteamericano.

El mandatario dijo que su gobierno no puede rebatir una decisión que ha sido tomada por el Congreso de los Estados Unidos porque "ellos nos están regalando los 40 millones y si no cedemos un poco corremos el riesgo de perderlos totalmente".

Añadió Azcona que los hondureños no deben criticar a la Administración Reagan por su desempeño en este problema ya que "esos funcionarios más bien nos están ayudando y nos informan sobre estas cosas".

"El Senado ha dicho que la solución sería por medio de arreglo directo o arbitraje, pero éste último ya se había decidido en tiempos del ex presidente Roberto Suazo Córdova y el empresario Ramírez se opuso al mismo", continúo el presidente.

Aseguró que su gobierno estudiará "lo que más le convenga al país" y señaló como una posible solución llegar a un arreglo con el empresario para que acepte seis millones de lempiras y que el país pueda quedarse con los otros 34.

"Mi gobierno ha resistido todas las peticiones y demandas de este señor y nos mantendremos firmes hasta el último momento. Creemos que con un poco de inteligencia la situación puede resolverse favorablemente", dijo Azcona.

En relación a lo manifestado por el candidato presidencial, Enrique Ortez Colindres, en el sentido de que el gobierno debe negociar con dignidad, el presidente respondió que, a lo mejor, ese político no ha leído la resolución del Congreso norteamericano.

"Si no buscamos un arreglo con el puertorriqueño perdemos los 40 millones porque se los darán a él o quedarán congelados ya que su reclamo asciende precisamente a 20 millones de dólares", agregó.

Finalmente, que de los 40 millones que le están regalando al país "hay que buscar la manera de darle lo menos posible al empresario Ramírez".

El Heraldo/10 de julio de 1987

NUEVO EMBAJADOR DE CANADÁ

El nuevo embajador concurrente de Canadá en Honduras, Stanley Edward Gooch, presentó ayer sus cartas credenciales al presidente José Azcona Hoyo.

Gooch, de 43 años, es graduado en Artes en la Universidad de Alberta, y anteriormente ha desempeñado varios cargos diplomáticos en Europa y América Latina.

Ha sido funcionario del Ministerio de Relaciones Exteriores en la División de Ayuda para la India y Pakistán, vice cónsul de la embajada de su país en Buenos Aires, Argentina y cónsul en Belgrado, Yugoslavia.

Además, fue director de la División de América Latina en Ottawa, consejero-representante permanente ante las Naciones Unidas en Viena y director de la División de Límites con Estados Unidos.

En su conversación con el presidente Azcona dialogaron ampliamente sobre la asistencia que ese país presta a Honduras en varios campos del desarrollo, según informó el mandatario al término de la entrevista.

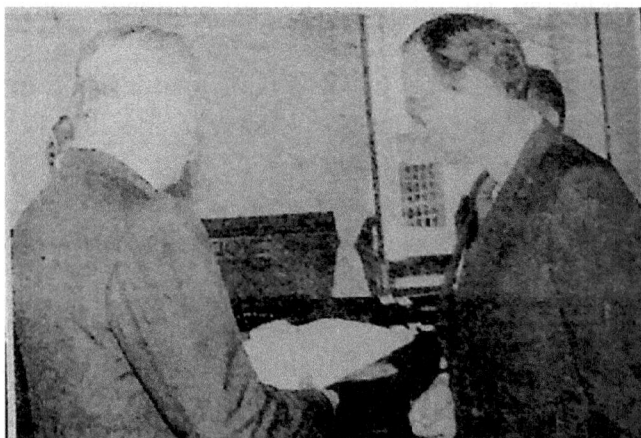

El Heraldo/10 de julio de 1987

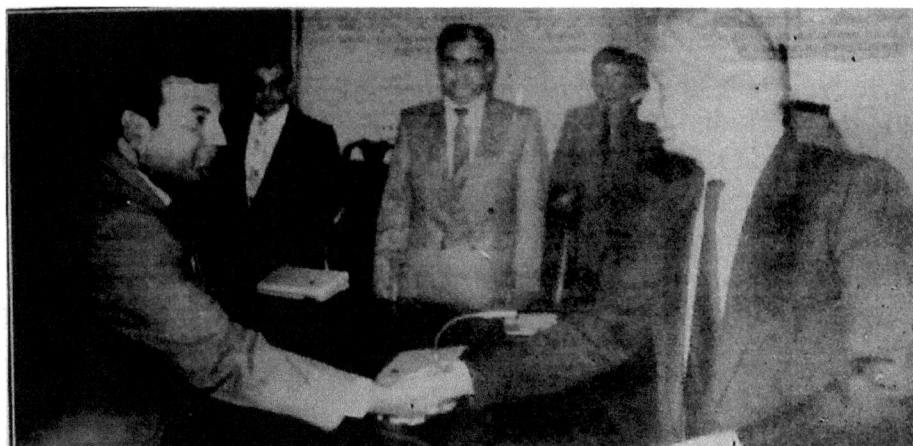

Directivos del Colegio de Abogados entregaron ayer al presidente Azcona un documento sobre la muerte del magistrado Mario Antonio Reyes Sarmiento, una de cuyas peticiones es la suspensión del comandante general de la F.S.P. El presidente de los juristas, Guillermo Pérez Arias, que en la gráfica estrecha la mano del mandatario, dijo que éste se mostró muy receptivo. (Foto Aulberto Salinas).

La Prensa/10 de julio de 1987

AZCONA PROMETE A ABOGADOS INVESTIGAR A PROFUNDIDAD MUERTE DEL MAGISTRADO

La Junta Directiva del Colegio de Abogados de Honduras dialogó ayer con el presidente José Azcona Hoyo en relación a la muerte violenta del magistrado Mario Antonio Reyes Sarmiento.

El término de la entrevista, el presidente del Colegio, Guillermo Pérez Arias, informó que el mandatario se reunirá en breve con el Alto Mando Militar "para investigar a profundidad lo acaecido".

Pérez Arias dijo que la reunión del presidente con la cúpula militar no se ha celebrado porque el comandante en jefe, general Humberto Regalado Hernández, se encuentra fuera del país y regresará hasta la próxima semana.

"El presidente está sumamente preocupado por el caso, pero espera al general Regalado para tomar las decisiones conjuntamente", agregó.

Pérez Arias señaló que la posición del Colegio de Abogados es que se investigue "hasta el último detalle" del trágico suceso, para que el prestigio nacional e internacional del país no sufra menoscabo.

"El Colegio está dispuesto a integrar cualquier comisión para esclarecer la verdad de los hechos porque necesitamos que se haga justicia", agregó.

Recordó que el magistrado desaparecido era miembro de la Junta Directiva del Colegio y además amigo personal del presidente Azcona.

Pérez Arias reveló que algunas personas se han presentado a la sede del Colegio a dar sus versiones con respecto a lo sucedido la madrugada del sábado anterior, pero sólo lo han hecho de palabra y no por escrito.

En ese sentido, indicó que la Junta Directiva se reunirá pronto con la Corte Suprema de Justicia para ofrecer sus servicios a fin de ayudar al juez que conoce del caso y procurar aportarle las pruebas que le permitan emitir una sentencia apegada a derecho.

El presidente de los abogados dijo que será hasta que se reúna el presidente Azcona con el Alto Mando cuando se sabrá si se produce o no una restructuración de la policía.

Sobre el particular sostuvo que los abogados han pedido que la FUSEP detenga la criminalidad, pero que "eso debe hacerse con todo respeto a la dignidad de los hondureños".

"En la sesión conjunta con la Corte trataremos de empujar la creación de la Policía Técnica Judicial para dotar al país de un organismo que asuma la parte científica de la investigación criminal, porque ahora carecemos de medios para contener la ola delictiva", concluyó.

El presidente del Colegio de Abogados, Guillermo Pérez Arias, ingresa a la Casa de Gobierno a la cabeza de la delegación designada por ese gremio para entrevistarse con el presidente Azcona. (Foto Andrés Sabillón).

El Heraldo/10 de julio de 1987

Pérez Arias
"MUY RECEPTIVO AZCONA CON PETICIONES DE LOS ABOGADOS"

TEGUCIGALPA. (Por Faustino Ordóñez Baca). - El Presidente de la República, José Azcona Hoyo, se mostró receptivo ayer ante las demandas del Colegio de Abogados de Honduras, quien entre uno de sus planteamientos pedía la suspensión del comandante general de la Fuerza de Seguridad Pública a raíz de la muerte del magistrado Mario Reyes Sarmiento a manos de la policía la madrugada del sábado anterior.

La junta directiva en pleno de ese colegio profesional encabezada por su presidente Guillermo Pérez Arias, sostuvo un encuentro con el gobernante para exponerle personalmente su posición ante la muerte de uno de sus miembros e integrante del Tribunal de Honor.

Azcona Hoyo, prometió a los profesionales del Derecho reunirse inmediatamente que arribe al país el comandante en jefe de las Fuerzas Armadas (FF AA), general Humberto Regalado Hernández, quien se encuentra en Estados Unidos haciéndose un "chequeo" médico y cuyo regreso lo tiene previsto para la próxima semana.

Pérez Arias informó que en las próximas horas emitirán un nuevo comunicado en relación a la entrevista que tuvieron con el jefe del Ejecutivo y anunció que también se reunirán con los miembros de la Corte Suprema de Justicia (CSJ), para apoyarles en su idea de crear una Policía Técnica Judicial que se encargaría de practicar una científica investigación cuando se cometen crímenes como el sucedido al magistrado liberal.

En el primer comunicado público del CAH se demanda la suspensión del comandante de la FUSEP, coronel Héctor Aquiles Riera Lunatti, igualmente la del jefe de Operaciones de la región metropolitana, a la remisión a los tribunales civiles de los involucrados en la muerte de Reyes Sarmiento y la congelación, por parte del Ejecutivo de los dos millones de lempiras aprobados recientemente por el Congreso Nacional, destinados a incrementar el número de policías para combatir la delincuencia.

"El señor Presidente de la República se ha mostrado muy receptivo a las solicitudes que la junta directiva del Colegio de Abogados ha hecho, lo hemos encontrado sumamente preocupado por el caso de la muerte del magistrado y nos ha prometido, como junta directiva, que a la brevedad posible se reunirá con el alto mando militar para investigar con profundidad lo sucedido el pasado fin de semana", informó el presidente de ese cuerpo colegiado.

Cuando se le preguntó a Pérez Arias si Azcona Hoyo, fue receptivo con sus demandas de suspender al comandante de la FUSEP, éste dijo "que el señor Presidente ha sido muy claro en cuanto a que a su juicio debe primero realizarse una investigación, pero en conjunción con el alto mando".

"Lo único que pedimos es justicia y no buscamos un enfrentamiento, un deterioro de las relaciones entre el poder civil y militar".

Pese a que los juzgados no han calificado el fallecimiento del magistrado de la CSJ, el Colegio de Abogados sigue calificándolo como un "vil, horrendo y abominable asesinato" y "eso no significa prejuzgar porque el prejuzgamiento es propio de un juez a la hora de dictar una sentencia", dijo Pérez Cadalso.

Agregó que ellos consideran que por las características en que murió Reyes Sarmiento debe evaluarse el crimen con esos términos.

Anunció que el CAH "ha manifestado su deseo de integrar cualquier comisión que se nombre para aclarar la verdad de los hechos, misma que servirá para no desprestigiar a los cuerpos policiales del Estado".

Dijo que al juez que lleva el caso hay que ayudarle y aportarle todas las pruebas, independientemente de dónde vengan, para que se emita una sentencia que sea conforme a derecho y a lo que pasó el fin de semana pasado.

Reveló Pérez Cadalso que en forma particular se han apersonado a la sede de ese organismo algunas personas dispuestas a atestiguar en relación a la muerte de Reyes Sarmiento, pero no ahondó en detalles.

El mandatario Azcona demostró receptividad ayer a la junta directiva del Colegio de Abogados ante sus planteamientos en relación a la muerte del magistrado Reyes Sarmiento, y les prometió darles una respuesta después que se reúna con el general Regalado Hernández. (Foto Salinas).

La Prensa/10 de julio de 1987

HAY QUE DEJAR DE ECHARLE LA CULPA
A REAGAN POR LO DE "TEMIS": AZCONA

- *Si no cedemos, pues perderemos los $20 millones que nos están regalando, advierte el presidente*

TEGUCIGALPA. - El presidente José Azcona Hoyo manifestó ayer que si el gobierno hondureño no cede a negociar la indemnización que reclama el norteamericano Temístocles Ramírez de Arellano, que podría arreglarse con dos o tres millones de dólares, Honduras corre el riesgo de perder los 20 millones de dólares que el Congreso de los Estados Unidos le ha congelado de la ayuda económica que esa nación brinda a este país.

En el caso de Temis Ramírez, indicó el mandatario "no se trata de ceder o no ceder, si no cedemos, si no buscamos la negociación, pues perdemos los 20 millones de dólares. Si nosotros llegamos a un arreglo por dos o tres millones de dólares, pues entonces vienen los 17 millones, a ver si se entiende de una vez esa situación, nosotros hemos estado resistiendo todas las presiones y todas las demandas de este señor Temístocles Ramírez, absolutamente todas".

Azcona se quejó de que en las declaraciones que él dio el miércoles anterior fueron tergiversadas por un diario capitalino, en el sentido de que el congelamiento de los 20 millones de dólares no afecta la economía del país, "de ninguna manera al Presidente de Honduras no le va a interesar perder 20 millones. Lo que yo digo es que esos 20 millones no nos están afectando los desembolsos corrientes aprobados por el gobierno de los Estados Unidos", agregó.

Sin embargo, dijo que esa resolución del Congreso de los Estados Unidos no la puede rebatir el gobierno hondureño, porque es un acto de los congresistas y es dinero que los Estados Unidos regala a Honduras.

No obstante, señaló que "hay la mejor buena voluntad de parte de la administración del señor Reagan para ayudar a Honduras a salir de este problema".

"Hay que dejar de echarle la culpa o estar acusando a la administración del señor Reagan de este asunto, porque no tiene absolutamente nada que ver, más bien la administración Reagan sobre los 300 millones de dólares que solicitó para Centroamérica, pidió para Honduras 70 millones, pero el Congreso de los Estados Unidos los rebajó a 59.5 millones", recalcó.

Preguntado si el gobierno estaba dispuesto a someterse a un arbitraje internacional para llegar a un arreglo con Temis Ramírez, el mandatario expresó que el "gobierno de Honduras va a estudiar lo que más le conviene para resolver este problema".

"Nosotros nos hemos mantenido muy firmes en este caso hasta el último momento, y siempre evitando y gestionando con la administración del señor Reagan de que eso no se produjera, pero se ha producido coyunturalmente con la repartición de los 300 millones de dólares. La administración Reagan nos ha estado apoyando, ayudando e informando sobre estas cosas, y también advirtiéndonos que podría suceder una cosa de estas", apuntó.

Finalmente, Azcona dijo que el gobierno hondureño manejará con "inteligencia" la indemnización que reclama Temístocles Ramírez, buscando la forma de "darle lo menos posible de esos 20 millones de dólares que nos están regalando". (TDG).

AZCONA

Tiempo/10 de julio de 1987

Con un poco de inteligencia

TRES MILLONES DE DÓLARES SE PAGARÍAN A TEMÍSTOCLES: AZCONA

TEGUCIGALPA. (Por Faustino Ordóñez Baca). - El presidente José Azcona Hoyo reveló ayer que, "con un poco de inteligencia del gobierno de Honduras" no se pagaría más de tres millones de dólares al ciudadano norteamericano Temístocles Ramírez, cuyas intenciones son lograr alrededor de los 20 millones como indemnización.

Azcona Hoyo dijo que "hay buena voluntad en la administración del presidente Reagan para ayudar a Honduras a resolver este problema", que tendrá que estar terminado el 30 de septiembre, plazo fijado por el Congreso norteamericano.

El gobierno hondureño, dijo el ingeniero Azcona Hoyo, estudiará la vía que más convenga para dirimir la situación, o bien mediante un arreglo directo, al que ya se puso Ramírez en años anteriores, concurriendo al Tribunal de Arbitraje que tiene su sede en la ciudad de México.

"Si no buscamos la negociación perdemos los 20 millones de dólares", advirtió el gobernante refiriéndose a la retención que ha hecho el Congreso de Estados Unidos de la ayuda adicional mientras el caso quede resuelto totalmente.

Explicó el presidente que, si Honduras y Temístocles llegan a un acuerdo en base a dos ó tres millones de dólares, la diferencia de lo retenido será enviado inmediatamente de manera que el gobierno está interesado en que la ayuda extraordinaria llegue cuanto antes.

"Nos hemos mantenido firmes en este caso hasta el último momento y siempre evitando y gestionando con la administración Reagan, para que no se le pague al granjero puertorriqueño, pero da la casualidad que hay una coincidencia con los desembolsos de la ayuda extraordinaria", expresó Azcona dando a entender que el Congreso de este país aprovechó la ocasión para suspender temporalmente parte de los fondos.

A una pregunta si no creía que Estados Unidos está jugando con la dignidad del pueblo hondureño en este caso de Ramírez, cuyas propiedades, según él, fueron utilizadas para instalar el centro militar en 1983, el presidente de la República recordó que no es la administración Reagan la que ha intervenido, si no el Congreso.

"Hay que dejar de estar acusando o culpando al presidente Reagan porque él no tiene nada que ver absolutamente en el problema", subrayó, para luego agregar que la resolución de los congresistas "es un acto que ellos hacen y que nosotros no podemos rebatir", indicó.

El Presidente de la República dijo que, para hacer una depuración al interior de la policía hondureña, como se lo plantearon los diputados en la sesión del miércoles, tiene que efectuarse primero "un estudio con calma porque en la actualidad se están manejando muchas especulaciones".

Informó el mandatario que luego de la reunión que ayer sostuvieron las Comisiones de Despacho Presidencial y Garantías Constitucionales con oficiales de las Fuerzas Armadas en el Estado Mayor Conjunto, se estaría comunicando con ambas partes para conocer los resultados del encuentro.

El miércoles por la tarde estos parlamentarios entregaron al jefe del Ejecutivo la aprobada moción del congresista Gómez Cisneros que pide una amplia e imparcial investigación de la muerte del magistrado Marco Antonio Reyes Sarmiento, la remisión de los hechores a los juzgados civiles y que se mantenga una comunicación permanente entre los tres poderes del Estado en este caso trágico.

La Prensa/10 de julio de 1987

PRESENTA CREDENCIALES DIPLOMÁTICO CANADIENSE

TEGUCIGALPA. - El nuevo representante diplomático de Canadá en Honduras, Stanley E. Gooch, presentó ayer sus cartas credenciales al presidente de la república, José Azcona Hoyo, en una ceremonia celebrada en el "Salón Rosado", de la casa de gobierno.

El nuevo embajador que tiene su sede permanente en San José, Costa Rica, desempeña las mismas funciones y sustituye en nuestro país a André Potvin que también era el encargado de la Embajada de Canadá en Guatemala.

Gooch llegó a la casa presidencial acompañado del segundo secretario y vicecónsul de la Embajada de Canadá, J.M. Lambert y del segundo secretario encargado de asuntos comerciales, Patric Veilleux.

El representante canadiense para Costa Rica y Honduras, es licenciado en artes, graduado en la universidad de Alberta y ha figurado como funcionario del ministerio de Relaciones Exteriores en la división de ayuda para India-Paquistán, en 1967.

Asimismo, ha desempeñado los cargos de tercer secretario y (vicecónsul) de la Embajada de Canadá en la capital de Argentina, Buenos Aires y director de la división de América Latina en Otawa, Canadá.

En Honduras funciona un consulado honorario del Canadá a cargo del licenciado Guillermo Bueso.

El presidente Azcona Hoyo recibió ayer las cartas credenciales del nuevo embajador de Canadá en el país, Stanley E. Gooch, quien tendrá su sede permanente en Costa Rica. (Foto Aulberto Salinas).

La Prensa/10 de julio de 1987

Para construir un mercado y escuela:

ISLAS DE LA BAHÍA PIDE SUBSIDIO AL PRESIDENTE

TEGUCIGALPA. - Las autoridades de las Islas de la Bahía solicitaron ayer al presidente José Azcona Hoyo un subsidio de medio millón de lempiras para la construcción de un mercado, varias escuelas y el edificio del Instituto "José Santos Guardiola".

El alcalde de Roatán, Marlon Bodden, dijo que el presidente Azcona les prometió ayudarles, pero que necesitaba que le presentaran por escrito las peticiones.

En cuanto a los proyectos turísticos de Islas de la Bahía, Bodden manifestó que el gobierno "está haciendo una buena inversión que va a beneficiar a todo Honduras, y esperamos que concluyan los proyectos, que no queden a medio camino, como acostumbran aquí en Honduras".

Señaló que el cuatro por ciento que se asigna a Roatán, de los ingresos que obtiene como puerto, "no es suficiente para resolver los problemas de allí, porque se requiere un millón y medio para suplir las necesidades y sólo recibimos el 10 por ciento de lo que necesitamos". (TDG)

Tiempo/11 de julio de 1987

LOS SUBSIDIOS, LA ESPERANZA

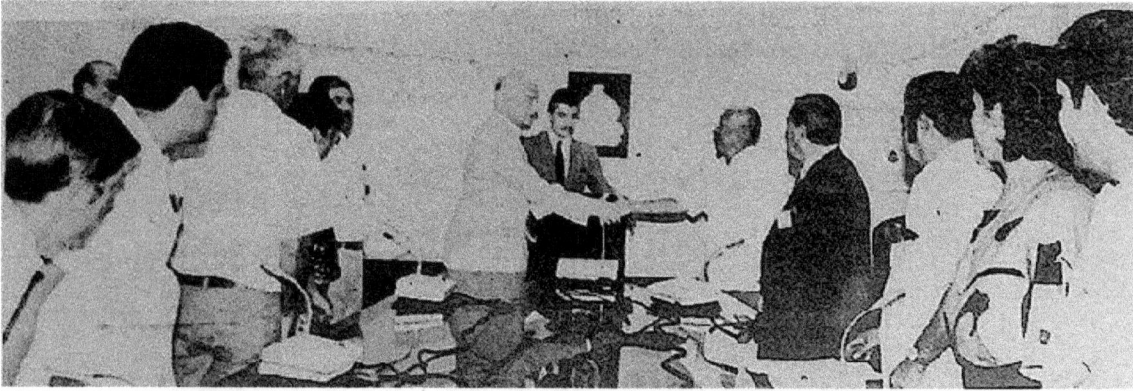

El presidente José Azcona recibe a los miembros de la Corporación Municipal de Comayagua, encabezados por el alcalde Maximiliano Maradiaga, con el propósito de conocer las necesidades de aquella comunidad a fin de tratar de buscarles solución mediante el otorgamiento de subsidios. Los munícipes manifestaron su satisfacción por la receptividad encontrada en el mandatario y esperan resolver sus problemas comunales en los próximos meses. (Foto Aquiles Andino).

La Tribuna/11 de julio de 1987

PIDEN AL CONGRESO INVESTIGAR COMISIÓN QUE INTEGRÓ AZCONA

Una moción para que el Congreso Nacional investigue las actuaciones de la comisión creada por el Poder Ejecutivo mediante acuerdo 83-87, fue suspendida en su discusión, al no ponerse de acuerdo los diputados sobre el fondo y sus alcances.

Dicho grupo fue integrado por el presidente José Azcona, el 22 de mayo del presente a raíz de la crisis agraria que se produjo. Está integrada por Mario Espinal, Manuel Enrique Suárez Benavides, Carlos Reyes Barahona, Armando Blanco Paniagua y otros, con el objeto de solucionar las peticiones que bajo presión formularon las asociaciones campesinas.

La propuesta tiende a calificar si las determinaciones que dicha comisión ha tomado se encuentran apegadas a la ley y que se investiguen la cantidad de tierras adjudicadas al sector campesino, los créditos otorgados a ese sector, que se levante un censo de campesinos adjudicatarios, que se constate la forma como se han usado los créditos y en qué estado se encuentran los predios adjudicados.

Se pide también que la Comisión de Cumplimiento Constitucional, para cumplir con todo lo anterior pueda requerir a personas conocedoras de la situación del agro y a todos los sectores involucrados.

La Tribuna/11 de julio de 1987

AZCONA DIALOGA CON ESCOLARES

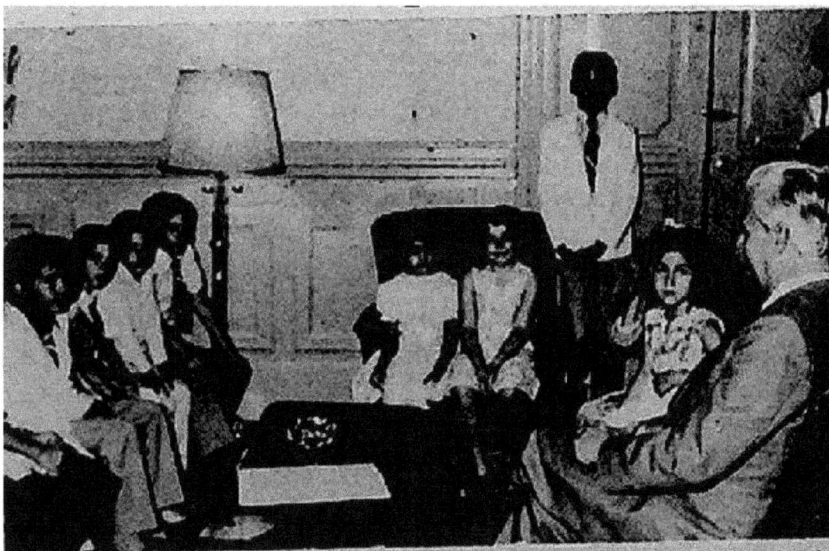

El presidente José Azcona recibió la visita de los niños de la escuela evangélica "La Gran Comisión", de esta capital. La visita de los niños es parte de una medida adoptada por el mandatario de que todos los viernes los estudiantes de nivel primario puedan visitar la Casa Presidencial. Uno de los menores preguntó a Azcona si había soñado alguna vez ser presidente y él contestó, que no, pero que sí era una meta que él se había propuesto.

*La Tribuna/*14 de julio de 1987

AZCONA AL INAUGURAR CONGRESO MÉDICO: "VIOLENCIA, PATOLOGÍA DE DISOLUCIÓN"

- **Necesario buscar el método adecuado para enfrentarla**
- **El SIDA es un reto al hombre de ciencia**

TEGUCIGALPA. - El presidente José Azcona inauguró ayer el Trigésimo Congreso Médico Nacional que tiene como tema de debate la situación de la salud en Honduras y el tratamiento de las enfermedades que afectan a la población del país.

Este encuentro nacional de discusión científica es organizado por el Colegio Médico de Honduras y contará con la participación de destacados conferencistas internacionales, que aportarán sus conocimientos en beneficio de la salud de los hondureños.

Al pronunciar las palabras de inauguración, el presidente José Azcona manifestó, entre otros conceptos lo siguiente:

"Esta noche se inaugura uno de los actos más trascendentales del Colegio Médico de Honduras. Un congreso que tratará los temas científicos que van a ser presentados aquí por quienes tienen la responsabilidad de procurar la salud de nuestro pueblo.

Este congreso enfocará, sin duda, los asuntos que más inciden sobre la vida cotidiana de los hondureños, para el caso las infecciones que deben ser materia de profunda reflexión ya que la ciencia está obligada a resolver los problemas de adaptación y de resistencia que ofrecen los agentes portadores de la enfermedad".

"EL SIDA"

La aparición del Síndrome de Inmunodeficiencia Adquirida es una prueba de que la naturaleza desafía constantemente la inteligencia y la capacidad de los hombres de ciencia.

Esta enfermedad viene a plantear otras áreas de reflexión para el médico que ahora tiene que empezar en nuevos aspectos éticos, de derechos humanos, de posibles cambios en la legislación y de una mayor comunicación con organismos de otras naciones que tienen iguales preocupaciones y enfrentan peligros semejantes.

PATOLOGÍA SOCIAL

La patología social es otra área que atrae la atención y el interés de la comunidad nacional e internacional, el incremento de la criminalidad y la violencia son fenómenos sociales que merecen ser estudiados por los hombres de ciencia y por todos aquellos que, de una otra manera, son espectadores y protagonistas de la historia de nuestro país.

Los estudiosos del comportamiento han detectado que muchos factores de naturaleza social, económica y política intervienen en la producción de la violencia, por eso es necesario buscar el método adecuado para enfrentar en forma sistematizada las causas que nutren esta patología de disolución".

A continuación, Azcona expresó su complacencia por este esfuerzo que indudablemente servirá, como punto de referencia a las presentes y futuras generaciones de médicos hondureños.

Tiempo/11 de julio de 1987

Diputado nacionalista:

AZCONA ACTÚA CON LIGEREZA AL DECIR QUE NO AFECTA RETENCIÓN DE FONDOS

El diputado nacionalista Olman Serrano, calificó ayer como "sorprendente" la afirmación del presidente José Azcona Hoyo, quien dijo que no le afecta a la economía del país que el Senado norteamericano le haya congelado 40 millones de lempiras.

Según Serrano, la ayuda externa que recibe el país sirve para paliar la situación de endeudamiento y déficit fiscal y, al congelarse fondos de esa naturaleza, se tiene que afectar a la economía del país.

"Hay ligereza en las declaraciones del presidente, porque esas ayudas le cuestan mucho a la República, aparte de que nos ayudan a solventar algunas situaciones financieras", agregó el diputado.

Sostuvo que la incoherencia parece ser norma del presente gobierno, por cuanto los ministros de Hacienda y Economía han planteado una situación económica crítica.

"Ahora viene el presidente y dice que no nos afecta la decisión del Senado norteamericano, lo que significa que estamos en la bonanza", ironizó Serrano.

Igualmente, criticó la afirmación del asesor presidencial, Carlos Falck, quien dijo hace unos días que el gobierno no atacaría a fondo el problema del desempleo porque hacerlo pondría en peligro la estabilidad de la moneda hondureña.

Serrano dijo que enfrentar la paridad del lempira frente al dólar y el hambre que padece el pueblo "es una política equivocada porque el estómago vacío es mal consejero y muchos delitos se cometen por necesidad, por hambre".

*AZCONA DEL HOYO

El Heraldo/13 de julio de 1987

EMBAJADOR DE CANADÁ PRESENTA CREDENCIALES

El presidente José Azcona, en acto celebrado en el salón rosado de Casa Presidencial, recibió este día al nuevo embajador del Canadá, señor Stanley Edward Gooch.

El nuevo representante de esa nación norteña, presentó sus cartas credenciales en presencia del canciller por ley Guillermo Cáceres Pineda, sustituyendo en el cargo al señor Andree Potvin.

El embajador Gooch, quien tendrá su sede en Costa Rica posee en su currículum el cumplimiento de cargos diplomáticos en la India, Buenos Aires, Belgrado, desempeñándose además como consejero representante ante la ONU en Viena, director de la División de América Latina y de la División de Límites de su país ante los Estados Unidos.

Como ya es tradicional en este tipo de actos, el nuevo jefe de la misión diplomática, luego de acreditarse ante Azcona, se dirigió a la plaza central de Tegucigalpa para colocar una ofrenda floral ante la estatua de Francisco Morazán.

La Tribuna/11 de julio de 1987

[Asesor de Azcona]

SERÍA UN ERROR QUE CONGRESO ELIMINE LA COMISIÓN AGRARIA

TEGUCIGALPA: Sería un error que el Congreso Nacional decidiera eliminar la Comisión Agraria, porque se reactivaría la crisis en el agro, según el abogado Armando Blanco Paniagua, asesor legal del presidente José Azcona Hoyo.

El funcionario dijo que la Comisión Agraria, creada por el presidente Azcona con ocasión de la ocupación masiva de tierras por las organizaciones campesinas, "está actuando dentro del marco legal, no hay nada fuera de la ley".

Señaló que dicha comisión no le está quitando facultades al Instituto Nacional Agrario (INA), porque si así fuera cualquier persona ya hubiera interpuesto un recurso de amparo en la Corte Suprema de Justicia contra esa comisión.

Asimismo, manifestó que no es cierto que la Comisión Agraria está legalizando las tomas masivas de tierras, "porque lo que está haciendo es trabajando en los excedentes expedientes que están ya tramitados en el INA y están en su última etapa de entrega de tierras".

Al referirse a la iniciativa que introdujo al Congreso Nacional el diputado Emilio Williams Agasse para que se investigue las actuaciones de la Comisión Agraria, el abogado Blanco Paniagua expresó que esa moción no fructificará en la Cámara Legislativa.

Blanco indicó que, si la moción del diputado William Agasse es aprobada por el Congreso Nacional, sería retroceder en materia de reforma agraria en el país y se reactivaría la crisis en el agro. (TDG).

Tiempo/14 de julio de 1987

EN EL "AÑO DE LAS EXPORTACIONES" INAUGURAN EXPOSICIÓN

Con la presencia del ingeniero José Azcona Hoyo y su esposa doña Miriam de Azcona, tuvo lugar el viernes de la semana recién pasada, la inauguración de la exposición "Año de las Exportaciones". Este evento tuvo como marco el edificio de la Secretaría de Cultura y Turismo en los bajos del Palacio Legislativo, hasta donde llegaron numerosos invitados y miembros de la Cámara de Turismo de Honduras.

La misma lleva por nombre "El Turismo como Industria de Exportación y Pilar del Futuro Desarrollo de Honduras" y fue patrocinado por SECTUR, la Secretaría de Economía y Comercio, el Instituto Hondureño de Turismo y la Cámara de Turismo de Honduras.

Previo a la inauguración de la exposición se desarrolló un variado programa que contó con las palabras de entre otros, la licenciada Melissa Valenzuela, Directora de Turismo, el Ministro, doctor Arturo Rendón Pineda, y el presidente de la República, ingeniero José Azcona Hoyo.

La cinta inaugural fue cortada después y los ahí presentes observaron todos y cada uno de los productos que nuestro país exporta al extranjero.

Se observaron pinturas de artistas nacionales, frutas tropicales, accesorios hechos de coral y otros, objetos de barro, mimbre, esculturas, todos terminados y con el gusto que ponen nuestros artesanos a sus productos.

A continuación del recorrido que se hizo, se procedió a desarrollar una recepción en la cual hubo oportunidad a que los invitados en pequeños grupos hicieran alarde a los productos nacionales en su mayoría desconocidos por todos los hondureños que mucho mercado tienen en el extranjero.

*El Ingeniero José Azcona Hoyo, pronunció su discurso en la inauguración de "El año de las Exportaciones" en las oficinas de Cultura y Turismo el viernes en horas de la noche. Fotos Lito Herrera.

*Mostrando a los esposos Azcona y todos los invitados algunas de las pinturas expuestas, en primer plano Melisa Valenzuela.

*Frutas tropicales y accesorios elaborados en coral y otras piedras, ocuparon lugares importantes dentro de la exposición.

***Otros dos rubros nacionales de mucho mercado en el
extranjero.**

*El Heraldo/*14 de julio de 1987

MAYORÍA DE HONDUREÑOS CREE POSITIVA LABOR DE AZCONA

- *No tratan con el mismo criterio al gobierno al que consideran igual en grado de corrupción al de Suazo Córdova.*

La mayoría de los hondureños tiene una opinión favorable a la labor desarrollada por el presidente José Azcona Hoyo al frente del actual gobierno, según estudio realizado por CID-Gallup.

También una mayoría cree que el mandatario se preocupa, aunque sea "algo" por las personas pobres del país, pero la opinión no es igual cuando se trata de la corrupción dentro del gobierno, pues si se analiza por partido político, las dos terceras partes de los nacionalistas creen que ahora hay más o igual corrupción que en el gobierno anterior.

LABOR PRESIDENCIAL

La consideración positiva al gobierno se sustenta bastante en el apoyo recibido por sus correligionarios, pues los seguidores de otros partidos o los no definidos, son menos positivos.

La opinión general sobre la labor presidencial es la siguiente: muy buena 16 por ciento, buena 22 por ciento, ni buena ni mala 47 por ciento, mala 8 por ciento, muy mala, 4 por ciento, indiferentes 3 por ciento.

Que es muy buena creen opinan el 5 por ciento de los nacionalistas, 30 por ciento de los liberales, 11 por ciento de otros partidos y el 4 por ciento que no pertenecen a ninguno.

Que es bueno creen el 14 por ciento de los nacionalistas, 31 por ciento liberales, 13 por ciento otros y 15 por ciento sin filiación.

Ni buena ni mala el 60 por ciento de los nacionalistas, 33 por ciento liberales, 51 por ciento otros y 56 por ciento de ningún partido. Mala el 11 por ciento nacionalistas, 3 por ciento liberales, 17 por ciento de otros partidos y el 11 por ciento sin definición. Muy mala el 8 por ciento nacionalistas, 1 por ciento liberales, 4 por ciento de otros y 10 por ciento de ningún partido. Sin opinión definida el 2 por ciento de nacionalistas, 2 por ciento liberales, 4 por ciento de otros y 10 por ciento de ninguno.

Las tendencias sobre esta opinión son decrecientes en cuanto a creer en una buena labor, particularmente en San Pedro Sula, como lo muestra el cuadro siguiente.

Opinión	Tegucigalpa		San Pedro Sula	
	Octubre 1986	Abril 1987	Octubre 1986	Abril 1987
Total	100	100	100	100
Muy bien	10	16	13	13
Bien	21	19	39	25
Ni bien ni mal	50	44	42	55
Mal	10	10	3	3
Muy mal	3	9	1	-
NS/NR	5	3	2	3
Índice positivo(a)	18	16	48	35

Según las opiniones existe la idea de que el presidente Azcona se preocupa "algo" por las personas pobres del país. Esta idea es más clara en abril de este año en relación a octubre de 1986, tal como se demuestra en el siguiente cuadro.

Opinión	Nacional	Tegucigalpa		San P. Sula	
	Abril 1987	Oct. 1986	Abril 1987	Oct. 1986	Abril 1987
Total	100	100	100	100	100
Mucho	19	10	17	15	15
Algo	37	27	27	36	46
Poco	25	30	21	31	27
Nada	18	29	33	15	9
NS/NR	2	4	2	3	2
Índice de aprobación(a)	1.6	1.2	1.3	1.5	1.7

FUENTE: Anexo, Cuadro 7, OP # 2

3= Mucho   0= Nada

Pero la mayoría no es favorable al gobierno en lo relativo a la corrupción ya que cree que hay igual corrupción en el presente gobierno que en el de Suazo Córdova. En general el 22 por ciento de los habitantes cree que hay más corrupción, el 38 por ciento que hay igual, el 31 por ciento menos, el 5 por ciento que no hay corrupción y el 4 por ciento no tiene opinión definida.

De los nacionalistas el 28 por ciento cree que este gobierno es más corrupto en un 28 por ciento, que es igual en un 44 por ciento, menos 23 por ciento, que no hay corrupción un 3 por ciento y sin opinión 3 por ciento.

Los liberales por el contrario creen en un 44 por ciento que hay menos corrupción, un 14 por ciento que hay más, un 31 por ciento que hay igual, un 8 por ciento que no hay y un 3 por ciento sin opinión.

De otros partidos un 28 por ciento es del criterio que hay más, 45 por ciento que es igual el grado de corrupción, el 23 por ciento que es menos, un 2 por ciento que no hay y un 2 por ciento no tiene opinión.

De quienes no pertenecen a ningún partido el 28 por ciento cree que hay más corrupción, 42 por ciento que hay igual, 16 por ciento menos, 3 por ciento que no hay y 12 por ciento sin criterio sobre el particular.

La corrupción en el gobierno

Opinion	Total	Partido político			
		Nacional	Liberal	Otro	Ninguno
TOTAL	100	100	100	100	100
Más corrupción	22	28	14	28	28
Igual Corrup.	38	44	31	45	42
Menos Corrup.	31	23	44	23	16
No hay Corrup.	5	3	8	2	3
NS/NR	4	3	3	2	12

Labor general del presidente Azcona

Opinión	Total	Partido político			
		Nacional	Liberal	Otro	Ninguno
TOTAL	100	100	100	100	100
Muy bien	16	5	30	11	4
Bien	22	14	31	13	15
Ni bien, ni mal	47	60	33	51	56
Mal	8	11	3	17	11
Muy mal	4	8	1	4	4
NS/NR	3	2	2	1	10
Indice Positivo(a)	26		57	3	4

La Prensa/14 de julio de 1987

AYUDA PARA LEMPIRA SOLICITAN
DIPUTADOS A PRESIDENTE AZCONA

Los diputados por el departamento de Lempira se entrevistaron ayer con el presidente José Azcona Hoyo para solicitarle su colaboración a fin de que se agilicen algunas obras de desarrollo en ese sector.

Además, solicitaron un subsidio de 15 mil lempiras para instalar una oficina de diseño de sistemas de agua potable, de los cuales carecen gran parte de las comunidades de ese departamento.

Esa oficina, según los diputados, permitirá agilizar los trámites del Servicio Autónomo Nacional de Acueductos y Alcantarillados. Sobre el particular, el presidente Azcona se comprometió a hacer las consultas del caso antes de decidir su apoyo al proyecto.

Los representantes de Lempira también plantearon la necesidad de que se agilicen los trabajos de construcción del hospital de Gracias y de la carretera que unirá a ese departamento con Santa Rosa de Copán.

Los trabajos de esa carretera avanzan a un paso muy lento, según el diputado Asterio Reyes, quien informó que el presidente Azcona dispondrá de más equipo pesado para agilizar la construcción.

Otra petición formulada al mandatario se refiere a que ordene los trabajos necesarios para restaurar el histórico Castillo de San Cristóbal, el cual se encuentra sumamente descuidado por las autoridades locales.

Diputados del departamento de Lempira que llegaron ayer a la Casa de Gobierno a pedirle a Azcona que se acuerde de su departamento. (Foto Serrano).

*El Heraldo/*15 de julio de 1987

Las altas esferas gubernamentales decidieron ayer que debe indemnizarse al puertorriqueño Temístocles Ramírez, pues, aunque no se le pagaran los 20 millones de dólares, éstos serían retenidos siempre por la Administración Reagan. En la cita participaron el presidente Azcona, el jefe de la Fuerzas Armadas, el canciller, la comisión del Congreso que investiga el caso y otros altos funcionarios. (Foto Alejandro Serrano).

El Heraldo/15 de julio de 1987

PAGAR A TEMÍSTOCLES ACUERDAN AZCONA Y JEFE DE LAS FF.AA.

Indemnizar a Temístocles Ramírez de Arellano, acordaron ayer en horas de la tarde el Presidente de la República, José Azcona y el jefe de las FF.AA., general Humberto Regalado, según manifestó el procurador general, quien añadió que el problema reside en el monto de dicho pago. Participaron en la reunión, el canciller, el director del INA y otros altos oficiales del instituto castrense. (Foto Salinas).

La Prensa/15 de julio de 1987

AZCONA Y JEFE DE FF.AA. DE ACUERDO
EN LA INDEMNIZACIÓN DE TEMÍSTOCLES

TEGUCIGALPA. (Por Juan Ramón Mairena Cruz). - El presidente de la República y el jefe de las Fuerzas Armadas, estuvieron de acuerdo anoche en indemnizar al norteamericano Temístocles Ramírez de Arellano en la reunión sostenida en Casa Presidencial en la que también estuvo presente la Comisión Especial del Congreso Nacional, designada para investigar el caso.

Una declaración en ese sentido fue hecha por el procurador general de la República, abogado Rubén Darío Zepeda, luego de finalizar la reunión presidida por el mandatario y en la que estuvieron presentes los miembros de la comisión del Congreso, el comandante en jefe de la institución castrense, general Humberto Regalado Hernández; el ministro de Relaciones Exteriores, Carlos López Contreras; el director ejecutivo del INA, Mario Espinal Zelaya, y el coronel Leonel Gutiérrez Minera.

"Tanto el Presidente de la República como el Jefe de las Fuerzas Armadas están completamente de acuerdo que procede en ley pagarle", fue la tajante respuesta del funcionario, asignado por los periodistas.

Para ello, según el procurador, hay que analizar el escabroso asunto y determinar la cantidad a cancelar por el "daño inferido", más los costos adicionales, pues de aquel tiempo a esta parte ha existido capital inactivo que es lógico que genera intereses.

Según su punto de vista "es cuestión de carpintería" solucionar los numerosos detalles, considerando que no sólo el presidente y el jefe de las FFAA, priva el deseo de indemnizar al puertorriqueño, sino que ese criterio fue compartido en la reunión por todos los asistentes, siempre y cuando se haga de acuerdo a la ley.

CADENA DE ERRORES

El procurador reseñó una serie de aspectos legales involucrados en el sonado caso, que van desde la determinación del gobierno anterior de concederle el uso de las tierras que luego dedicó a la explotación ganadera, la intervención de varios socios hondureños hasta la decisión de despojarlo de su patrimonio.

"Eso sencillamente fue un despojo, porque una expropiación debe hacerse siempre y cuando el afectado haya recibido pago previo", refirió Zepeda.

Se le preguntó su criterio en torno al monto de la indemnización, pero se excusó no tener por ahora algo concreto, aunque al citar la existencia de varios dictámenes arrojan una suma que oscila entre los seis y ocho millones de lempiras.

"Ustedes como periodistas no sólo deben preocuparse por la Ganadera Trujillo, sino por todos a los que adeuda esa empresa, las demandas por cuestiones laborales, el cuestionamiento legal de la Empresa Nacional Portuaria y el pago atrasado de muchos tributos al Estado, todo lo cual amerita sentarse para hacer números a favor o en contra", comentó.

SALIDA CAUTELOSA

La mayoría de los asistentes a la importante reunión salieron cautelosos, a excepción del jefe de las Fuerzas Armadas, cuya guardia permanecía atenta con los vehículos encendidos en espera del oficial, quien al igual que el presidente Azcona, el canciller y el coronel Gutiérrez Minera no fueron vistos por los periodistas.

Los únicos que salieron juntos fueron los componentes de la Comisión del Congreso y quienes mantuvieron su punto de vista de no indemnizar a Ramírez de Arellano, lo cual quedó materializado al escuchar la intervención del licenciado Efraín Díaz Arrivillaga.

El diputado informó a los periodistas que los resultados de la cita serán analizados por la comisión en una reunión programada para hoy miércoles.

El congresista demócrata-cristiano se negó inicialmente a comentar ante los periodistas las posiciones adoptadas por el general Regalado Hernández y el presidente Azcona, pidiendo a los reporteros que se los preguntaran a ellos.

Díaz Arrivillaga, a una pregunta sobre si luego de la cita la comisión había cambiado de opinión, dijo: "La comisión insiste en su punto de vista que no debe indemnizarse a Temístocles Ramírez, que Ganadera Trujillo, S.A. pudiera tener el derecho, como empresa domiciliada en el país, a una indemnización del Gobierno de Honduras, pero no en el caso específico del puertorriqueño", sentenció.

El entrevistado tampoco quiso referirse a la opinión del procurador general de la República, pero comentó que durante las deliberaciones el jefe de las Fuerzas Armadas expresó la necesidad de que en el caso haya una "posición conjunta", sin externar puntos de vista divergentes.

La comisión del Congreso trabajará hoy para elaborar el proyecto de resolución a presentarse al Congreso Nacional, el que previamente tendrá que ser conocido por el Presidente de la República, debiendo examinarse a la luz de nuevas apreciaciones hechas durante la prolongada reunión de ayer.

Regalado H.

La Prensa/15 de julio de 1987

DEUDA DE LPS. 28 MILLONES: EACI INCAPAZ DE PAGAR

TEGUCIGALPA. - La dirigencia de la Empresa Asociativa Campesina de Isletas (EACI), se declaró incapaz ayer, ante el presidente José Azcona, de pagar una deuda de 28 millones de lempiras que les pretende cobrar la Corporación Hondureña del Banano (COHBANA), que según los campesinos sólo asciende a cinco millones.

José Lobo, tesorero de la organización, reveló que pidieron al mandatario la readecuación de la deuda en base al saldo de los cinco millones y le plantearon la necesidad de que se les otorgue o avale una nueva línea de crédito superior a los siete millones de lempiras para incrementar la producción.

Explicó el dirigente campesino que en 1979 la cooperativa agraria debía a la COHBANA 5.5 millones de lempiras, pero luego de la intervención a que fueron objeto, esa cantidad subió a los 28.7 lo que significa que los nuevos dirigentes firmaron compromisos con el ente rector de la política bananera.

"Esta es una deuda cuyo dinero no entró y si entró fue mal usado y no se beneficiaron los socios sino, probablemente, los interventores que mandó el mismo Estado", estimó el tesorero de la EACI.

"Aunque no compete decir eso aquí en Casa Presidencial, quizás ese dinero fue utilizado para cuestiones políticas, eso es la cruda realidad y por eso es que nosotros no podemos pagar esa deuda", enfatizó.

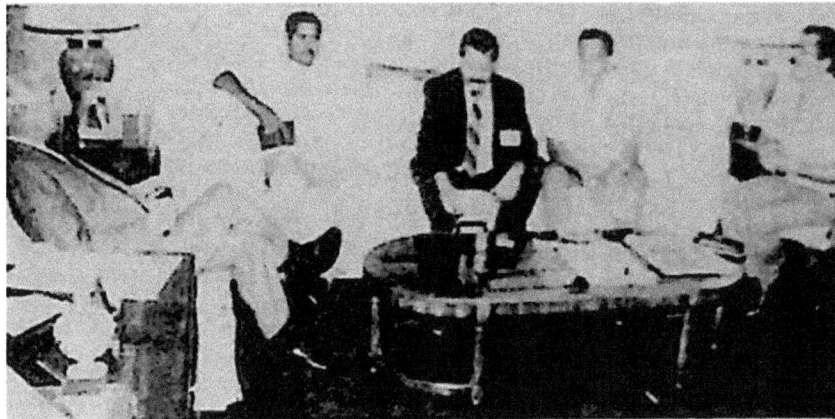

Dirigentes y asesores de la Empresa Asociativa Campesina de Isletas, comunicaron al presidente, ingeniero José Azcona del Hoyo, su incapacidad para pagar 28 millones. (Foto de Aulberto Salinas).

La Prensa/16 de julio de 1987

SEGÚN RECONCO MURILLO: SÓLO AZCONA
PIDIÓ QUE SE PAGUE A TEMÍSTOCLES

TEGUCIGALPA. - (Por José Danilo Izaguirre). "No es cierto que el general Humberto Regalado Hernández estuvo de acuerdo en que se le pague a Temis Ramírez de Arellano en la reunión que sostuvimos con el presidente José Azcona", reveló Efraín Reconco Murillo.

Regalado Hernández, comandante en jefe de las Fuerzas Armadas, en esa reunión de urgencia para tratar el pago o no a Ramírez de Arellano, dijo que como respetuoso de la ley consideraba que se debe pagar a Ganadera Trujillo, S.A. lo que de acuerdo a nuestras leyes de expropiación corresponde, pero no al norteamericano.

Reconco Murillo sostuvo que Regalado Hernández, estuvo de acuerdo con el informe de la comisión del Congreso Nacional que conoce de ese caso, pero jamás afirmó que respaldaba la posición de pagarle a Ramírez de Arellano.

Dijo el diputado nacionalista que sólo el presidente Azcona fue el que solicitó que se le pague al portorriqueño por lo que recibió la protesta de los que en esa oportunidad discutían el caso.

Afirmó que se encuentran tantas irregularidades en el procedimiento para la conformación de la empresa Ganadera Trujillo, S.A. que es injusto que se le pague al norteamericano, que disfrutó de nuestras tierras por la irresponsabilidad de algunos hondureños.

Referente a los ocho millones de dólares que recibió el doctor Roberto Suazo Córdoba de los Estados Unidos para pagar a Temístocles, dijo que eso lo informó el ingeniero Azcona en la reunión que sostuvieron el martes anterior en casa presidencial.

Hasta el momento se ignora el paradero de ese dinero, pero se sabe que estaba destinado a pagarle al norteamericano, "que ha metido en un conflicto internacional a nuestro país".

A juicio de Reconco Murillo se debe investigar a fondo este asunto y que se deduzcan responsabilidad a los culpables, que al margen de la ley han pisoteado nuestra dignidad nacional.

Dijo que ese dinero fue depositado en el Banco Central y, por lo tanto, la administración Azcona está en la obligación de investigar cuál fue su paradero.

"No deben existir dudas en esta investigación, pues compromete a nuestro país por la simple y dolosa determinación del exmandatario Suazo Córdova, que se tomó atribuciones que no tenía", explicó.

Sostuvo que el famoso Decreto 17 fue emitido al haber prescrito la facultad de Suazo Córdova, de emitir esos acuerdos de emergencia nacional, en flagrante violación a la ley, finalizó.

La Prensa/16 de julio de 1987

HAY CONSENSO PARA QUE SE INDEMNICE
A GANADERA TRUJILLO NO A TEMÍSTOCLES

- *Presidente se reúne con diputados, jefe de FFAA, el canciller y el Procurador*

TEGUCIGALPA. - El presidente José Azcona Hoyo se reunió ayer en la tarde con diputados del Congreso Nacional, el comandante en jefe de las Fuerzas Armadas, general Humberto Regalado Hernández, el procurador general de la República, abogado Rubén Zepeda, el canciller Carlos López Contreras y el director del Instituto Nacional Agrario (INA), Mario Espinal, para coordinar una acción conjunta en torno a la indemnización que reclama el norteamericano Temístocles Ramírez de Arellano.

El diputado Efraín Díaz Arrivillaga, miembro de la comisión del Congreso Nacional que estudia la indemnización que reclama "Temis" Ramírez, dijo que el presidente Azcona expuso su preocupación por la resolución que podría tomar la Cámara Legislativa en relación a ese caso.

"Nosotros tomamos nota de sus preocupaciones y mañana nos vamos a reunir la comisión para analizar los puntos de vista del Poder Ejecutivo. La comisión del Congreso Nacional insiste en su punto de vista de que no se debe indemnizar a "Temis" Ramírez, que Ganadera Trujillo S.A. pudiera tener sí el derecho, como empresa domiciliada en el país, a indemnización por parte del gobierno de Honduras", agregó.

Por su parte, el procurador general de la República, Rubén Zepeda, manifestó que tanto el presidente Azcona como el general Regalado Hernández están "totalmente de acuerdo" que se indemnice a la empresa Ganadera Trujillo S.A., de la cual es socio "Temis" Ramírez, y que la comisión del Congreso Nacional se comprometió a revisar sus recomendaciones expuestas al pleno de la Cámara Legislativa.

El abogado Zepeda indicó que a la Ganadera Trujillo se le va a indemnizar "lo atinente a sus mejoras que fueron expropiadas de una manera no ajustada a la ley. El gobierno no tiene nada que hacer en esto, la ley dice que se debe pagar, porque en este país no existe la confiscación, esa es la diferencia con los países comunistas".

"No es que el Presidente de la República le dé la gana o no de pagar, si él dice que no paga, se le demanda, porque para eso hay leyes y nadie está aquí por encima de la ley", añadió.

"Entonces, es cuestión de carpintería, de sentarse a negociar con los representantes de Ganadera Trujillo para establecer el monto de cuánto se va a pagar en concepto de mejoras, que, según algunos dictámenes, serían de 6 a 8 millones de lempiras", expresó.

Rubén Zepeda recomendó que las tierras que se le quitaron a "Temis" Ramírez para la instalación del Centro Regional de Entrenamiento Militar (CREM), no se le debe llamar expropiación, sino que despojo, y que los culpables de eso son el gobierno y las Fuerzas Armadas, porque "a la brava hicieron el despojo".

Finalmente, dijo que el gobierno no solamente debe preocuparse por indemnizar a la Ganadera Trujillo, sino que también lo que esta empresa debe a la Empresa Nacional Portuaria, en demandas laborales, en impuestos sobre la renta y otras cosas más. (TDG).

Tiempo/15 de julio de 1987

AZCONA DESMIENTE A RECONCO

COMUNICADO DE PRENSA

Es totalmente falso que el presidente Azcona haya expresado comentarios sobre una supuesta cantidad de 8 millones de dólares que la administración Reagan habría enviado al gobierno anterior, para el fin específico de indemnizar al ciudadano norteamericano Temístocles Ramírez de Arellano, como se ha especulado hoy.

La cooperación y asistencia financiera de los Estados Unidos llegó normal y globalmente, y en ese entonces fue utilizada en la ejecución de los programas para el desarrollo, delineados por aquel régimen.

Los fondos externos recibidos por nuestro país han sido invertidos en los proyectos nacionales y de ningún modo se ha traficado o especulado con ellos, en los gobiernos liberales.

SECRETARÍA DE PRENSA
PRESIDENCIA DE LA REPÚBLICA

El Heraldo/16 de julio de 1987

LA CENA DE GALA PRESIDENCIAL DE LA CRUZ ROJA HONDUREÑA

La Cruz Roja Hondureña realizará la tradicional Fiesta de Gala Presidencial, el 17 de julio próximo, la cual será presidida por el excelentísimo señor presidente constitucional, ingeniero José Azcona Hoyo y su señora doña Miriam.

El evento tendrá verificativo en el Centro Social Metro y al cual asistirán representantes de los diferentes círculos de la sociedad capitalina.

El Club de Jardinería, que siempre brinda su colaboración a la Cruz Roja Hondureña en la decoración, contribuyendo a darle más realce y distinción al evento.

Se espera que el público apoye con su asistencia a esta benemérita institución, ya que la Fiesta Presidencial es una de las actividades para la recaudación de fondos que realiza la Cruz Roja Hondureña para poder desarrollar los programas que tiene en marcha.

La Tribuna/16 de julio de 1987

Dirigentes anti sandinistas:

"CONTRAS SON INDISPENSABLES PARA EL LOGRO DE LA PAZ EN NICARAGUA"

Sin la participación de los contras en un diálogo no se puede solucionar el problema nicaragüense, según la dijeron ayer al presidente José Azcona Hoyo dirigentes de la oposición política de ese país.

Los visitantes forman parte de la Coordinadora Democrática Nicaragüense y llegaron al país para plantearle al presidente Azcona sus puntos de vista sobre la propuesta de paz formulada por el presidente de Costa Rica, Oscar Arias Sánchez.

El vocero del grupo, Carlos Huembes, acusó al presidente de su país, Daniel Ortega, de boicotear la cumbre presidencial de Guatemala y exteriorizó su temor porque esa actitud frustre el encuentro que está previsto para los días seis y siete de agosto.

"Tenemos temor de que el gobierno de Nicaragua quiera darle largas al problema, a la celebración de la Cumbre para no hallar soluciones al problema interno", aseguraron.

El presidente Ortega excitó hace dos días a los presidentes Azcona de Honduras y José Napoleón Duarte de El Salvador a concurrir a la reunión de Guatemala "se enoje quien se enoje".

Los dirigentes anti sandinistas aseguraron que el presidente Azcona comparte su preocupación "por la grave situación interna de Nicaragua".

"El pueblo nicaragüense implora la paz, no quiere la guerra sino una solución pacífica y el presidente Azcona está de acuerdo en que el sufrimiento del pueblo de Nicaragua debe ser solucionado lo más pronto posible", dijo Huembes.

En relación a la lucha de la contra, el político nicaragüense señaló que "sin su participación en un diálogo no se puede solucionar el problema interno de mi país".

"Muchas personas creen que los Estados Unidos son responsables directos de lo que pasa en Nicaragua, pero el verdadero responsable es el gobierno que se ha alejado del plan original de la revolución", agregó.

Huembes sostuvo que la Coordinadora respeta a quienes han escogido la vía de las armas para luchar contra el sandinismo, pero sostuvo que como políticos su lucha es pacífica y civilizada.

En ese sentido, aseguró que están de acuerdo con el Plan Arias, pero quieren que en su discusión participe un delegado del Papa Juan Pablo Segundo, quien debería de avalar el documento final.

La delegación que se reunió con el presidente Azcona la integraron además Adán Fletes Valle, Erdocia Lacayo, Elio Artola Navarrete, Santos Tijerino, Ana María Ruíz, Miriam Argüello y Roger Guevara Mena.

*El Heraldo/*16 de julio de 1987

AZCONA: "TOTALMENTE FALSO"

COMUNICADO DE PRENSA

Es totalmente falso que el presidente Azcona haya expresado comentarios sobre una supuesta cantidad de 8 millones de dólares que la administración Reagan habría enviado al gobierno anterior, para indemnizar al ciudadano norteamericano Temístocles Ramírez de Arellano, como se ha especulado hoy.

La cooperación y asistencia financiera de los Estados Unidos llegó normal y globalmente y en ese entonces fue utilizada en la ejecución de los programas para el desarrollo delineados por aquel régimen.

Los fondos externos recibidos por nuestro país han sido invertidos en los proyectos nacionales de ningún modo se ha traficado o especulado con ellos, en los gobiernos liberales.

Tegucigalpa, D.C., 15 de julio de 1987
SECRETARÍA DE PRENSA DE LA PRESIDENCIA DE LA REPÚBLICA

JOSÉ AZCONA HOYO

La Tribuna/16 de julio de 1987

[Resolución del Congreso]

NO ACEPTAR AYUDA ECONÓMICA SUPLEMENTARIA CONDICIONADA

El Congreso Nacional

Considerando: Que ningún ciudadano o sociedad mercantil de nacionalidad hondureña o extranjera ha comparecido ante los tribunales de justicia hondureños, para presentar reclamo alguno porque se hayan lesionado sus derechos, en relación al terreno que ocupa el Centro Regional de Entrenamiento Militar (CREM), ubicado en jurisdicción del municipio de Trujillo, departamento de Colón.

Considerando: Que del terreno que ocupó el Centro Regional de Entrenamiento Militar (CREM), con una extensión de 12.534 has., correspondía la cantidad de 2100 has., a la sociedad mercantil hondureña empresa Ganadera de Trujillo, S.A., constituida en su totalidad por los ciudadanos Alfredo Fortín Inestroza, Carmen Fortín Inestroza, Héctor Caraccioli M., y Fausto Fortín Inestroza, todos de nacionalidad hondureña y por la empresa Inversiones Centroamericana, S.A., con capital y socios extranjeros.

Considerando: Que jurídicamente el señor Temístocles Ramírez de Arellano no es propietario de las tierras antes mencionadas, ya que, siendo extranjero, no puede tener dominio a ningún título, sobre tierras que están ubicadas dentro de los 40 kms., hacia el interior de la zona costera, según lo prescribe el Artículo 107 de la Constitución de la República vigente y 101 de la Constitución de la República de 1965.

Que no se autorice ningún desembolso a favor del ciudadano norteamericano señor Temístocles Ramírez de Arellano, por una supuesta reclamación a raíz de la ocupación del terreno en el cual se ubicó el Centro Regional de Entrenamiento Militar (CREM), salvo el caso de sentencia firme pronunciada por tribunal hondureño competente, o de fallo de un tribunal internacional a que se someta voluntariamente el gobierno de Honduras.

Excitar al Poder Ejecutivo, para que ordene una investigación sobre el destino que tuvieron las mejoras existentes al momento de ser afectadas las propiedades con motivo de la instalación del CREM, y para que del resultado de esta investigación informe oportunamente al soberano Congreso Nacional.

Que el Congreso Nacional proceda a la discusión del Decreto Ejecutivo No.17 enviado por el Poder Ejecutivo el 5 de enero de 1984, mediante oficio No. MPOO1/84 el cual fue del conocimiento del pleno el 15 de febrero de 1984 y sin haber sido aprobado por éste, fue publicado en el diario oficial "La Gaceta", No. 24204 el día 2 de enero del mismo año.

No aceptar la pretensión del Congreso de los Estados Unidos de América, de ofrecer ayuda económica suplementaria a nuestro país, condicionándola a la aceptación obligatoria por Honduras, de un arbitraje internacional para resolver las reclamaciones que ante el gobierno de Estados Unidos ha presentado el señor Temístocles Ramírez de Arellano, porque tal actitud ofende la dignidad del pueblo hondureño.

La comisión ha cumplido la delicada responsabilidad que le fue confiada por el soberano Congreso Nacional; ha puesto en el cumplimiento de este cometido su más alto celo patriótico y su apego a las leyes de la República.

Tegucigalpa, M.D.C., 15 de julio de 1987.
José Fernández Guzmán
Presidente

Efraín Reconco Murillo
Rafael Pineda Ponce
Edmond Bográn Rodríguez
Enrique Aguilar Cerrato
Efraín Díaz Arrivillaga
Salvador Darío Cantarero
Secretario

Tiempo/16 de julio de 1987

PRESIDENTE AZCONA: SÍ ESTÁN ENTREGANDO DINERO A LAS CIUDADES-PUERTO

El Presidente de la República, José Azcona Hoyo, envió al Congreso Nacional una carta en la cual aclara a los diputados que sí se está entregando el cuatro por ciento a las ciudades puertos por prestar sus servicios aduaneros.

Hace algunos días se denunció en la Cámara Legislativa que ninguna de las cuatro ciudades puertos habían recibido la partida que les corresponde por los impuestos que se cobran en las aduanas navieras.

En su carta el Presidente envía el texto de un telegrama del administrador de Aduanas de Puerto Cortés, José Trinidad Fajardo, el cual asegura que se ha estado entregando la parte que corresponde en el caso de Puerto Cortés.

Fajardo en su informe al mandatario Azcona Hoyo dice que los ingresos recaudados en el mes de junio pasado fueron de 31 millones 747 mil 575 lempiras con 33 centavos, asimismo que los ingresos obtenidos en el mes de julio de 1983 son de más de 23 millones de lempiras, existiendo una diferencia de más de siete millones.

El Heraldo/16 de julio de 1987

AZCONA INAUGURARÁ EL SÁBADO PROYECTO HABITACIONAL EN EL SUR

TEGUCIGALPA. -La ejecución de un proyecto habitacional de 669 unidades construidas por los propios campesinos será inaugurada por el presidente José Azcona, el próximo sábado, en la zona sur del país.

Los beneficiarios del proyecto son 4.683 personas de familias afiliadas a la Unión Nacional de Campesinos (UNC), Asociación Nacional de Campesinos de Honduras (ANACH) y Federación de Cooperativas de la Reforma Agraria de Honduras (FECORAH).

La inversión total en las 669 viviendas es inferior al millón de lempiras, aportados por el gobierno de Honduras y su homólogo de Holanda, con la ayuda también del Programa de las Naciones Unidas para el Desarrollo (PNUD).

Esas viviendas construidas a base de adobe y provistas de letrinas y estufas lorena (de arena y lodo) están en varias comunidades cercanas a la cabecera departamental de Choluteca.

A los actos inaugurales de las construcciones erigidas por los propios campesinos asistirán, además del presidente Azcona, los ministros de Salud, Rubén Villeda Bermúdez, Recursos Naturales, Rodrigo Castillo, Despacho Presidencial, Céleo Arias, de la Secretaría de Planificación, Coordinación y Presupuesto (SECPLAN), Francisco Figueroa.

También estará presente en los actos el representante en Honduras del PNUD, Ricardo Tichauer. (NL).

Tiempo/16 de julio de 1987

AZCONA NO HA MENCIONADO NADA DE LOS 8 MILLONES

COMUNICADO DE PRENSA

Es totalmente falso que el presidente Azcona haya expresado comentarios sobre una supuesta cantidad de 8 millones de dólares que la administración Reagan había enviado al gobierno anterior, para el fin específico de indemnizar al ciudadano norteamericano Temístocles Ramírez de Arellano, como se ha especulado hoy.

La cooperación y asistencia financiera de los Estados Unidos llegó normal y globalmente y en ese entonces fue utilizada en la ejecución de los programas para el desarrollo delineados por aquel régimen.

Los fondos externos recibidos por nuestro país han sido invertidos en los proyectos nacionales y de ningún modo se ha traficado o especulado con ellos, en los gobiernos liberales.

Tegucigalpa, D.C., 15 de julio de 1987.

Secretaría de Prensa
de la Presidencia de la República

Tiempo/16 de julio de 1987

EN SOCIEDAD
BIENVENIDA LIZI

Se encuentra en nuestra capital desde hace algunos días la señorita Lizi Azcona Bocock, hija del Presidente de Honduras ingeniero José Azcona Hoyo, y doña Miriam de Azcona.

Lizi permanecerá entre nosotros un mes más para luego retornar a Estados Unidos donde realiza estudios universitarios.

El Heraldo/16 de julio de 1987

PRESIDENTE AZCONA INAUGURÓ
PRIMERA EXPOSICIÓN TURÍSTICA

El 10 de los corrientes en la sede de la Secretaría de Cultura y Turismo se llevó a cabo la Primera Exposición Turística, siendo inaugurada por el presidente de la República, ingeniero José Azcona, quien asistió con la Primera Dama de la Nación, doña Miriam de Azcona.

Esa noche y organizada por el Instituto Hondureño de Turismo y la empresa privada, ofreció un derroche de música, de actuaciones de cuadro de danzas y exquisitas bebidas y dulces, lo mismo que deliciosas comidas típicas e internacionales.

El INFOP, la United Fruit Co. y los hoteles Honduras Maya, La Ronda, El Prado, Plaza, Alameda y Centenario, contribuyeron notablemente al éxito con sus pabellones de comidas.

Al evento asistieron autoridades del turismo centroamericano encabezadas por el ministro de Turismo de Nicaragua, licenciado Hearty Lewites y los directores de Turismo de Costa Rica, licenciado Agustín Monge; de El Salvador, Ricardo Trujillo; de Guatemala, Beatriz Zúñiga.

Miembros del cuerpo diplomático, funcionarios de gobierno y centenares de capitalinos disfrutaron esa noche que en su momento se denominó: El turismo como industria de exportación y pilar del futuro desarrollo de Honduras.

El gobernante hondureño y su señora esposa, los titulares de Cultura y Turismo, posan con la bellísima Yadira Bendaña, Miss Turismo por Honduras.

A su llegada al Ministerio de Cultura y Turismo, el presidente José Azcona, fue recibido por una encantadora señorita que representaba uno de los departamentos de la República. Observan el titular de SECTUR, Arturo Rendón Pineda y altos funcionarios del gobierno.

Una panorámica de la exposición turística que se organizó el pasado fin de semana en el interior del Ministerio de Cultura y Turismo, con la asistencia del ciudadano presidente de la República, ingeniero José Azcona y ejecutivos ministeriales.

Tiempo/16 de julio de 1987

AZCONA PIDE A CONGRESO NO AMARRARLE LAS MANOS EN EL CASO DE TEMÍSTOCLES

- *Al cerrar toda posibilidad de arreglo, el problema seguirá, advierte*
- *"Temis fue un inversionista"*
- *Manifiesta que no fue presionado por Abrams*
- *"El arbitraje no es digno"*
- *"No dije que Suazo recibió los $8 millones"*
- *Ningún diputado vale los 20 millones, dice*

TEGUCIGALPA. - El presidente José Azcona Hoyo insistió ayer que debe buscarse una salida "inteligente" a la indemnización que reclama Temístocles Ramírez de Arellano, porque, de lo contrario, se corre el riesgo de perder los 20 millones de dólares que el Congreso de los Estados Unidos le ha congelado a Honduras y el problema sería heredado por el próximo gobierno.

Azcona, luego de haberse reunido con el embajador de los Estados Unidos, Everett Briggs, convocó a una conferencia de prensa a las cuatro de la tarde, para exponer su preocupación en torno a la indemnización de Temis Ramírez, especialmente por la oposición de la comisión del Congreso Nacional, que estudia ese caso, a que se le indemnice.

El mandatario dijo que el informe presentado por dicha comisión al Congreso Nacional "se apega a la verdad totalmente" en sus aspectos jurídicos y en la relación de los hechos, porque las resoluciones que proponen tendrán que ser discutidas por el pleno de la Cámara Legislativa a la luz de los intereses nacionales.

Indicó que en la reunión que recientemente sostuvo con la comisión del Congreso Nacional, el jefe de las Fuerzas Armadas, General Humberto Regalado Hernández, el canciller Carlos López Contreras; el procurador general de la República, Rubén Zepeda, y el director del Instituto Nacional Agrario (INA), Mario Espinal, hubo consenso para que no se indemnizara a Temístocles Ramírez, pero que habría que estudiar la posibilidad de indemnizar a la Ganadera Trujillo, de la cual este es su mayor accionista, eso quedó claramente aceptado y definido por todos los que habían participado en la reunión", agregó.

"Se llegó también a la conclusión de que no era muy digno para Honduras someterse a un arbitraje en forma impuesta, que deberíamos nosotros buscar la forma de que el Congreso de los Estados Unidos variara la parte donde obliga a Honduras a ir a un arbitraje", añadió.

El presidente Azcona expresó que en esa reunión con la comisión de diputados del Congreso Nacional "en ningún momento nosotros hemos dicho que el ex-presidente Roberto Suazo Córdova, como ahora se quiere hacer resaltar en los periódicos, había recibido un dinero directamente a él para pagar al señor Temístocles Ramírez; eso no lo hemos dicho y nadie lo puede poner en boca nuestra sin faltar a la verdad".

"Esa campaña que se está haciendo queriendo involucrar al ex-presidente de la República Roberto Suazo Córdova, no tiene ningún fundamento y no es nada más que el producto de la mala fe, no de la inteligencia de algunos diputados", señaló.

Azcona reveló que el miércoles en la mañana le pidió al secretario del Congreso Nacional, Oscar Melara, que no sometieran a discusión ese día el informe de la comisión, y "mi sorpresa fue que cuando a las cuatro y media de la tarde se estaba leyendo el informe en el Congreso Nacional, cuando ya estaba leyéndose el informe, hablé con el presidente del Congreso, Carlos Orbin

Montoya, pidiéndole que deberíamos tener una nueva reunión con la comisión del Congreso Nacional para ver la forma de resolver este problema en aras de los intereses del país, me dijo que con mucho gustó él iba a posponer la discusión de ese informe y que el día de hoy podrían venir los diputados de la comisión para que siguiéramos dialogando, buscándole solución al problema".

TEMÍSTOCLES RAMÍREZ NO ES UN DELINCUENTE

En relación a las críticas de que Temis Ramírez se comportó como un delincuente en Honduras, Azcona manifestó que "yo no tipificaría al señor Temístocles Ramírez de delincuente porque no me consta a mí que sea un delincuente, tenemos que respetar a las personas, debemos de bajar un poco el entusiasmo y la vehemencia antes de atacar a personas, él fue un inversionista en Honduras y puede ser que haya cometido errores".

El mandatario desmintió que haya recibido presiones del sub-secretario adjunto del Departamento de Estado para Asuntos Interamericanos, Elliot Abrams, para que el gobierno hondureño proceda a indemnizar a Ramírez, como se establece en el informe de la comisión del Congreso Nacional.

Señaló que el Poder Ejecutivo ha estudiado la posibilidad de contratar un abogado para que esté en contacto con el investigador independiente para defender los intereses de Honduras, "porque si consideramos que el señor Temístocles Ramírez no tiene razón en la mayoría de sus pretensiones o de sus reclamos, en eso estamos completamente claros, todos sabemos que este señor quiere aprovecharse de una situación".

Indicó que al indemnizarse a la empresa Ganadera Trujillo, "en resumidas cuentas siempre sería a favor del señor Temístocles Ramírez, porque es el mayor accionista".

Al referirse a los ataques al gobierno anterior por la emisión del Decreto 17, mediante el cual se compromete indemnizar a Ramírez, el presidente Azcona manifestó que "ese decreto está bien formulado, perfectamente bien formulado".

Azcona reconoció que en la reunión con la comisión de diputados dijo que "el gobierno de los Estados Unidos había dado una ampliación de la ayuda para la estabilización económica de Honduras, previendo ese caso (la indemnización de Temis) y cualquier otro caso, porque Honduras necesita dinero para cubrir sus compromisos, eso es muy diferente a decir que yo dije que el gobierno de los Estados Unidos le ha dado 8 millones de dólares al doctor Suazo Córdova para resolver ese asunto, eso es una falsedad, eso es un aprovechamiento de una persona (del diputado Reconco Murillo) que le sobre mala fe y le falta inteligencia".

Recalcó que el caso de Temis Ramírez está siendo utilizado políticamente por personas inescrupulosas. "Me parece que sería poco inteligente cerrar todas las posibilidades para llegar a un arreglo, tal como parece que es la idea de la comisión del Congreso Nacional, pero no creo que el plenario del Congreso Nacional tome esa decisión de cerrar toda posibilidad de un arreglo", apuntó.

"Al cerrar toda posibilidad de un arreglo -continuó- se pierden los 20 millones de dólares y el problema persiste, porque esos 20 millones no se los dan al señor Ramírez, sino que vuelven al tesoro de los Estados Unidos y Temístocles Ramírez seguirá presionando a través del Congreso para que se le den lo que él considera que tiene derecho como indemnización".

Subrayó que, si el Congreso Nacional se opone a la indemnización, "a nosotros nos amarra las manos, y en ese caso no tendremos remedio que hacer este problema a un lado y lo heredará el futuro presidente de Honduras, y si tampoco éste lo resuelve, seguirá para adelante".

"Yo tengo la esperanza de que si nosotros actuamos con inteligencia, los dos poderes, no es una forma festinada, porque este informe es muy bonito (el de la comisión), pero aquí más que todo son transcripciones de leyes y hechos, pero lo fundamental son los intereses de Honduras, y los diputados del Congreso Nacional tienen que velar especialmente por los intereses de Honduras, no así con un informe que está muy bonito pero que cualquier licenciado en Derecho lo hubiera hecho sin necesidad de una comisión, yo creo que hay varios de estos así hechos, y hay más que este paquete hecho en la cancillería y en todas partes", agregó.

NINGÚN DIPUTADO VALE LOS 20 MILLONES DE DÓLARES QUE SE PERDERÍAN

El presidente Azcona insistió que, si el Congreso Nacional le cierra toda posibilidad de llegar a un arreglo sobre el problema de Temis Ramírez, "a mí no me queda más que mandarle una carta al señor embajador de los Estados Unidos diciéndole que para Honduras es inaceptable la resolución del Congreso de los Estados Unidos, y hasta allí llega el asunto, las repercusiones, pues, serán negativas, en primer lugar perderemos esos 20 millones de dólares y no creo que ningún diputado los valga. La dignidad sí vale más que eso, pero el capricho de ningún hondureño vale 20 millones de dólares".

"Este problema se puede resolver, sin menoscabo de la dignidad nacional y defendiendo los intereses de Honduras, si hay una forma de entendimiento entre el Congreso Nacional y el Poder Ejecutivo", concluyó. (TDG).

JOSÉ AZCONA

Tiempo/17 de julio de 1987

PEDIRÁN A CONARA INVESTIGUE PAGOS EFECTUADOS POR EL INA

TEGUCIGALPA. - La dirigencia de la Federación de Cooperativas para la Reforma Agraria de Honduras (FECORAH), pedirá ante el Consejo Nacional Agrario (CONARA), que investigue sobre la supuesta malversación de fondos en el Instituto Nacional Agrario (INA).

Lo anterior fue informado ayer por Cristian Cárcamo, miembro de FECORAH, quien aseguró que plantearán a CONARA que se investigue el paradero de siete mil lempiras que entregó el director del INA, Mario Espinal, a dirigentes "fantasmas" para dividir esa agrupación campesina.

CONARA fue creada hace aproximadamente 12 años, y en la misma están representadas tres miembros de las organizaciones campesinas, tres representantes de la Asociación de Agricultores y Ganaderos, más cuatro funcionarios del gobierno.

Cárcamo indicó que ellos han informado a las demás centrales campesinas del mal manejo que el INA hace de los fondos provenientes del Estado, y están conscientes que se debe hacer una investigación.

Por su parte, Nelly Ramírez dijo recientemente que Mario Espinal puede invertir millones de lempiras para fraccionar a FECORAH, y nunca lo va a lograr porque sus afiliados están seguros de la labor que desempeñan en esa agrupación.

"Lo que se critica de Espinal, es el mal uso que hace de los dineros que le han costado mucho al pueblo hondureño", agregó. (FRE).

Tiempo/17 de julio de 1987

EL INFORME DE LA COMISIÓN ESPECIAL
Y LA REIVINDICACIÓN NACIONAL

Son raras las ocasiones en que las comisiones especiales o investigadoras dan un buen resultado final en Honduras. Por lo general, cuando se trata de eludir la resolución de un problema serio, se le da paso a una comisión para encarpetarlo o para diluir su impacto en la opinión pública.

Esta no es la regla aplicable a la Comisión Especial legislativa encargada del caso del aventurero norteamericano Temístocles Ramírez. Dicha comisión -integrada por los diputados José Fernández Guzmán, Edmond L. Bográn, Efraín Díaz Arrivillaga, Enrique Aguilar Cerrato, Efraín Reconco Murillo y Salvador Darío Cantarero, pues merecen la consignación de nombres- ha hecho un trabajo excelente, "con su más alto celo patriótico y su apego a las leyes de la República".

El Informe presentado por la Comisión Especial al pleno el miércoles anterior pone en su verdadera dimensión este asunto del caballero de industria Temístocles Ramírez, que ha logrado permear la conciencia nacional hasta hacer al público levantar la cabeza en rescate de la dignidad de nuestra patria.

Seguramente alguno que otro dirigente máximo -y las partes interesadas del extranjero- no tienen capacidad ni voluntad para entender esto, y se sorprendan de la reacción de los hondureños. Para estas gentes, o se trata de algo pragmático, mercantil, de pesos y centavos, o se trata de algo impensable para un país considerado simple colonia empobrecida y abyecta.

El Informe a que nos referimos, establece los puntos básicos sin escatimar la incapacidad, el abuso de poder, la insania política de los jerarcas y funcionarios hondureños que dieron lugar -al margen de la ley- al problema, pero también enseña las presiones del gobierno de los Estados Unidos, la falta de reconocimiento hacia el "fiel aliado" hondureño, hasta el extremo de colocar a un aventurero, sólo por el hecho de ser estadounidense, por encina del Estado de Honduras, máxime en un caso en que el lío parte de una concesión graciosa política para resolverle el problema a los Estados Unidos en El Salvador, a contrapelo de nuestros intereses nacionales.

Los aspectos claves del trabajo de la Comisión Especial saltan a la vista. Un jefe de las Fuerzas Armadas de Honduras, general Gustavo Álvarez Martínez, imbuido de una idea del poder casi demencial -y con un proyecto político totalitario, de la Asociación para el Progreso de Honduras-, decide expropiar, sin juicio previo, en 48 horas unas propiedades por añadidura registradas ilegalmente para dedicarlas al Centro de Entrenamiento Militar (CREM).

Un sospechoso aprovechamiento de tierras y mejoras, que es preciso determinar para ulteriores fijaciones de responsabilidades legales, y, en el telón de fondo, gobiernos de Honduras irresponsables e incompetentes hasta el grado de hacer publicar compromisos internacionales en el Diario Oficial "La Gaceta", sin la previa y necesaria aprobación del Congreso Nacional, para simular la constitución de una ley de la República.

En tercer lugar, un individuo sin escrúpulos -asistido por testaferros hondureños- haciendo caso omiso de las leyes de Honduras y planteando reclamaciones en su propio país, valido de la superpotencia de éste, para inducir una humillante imposición del Congreso de los Estados Unidos, por la vía de la presión económica.

Con tales elementos la Comisión Especial da cuatro recomendaciones al Congreso Nacional en pleno, para enfrentar la situación, en un contexto en que el presidente de la República, ingeniero José Simón Azcona del Hoyo, plantea una solución "pragmática" y, por lo tanto, fuera de consideraciones sentimentales de dignidad y soberanía, según la cual hay que pagar un poquito para que nos regalen un buen tercio de dólares.

De ahí las cuatro resoluciones. La primera, que implica poner en su sitio al Poder Legislativo, en el sentido que no tiene facultades para disponer de dinero para indemnizar a Temístocles, a menos que ello sea para cumplir una sentencia de un tribunal hondureño o de uno internacional al que Honduras quiera someterse voluntariamente.

La otra, que busca establecer el destino de las tierras expropia-recuperadas y de las mejoras existentes al momento de ser afectadas. La tercera, que se cumpla con el requisito constitucional de discutir y aprobar o improbar el Decreto 17 del Poder Ejecutivo, de 5 de enero de 1984, en que, a cambio de la inútil iniciativa de la Cuenca del Caribe se adquiere al compromiso de indemnizar a Temístocles.

Por último, "no aceptar la pretensión del Congreso de los Estados Unidos de América, de ofrecer ayuda económica suplementaria a nuestro país, condicionándola a la aceptación obligatoria por Honduras, de un arbitraje internacional" para resolver las reclamaciones de Temístocles.

Naturalmente, la actitud del presidente del Congreso Nacional, licenciado Carlos Orbin Montoya, de aplazar 15 días la discusión del Informe en la asamblea legislativa se mira como una finta, buscada por el presidente Azcona.

DICTAMEN DE LA COMISIÓN "AMARRA" AL EJECUTIVO EN SOLUCIÓN DEL PROBLEMA

TEGUCIGALPA. - (Por Faustino Ordóñez Baca). - El presidente José Azcona Hoyo declaró ayer que los 20 millones de dólares reclamados por Temístocles Ramírez valen más que "el capricho" de los diputados miembros de la comisión investigadora que recomendaron a la cámara que no se pague al norteamericano sin antes buscar una salida al problema.

Azcona Hoyo, en una conferencia de prensa que duró una hora, se opuso totalmente a la resolución emitida por la comisión del Congreso Nacional y anunció que, si el poder legislativo determina no pagarle a Ramírez, no le quedará otra opción que acatar y heredará el problema al próximo presidente de la república.

El mandatario calificó de "poco inteligente" y tener "mala fe" hacia el ejecutivo al diputado nacionalista Efraín Reconco Murillo, quien reveló que Azcona había dicho que el gobierno de Estados Unidos envió ocho millones de dólares en la administración de Roberto Suazo Córdova para indemnizar al portorriqueño, pero que extrañamente se habían perdido.

Advirtió que, si no se llega a un arreglo con el norteamericano, Honduras sería objeto de un futuro "de algunas sanciones" por parte de Estados Unidos, además se perderían los 20 millones de dólares que, por resolución del congreso, fueron retenidos mientras las partes llegan a un acuerdo.

"Si la resolución del congreso sale tal y como lo dictamina la comisión, le amarrarían las manos al ejecutivo y no tendríamos nada más que acatarla", dijo el presidente.

"Los 20 millones de dólares, afirmó en alusión a los comisionistas del congreso, ningún diputado los vale comparados con la dignidad del país".

El gobernante propone al Congreso Nacional que modifique la parte resolutiva del dictamen de la comisión o de lo contrario que acepte el nombramiento de "un investigador independiente" que podría ser el procurador general de la República, quien haría el trabajo con otro, enviado por Estados Unidos, que tendrían el asesoramiento de un profesional del derecho.

Estos investigadores realizarían prácticamente un trabajo similar al efectuado por los congresistas, cuyo plazo de entrega sería el 30 de septiembre, plazo fijado por el Congreso de Estados Unidos.

"El Congreso Nacional, dijo Azcona Hoyo, nos pone en un aprieto cuando no se permite poner a un investigador independiente y no es posible que nos amarre las manos en la solución de este problema".

Reveló el jefe del ejecutivo que sorprendido de la actitud del Congreso en discutir el dictamen de la comisión cuando durante la reunión de casa presidencial los diputados le prometieron que no la someterían, decidió llamar a Carlos Montoya, para que se buscaran otros mecanismos de solución.

Montoya optó por suspender las discusiones y dio un plazo de 15 días a los diputados para que investigaran más sobre el caso.

Tras rechazar enérgicamente las declaraciones del diputado nacionalista Efraín Reconco Murillo, el mandatario dijo que el congresista tiene mala fe y es poco inteligente, y brinda declaraciones inescrupulosas.

El doctor Suazo Córdova no tiene nada que ver en las revelaciones de Reconco Murillo por cuanto en el Banco Central de Honduras no ha ingresado ninguna cantidad de dinero procedente de Estados Unidos para indemnizar a Temístocles Ramírez, dijo el gobernante.

"No buscamos culpables, buscamos soluciones al problema para defender los intereses de Honduras", reiteró Azcona, para luego admitir que "hay presiones de los Estados Unidos" para indemnizar al granjero portorriqueño.

Sugirió que a Temístocles debe de respetársele porque fue un inversionista que vivió en Honduras y no hay que tratarlo como un delincuente como lo califican otras personas.

INTERNACIONAL

Aseveró el mandatario que las recomendaciones que hacen los congresistas norteamericanos en el sentido de que Honduras y Temístocles, si no llegan a un acuerdo directo, deben someterse a la jurisdicción de un arbitraje internacional, es una imposición que Honduras considera poco digna.

"No es digno para Honduras someterse a un arbitraje obligado y pediremos que se modifique esta resolución", anunció.

Según el congreso de aquel país las partes deberían resolver el problema ante los jueces de la "Comisión Interamericana de Comercio y Arbitraje, que depende de la OEA y que tiene su sede en México".

"Si Honduras rehúsa este arbitraje internacional obligatorio, perdería los 20 millones de dólares" refirió, sin embargo, el presidente, para enseguida sostener que si Ramírez también lo rechaza no tendría ningún derecho más para reclamar.

"Los diputados tienen que velar por los intereses de Honduras y no lucirse con un informe que cualquier licenciado lo puede hacer", subrayó Azcona un tanto molesto con la comisión del congreso, de quien dijo es la responsable y no el congreso en pleno.

Finalmente dijo que el caso de Temístocles lo quieren utilizar políticamente algunas "personas inescrupulosas" "y lo digo con sinceridad, aunque me digan que soy grosero", concluyó.

El presidente Azcona del Hoyo, en los momentos de contestar las preguntas en la conferencia de prensa de ayer.

La Prensa/17 de julio de 1987

Efraín Reconco Murillo

"PEDÍ PERMISO A MIS COMPAÑEROS PARA HABLAR DE LOS 8 MILLONES"

TEGUCIGALPA. - El diputado Efraín Reconco Murillo reveló que pidió permiso a la bancada nacionalista del Congreso Nacional para poder informar que el presidente José Azcona Hoyo había declarado que el gobierno de los Estados Unidos había entregado al ex presidente Roberto Suazo Córdova 8 millones de lempiras para que indemnizara a Temístocles Ramírez de Arellano.

El congresista, quien es miembro de la comisión del Congreso Nacional que investiga el caso del portorriqueño, afirmó el miércoles que el mandatario había sostenido aquella versión durante una reunión que sostuvo con el jefe de las Fuerzas Armadas, Humberto Regalado Hernández, varios funcionarios oficiales y la representación de diputados.

Como reacción la secretaría de Prensa publicó un boletín donde estableció que "es totalmente falso que el presidente Azcona haya expresado comentarios sobre una supuesta cantidad de 8 millones de dólares que la administración Reagan habría enviado al gobierno anterior para indemnizar al ciudadano norteamericano Temístocles Ramírez de Arellano".

"Hay testigos y cualquier periodista puede entrevistar a cualquiera que estuvo presente en la reunión para confirmar que lo que manifesté no es un invento", reiteró Reconco Murillo.

El diputado subrayó que previo a la cita con Azcona Hoyo consultó con la bancada nacionalista de la cámara si era correcto brindar la noticia en aquel sentido "y me respondieron que el pueblo hondureño tenía derecho a conocer la verdad", destacó.

Reconco Murillo.

La Prensa/17 de julio de 1987

[En San Pedro Sula]

SE REÚNEN HOY EDITORES DE PERIÓDICOS DE CENTROAMÉRICA

SAN PEDRO SULA. - Personeros de la Asociación de Periódicos de Centroamérica (APCA), se reunirán hoy y mañana en esta ciudad, para discutir y analizar una serie de aspectos atinentes a la responsabilidad social de los medios de comunicación, su aporte respectivo en la consolidación del sistema democrático en algunos países del istmo y consecuentemente la libertad de prensa como uno de los pilares de las demás libertades individuales y colectivas.

El encuentro de APCA, encabezada por don Fernando Leñero, editor del Diario La Nación, de San José, Costa Rica, estará representada por editores de prensa de los países centroamericanos, quienes se reunirán con sus homólogos de los cuatro periódicos que circulan en Honduras.

La Prensa/17 de julio de 1987

DIPUTADOS TRATAN DE SACAR PROVECHO

TEGUCIGALPA. - La tergiversación del caso "Temístocles Ramírez" por parte de algunos diputados del congreso en un afán político puede "alejar la posibilidad de un arreglo a favor de los intereses del país", advirtió ayer el ministro asesor del presidente Azcona, abogado Carlos Falck Contreras.

Falck, estuvo presente en la reciente reunión en que participaron el jefe de las Fuerzas Armadas, general Humberto Regalado Hernández, el gobernante Azcona Hoyo, representantes del Congreso Nacional, del INA y de la Cancillería, y donde se buscó un consenso para solventar el problema.

Al ser consultado si el presidente de la república en efecto dijo a los diputados que se habían extraviado ocho millones de dólares en tiempos de Suazo Córdova para indemnizar al ciudadano norteamericano, el ministro asesor respondió:

"Lo que afirmó el presidente es que en momentos determinados se incrementó la ayuda que el gobierno de Estados Unidos nos da a través del programa de apoyo económico y que esos dineros ingresaron al Banco Central para ser utilizados para mejorar la balanza de pagos", dijo el funcionario.

"Cuando interviene el interés político en estas cosas, agregó, se trata de desnaturalizar y de confundir al pueblo hondureño", y luego sugirió que "estos asuntos deben marginarse del apasionamiento político, puesto que se obnubila la mente y nos impide ver las cosas como son".

Dijo el funcionario que "las gentes que están hablando ahí en el congreso están aspirando a posiciones políticas y mal hacen en utilizar este tipo de problemas para proyectarse con los grandes".

Los diputados "están tergiversando las cosas en forma grosera, por lo que se pierde la perspectiva y se desorienta al pueblo y se aleja cualquier posibilidad de un arreglo en aras del pueblo hondureño", concluyó.

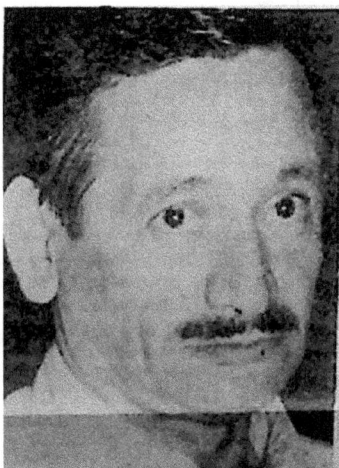

Carlos Falck

La Prensa/17 de julio de 1987

HOY ES LA CENA PRESIDENCIAL DE LA CRUZ ROJA HONDUREÑA

En horas de la noche en el Centro Social Metro, se verificará la cena presidencial donde actuarán como anfitriones el ingeniero José Azcona Hoyo y su esposa Miriam de Azcona, con el propósito de recoger fondos para esta benemérita institución.

Numerosas personas se aprestan para colaborar con esta cruzada de recaudación de fondos. Distinguidas personas de las esferas diplomáticas, políticas, sociales y culturales de la capital se aprestan a colaborar con esta campaña donde unidos podrán ayudar al lema que dice "nadie es tan pobre como para no dar ni tan rico para no necesitar de la Cruz Roja".

La Prensa/17 de julio de 1987

SE INTERESA AZCONA EN DEPORTE OLÍMPICO

El presidente de la República José Azcona, conoció el documental televisivo elaborado por Cervecería Hondureña, de cara a los Cuartos Juegos Deportivos Centroamericanos, en el mes de enero de 1990. Además, discutió el presupuesto de dicho evento con los integrantes del Comité Olímpico Hondureño. En la gráfica de Aquiles Andino, el mandatario Azcona, cuando recibía a los dirigentes del olimpismo.

La Tribuna/17 de julio de 1987

Sobre los trabajos para los IV Juegos...

PRESIDENTE AZCONA QUIERE "ESTAR AL DÍA"

TEGUCIGALPA. -El señor presidente de la república Ing. José Simón Azcona sostuvo el miércoles pláticas simultáneas con los miembros del Comité Olímpico Hondureño (COH) y con personeros del Comité Organizador de los IV Juegos Centroamericanos, ya que el mandatario se muestra sumamente preocupado por lo lento que marcha la programación ya establecida.

Estas reuniones se llevaron a cabo en el despacho del mandatario y una vez que los personeros, tanto del comité organizador de los IV Juegos, como los miembros del Comité Olímpico le dieron las explicaciones del caso, el ejecutivo se mostró satisfecho.

Fuentes que nos merecen todo crédito informaron a Deportes LA PRENSA que en lo sucesivo estas reuniones se estarán llevando a cabo con mayor regularidad ya que el Ing. José Simón Azcona quiere estar al día de todo lo que acontece relacionado al montaje de los IV Juegos Deportivos Centroamericanos.

El Ing. José Simón Azcona se reunió con los miembros del Comité Organizador de los IV Juegos C.A. El mandatario quiere "estar al día" de todo lo que está aconteciendo. (Fotos de Aulberto Salinas).

El presidente del Comité Olímpico Hondureño (COH), don Julio C. Villalta explica al presidente de los hondureños, Ing. José Simón Azcona sobre el trabajo que realiza el organismo que él maneja. Observan los demás miembros del COH.

La Prensa/17 de julio de 1987

LPS. 15 MIL LEMPIRAS PIDEN PARLAMENTARIOS

TEGUCIGALPA. - Los diputados del departamento de Lempira solicitaron ayer al presidente de la República, José Azcona Hoyo, la suma de 15 mil lempiras y que se agilice la construcción de algunas obras que por el momento marchan a "paso de tortuga".

Se entrevistaron con el mandatario los parlamentarios nacionalistas Jacobo Hernández Cruz, Arnaldo Posadas, Marco Augusto Hernández y Asterio Reyes y los liberales Emilio Hércules Rosa y Sofía Amparo Navarrete, saliendo todos entusiasmados porque encontraron receptividad en el presidente.

Jacobo Hernández explicó que los 15 mil lempiras que dará el gobierno serán utilizados para la reparación del castillo "San Cristóbal", considerado un monumento histórico del departamento de Lempira.

Por otro lado, pidieron la agilización de los trabajos de reconstrucción de la carretera Gracias-Santa de Rosa de Copán, las que según el político nacionalista comenzaron en julio del año pasado, pero a estas alturas es muy poco lo que se ha avanzado.

Azcona Hoyo, se comprometió además con los diputados de Lempira en ayudarles económicamente para materializar la idea en montar en esa región una oficina de diseño para proyectos de agua potable que beneficiaría a varios de sus municipios.

Que se implemente y que se ponga a funcionar, a partir del próximo año, el hospital de Gracias, Lempira, cuyo edificio ya fue construido, pero falta el equipo médico y el personal necesario, fue otro de los planteamientos presentados ayer por los diputados de Lempira al gobierno central.

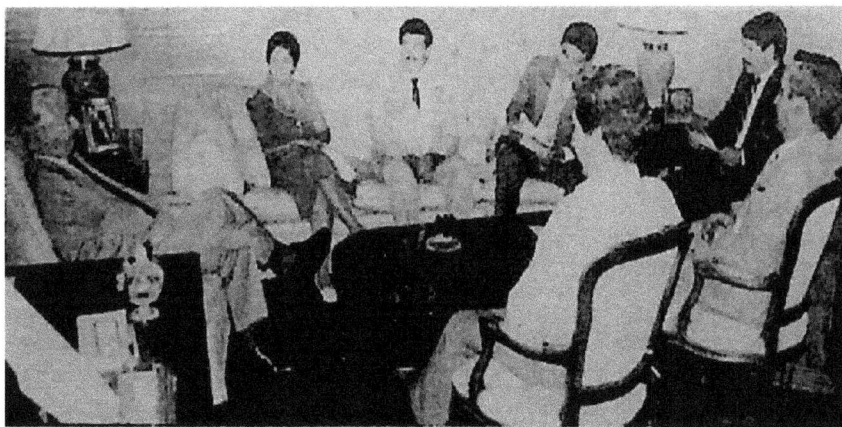

Diputados del Departamento de Lempira, visitaron ayer al mandatario José Azcona Hoyo para pedirle ayuda económica para ejecutar proyectos de infraestructura. (Foto Salinas).

La Prensa/17 de julio de 1987

AZCONA CONOCIÓ DOCUMENTAL DE
JUEGOS CENTROAMERICANOS

El presidente de la República, Ing. José Azcona Hoyo conoció el miércoles anterior un documental alusivo a los Cuartos Juegos Deportivos Centroamericanos, que fue elaborado por la Agencia Publicitaria McCann Erickson, en representación de la empresa Cervecería Hondureña, con la presencia del Comité Ejecutivo de dicho certamen.

El mandatario, quien funge como presidente del comité de los juegos, recibió al señor Oscar Tablas, ejecutivo de Cervecería Hondureña, quien mostró el video elaborado con el interés de promocionar el evento regional que tendrá verificativo en el mes de enero de 1990, con una inversión millonaria.

José Dalmiro Caballero, Hernán Zaldívar, Carlos Coello, Gilberto Ochoa, Julio Villalta y Jorge Abudoj, asistieron a la reunión con el presidente Azcona. El instructor dominicano Danilo Aquino, acompañó a la delegación en calidad de asesor del Comité Ejecutivo de los juegos regionales.

Previamente el mandatario, se reunió con los integrantes del Comité Olímpico Hondureño, quienes le presentaron el presupuesto de las actividades previas a las competencias de 1990. El gerente del COH, Rolando Maradiaga informó que Azcona, se mostró bastante receptivo al momento de discutir el presupuesto.

Aparte de Maradiaga, representaron al olimpismo, Julio Villalta, Orlando Aguilar, Gilberto Ochoa y José Rischmagui, quienes salieron satisfechos de la reunión por las promesas de Azcona, para agilizar las partidas presupuestarias de cara a los Juegos Centroamericanos.

Azcona, reunido con el Comité Ejecutivo de los Cuartos Juegos Deportivos Centroamericanos. (Foto de Aquiles Andino).

José Azcona, Julio Villalta, Danilo Aquino, Gilberto Ochoa, José Rischmagui, Rolando Maradiaga y Orlando Aguilar, discutiendo el presupuesto del C.O.H. (Foto de Aquiles Andino).

La Tribuna/17 de julio de 1987

HOY ES LA CENA DE GALA PRESIDENCIAL

Hoy 17 de julio se llevará a cabo en el Centro Social Metro la Cena de Gala Presidencial que año con año organiza la Cruz Roja Hondureña.

Este evento de gran realce estará presidido por el ingeniero José Azcona Hoyo y su esposa doña Miriam Bocock de Azcona, la presidenta de la benemérita institución Meneca de Mencía y la relacionadora pública doña Olga Inés de Villeda.

El cuerpo diplomático acreditado en nuestro país, candidatos presidenciales, miembros del gobierno y sociedad de Tegucigalpa están presentes en este acto social, cuyos fondos serán destinados a las necesidades de Cruz Roja.

La decoración está siendo elaborada por el Club de Jardinería de Tegucigalpa y la suculenta cena preparada por el Chef Benito Rodríguez de Metro.

Desde las 8 p.m. se espera que lleguen unas 800 personas a calorizar con su presencia este magno evento anual.

* El Ingeniero Azcona y su hija Lizi. (Foto Archivo)

El Heraldo/17 de julio de 1987

AZCONA LO DIJO: RECONCO

El diputado nacionalista Efraín Reconco Murillo reiteró que el presidente José Azcona manifestó que el pasado gobierno de Roberto Suazo Córdova recibió ocho millones de dólares para indemnizar a Temístocles Ramírez.

En vista de que la comisión especial que investiga el caso prolonga sus investigaciones, expresó, se enviará nota al presidente del Banco Central de Honduras, Gonzalo Carías Pineda, para que indique si efectivamente ingresó esa cantidad, quién los envió y así se sabrá qué destino tuvieron.

"Allí se confirmará si efectivamente la noticia es cierta o no porque no creo que el Presidente del Banco Central se va a prestar a emitir una mentira porque él depende del directorio y si miente estaría involucrando a su propio directorio", informó.

Reconco Murillo señaló que no quiere dar ningún calificativo al presidente Azcona, dada su alta investidura, "pero la noticia surgió de su propia voz, cuando él dio la información en la reunión que tuvimos el lunes en Casa de Gobierno, no en privado sino ante una gran cantidad de personas".

Enumeró que dan fe de lo anterior, entre otros, varios diputados de todos los partidos políticos, el jefe de las Fuerzas Armadas, general Humberto Regalado Hernández, el coronel Leonel Gutiérrez Minera, el canciller Carlos López Contreras y el Procurador General de la República, Rubén Zepeda.

"Menciono estos nombres y cualquier periodista tiene la oportunidad de entrevistar a estas personas que he mencionado para que confirmen si es cierto o no lo que he dicho", señaló.

Reconco Murillo declaró lo anterior en horas de la mañana, varias horas antes que el presidente Azcona calificara sus palabras como una falsedad, tal como se indicara el día anterior en un boletín oficial.

Sobre quién tiene la razón y la palabra de quién prevalecerá, Reconco Murillo dice que eso deberá juzgarlo el pueblo hondureño, "yo menciono nombres de personas que estuvieron presentes cuando el presidente de la República hizo esta aseveración y que juzgue el pueblo quién está mintiendo en este caso", acotó.

El diputado expresó que no entiende qué razones hayan inducido a Casa Presidencial a cambiar de opinión en cuanto a esa información y "sobre ese asunto no tengo ningún comentario", puntualizó.

La Tribuna/17 de julio de 1987

BANTRAL NO HA RECIBIDO $8 MILLONES PARA "TEMIS"

ACLARACIÓN PÚBLICA

A raíz de la noticia que aparece en el diario El Heraldo del día de hoy bajo el título "DESAPARECEN 8 MILLONES DE DÓLARES DEL BANTRAL" y la divulgación que en igual sentido se ha venido haciendo en otros medios de prensa, en referencia a declaraciones atribuidas al diputado Efraín Reconco Murillo, en torno al supuesto desembolso de ocho millones de dólares destinados por el Gobierno de los Estados Unidos de América para indemnizar al señor Temístocles Ramírez, y en las que se afirma que: "lo único que se sabe nada más es que se depositaron en el Banco Central de Honduras, pero que estos después fueron retirados y no se sabe a qué bolsas fueron a parar", consideramos oportuno y necesario aclarar a la opinión pública lo siguiente:

1)   Que el Banco Central de Honduras no ha recibido en depósito recursos provenientes de los Estados Unidos de América con el fin específico de indemnizar al señor Temístocles Ramírez o a sus empresas.

2)   Que los recursos que se asignan a Honduras dentro del Programa de Apoyo Económico de los Estados Unidos de América, son utilizados dentro de procedimientos claramente establecidos, que permiten en una primera etapa utilizar los dólares con fines de apoyo de balanza de pagos, para financiar el costo de importaciones provenientes de los Estados Unidos de América, y en una segunda etapa, los fondos generados en lempiras se utilizan a través de Cartas de Ejecución suscritas en forma conjunta por el Gobierno de Honduras y por la representación de la Agencia para el Desarrollo Internacional (AID) en nuestro país, no existiendo ninguna posibilidad de utilizar estos fondos sin la anuencia expresa de la AID.

Tegucigalpa, D.C., 16 de julio de 1987.

BANCO CENTRAL DE HONDURAS

La Tribuna/17 de julio de 1987

AZCONA LE HACÍA "CARIÑITOS", DIJO Y YA ESTÁ EN CORFINO

El Poder Ejecutivo por fin decidió la suerte del controversial ex-gerente del Ferrocarril Nacional, Pablo Romero, quien dentro de los próximos días pasará a ocupar la vice- presidencia de la Corporación Forestal Industrial de Olancho (CORFINO).

Romero fue nombrado ayer por la mañana asesor del Consejo Ejecutivo de CORFINO, en espera de que dentro de 15 días se reúna la asamblea general para elevarlo al cargo de vice presidente.

Romero sustituirá en dicho cargo a Francisco Fonseca, quien fue nombrado en 1983. La presidencia de CORFINO, que es más que todo nominativa, la ocupa el vice ministro de Hacienda, Carlos Xatruch. El cargo funcional será, entonces, el que ocupará Romero.

La asamblea de CORFINO la integran los delegados de los Ministerios de Hacienda y Recursos Naturales, Banco Central de Honduras, Instituto Nacional Agrario, Corporación Hondureña de Desarrollo Forestal y del sector privado.

Romero fue seleccionado para que ocupara la gerencia de la Empresa Nacional Portuaria en sustitución de Jorge Craniotis. Nunca se le nombró en el cargo por tener diferencias con los colaboradores del presidente José Azcona, quien lo acusó de hablar más de la cuenta, lo que reconoció Romero.

Azcona dijo que Romero no ocuparía ningún puesto en la portuaria porque "le fascinaba aparecer mucho en los periódicos y la televisión".

El frustrado funcionario dijo que los comentarios del presidente no le causan ningún malestar, "porque él lo hace sin ofender y son cariñitos que Azcona envía a su gente para que se corrijan cuando dan declaraciones a la prensa".

Aseguró que no le gusta aparecer en los medios de comunicación y que si ha alcanzado notoriedad se debe a su "carisma" entre los periodistas…

La Tribuna/18 de julio de 1987

PRESIDENTE AZCONA Y DOÑA MIRIAM ANFITRIONES DE LA FIESTA DE GALA

Gran entusiasmo existe entre el personal de la Cruz Roja Hondureña para lograr que la tradicional fiesta de Gala Presidencial, sea otro éxito social, la que se llevará a cabo en el Centro Social Metro, el próximo 17 de julio, amenizada por la Banca One, Banda de la Naval, también actuarán los conocidos artistas nacionales Gina Canales y Saúl.

La fiesta de gala será ofrecida por el señor presidente, ingeniero José Azcona y su esposa doña Miriam.

La Tribuna/17 de julio de 1987

AZCONA VIAJA MAÑANA

El presidente de la República, José Azcona, partirá el próximo domingo a Rochester, Minnesota, Estados Unidos de América, para someterse a un chequeo médico, informaron ayer portavoces de la Casa de Gobierno.

El secretario de prensa Lisandro Quezada dijo que el mandatario hondureño saldrá mañana y que su viaje durará tres días.

Quezada afirmó que el presidente se encuentra en perfectas condiciones de salud, pero que aprovechará el fin de semana "para hacerse un chequeo médico de rutina".

El mandatario viajará acompañado únicamente por su esposa, Miriam de Azcona y su edecán militar, teniente Jorge García. En su ausencia asumirá las funciones ejecutivas del designado Alfredo Fortín Inestroza.

La Tribuna/18 de julio de 1987

AZCONA DESMIENTE A DIPUTADO QUE SE PRETENDA REDUCIR 4 POR CIENTO

PUERTO CORTES. - Como especulaciones califica el presidente José Azcona lo dicho por el diputado Rolando Orellana, cuando denunció el desvío de mercancías importadas por la aduana de esta ciudad, con el objeto de reducir el 4 por ciento que legalmente corresponde al municipio de Puerto Cortés.

Según el presidente de la República, la denuncia no tiene ningún fundamento, transcribiendo el mensaje girado en el mes de julio del señor administrador de Aduanas y Rentas José Trinidad Fajardo, donde establece la cantidad de Lps. 31.747,575.33 que corresponden al mes de junio.

Asimismo, que los ingresos del mes de junio de 1986 fueron de 23 millones 805 mil 349 lempiras con 75 centavos que hacen una diferencia favorable a este año de 7 millones 942 mil 225 lempiras con 58 centavos.

Mientras tanto, el diputado Rolando Orellana Cruz al ser consultado señaló que "lo que establece el informe económico de la aduana no incluye los meses anteriores que fue donde se cometieron anormalidades para reducir los ingresos del 4 por ciento por esta aduana, cuando quiere dar a entender que no se está atentando contra el decreto que obliga a la Administración de Aduanas a dar ese porcentaje".

*Tiempo/*18 de julio de 1987

PRESIDENTE VIAJA A ESTADOS UNIDOS

TEGUCIGALPA. - El Presidente de la República partirá mañana a Estados Unidos en un viaje de tres días para realizarse un "chequeo" médico general, se supo oficialmente ayer en la casa de gobierno.

Azcona Hoyo permanecerá tres días en la ciudad de Rochester, estado de Minnesota, y su visita a esa ciudad no se había anunciado para evitar especulaciones, se informó.

El secretario de Prensa, Lisandro Quezada, principal vocero del mandatario, aclaró que el mandatario no adolece de ninguna enfermedad y que la gira más bien puede considerarse como familiar.

Sostuvo el funcionario que Azcona Hoyo no se reunirá con ningún representante del gobierno norteamericano.

El presidente saldrá a las ocho y media de la mañana del Aeropuerto Internacional de Toncontín acompañado de su esposa, Miriam de Azcona, de su edecán, teniente Jorge García, y de su médico particular, doctor Gonzalo Rodríguez, actual director del Instituto Hondureño de Seguridad Social.

La Prensa/18 de julio de 1987

PRESIDENTE A EUA PARA SOMETERSE A EXÁMENES

El presidente José Azcona Hoyo viajará mañana con destino al reputado Hospital de Rochester, Estados Unidos, para someterse a una serie de exámenes clínicos de rutina, según informó ayer el secretario de Prensa de la casa de Gobierno, Lisandro Quesada.

El vocero gubernamental sostuvo que los chequeos médicos del presidente se llevan a cabo "por consejos de sus amigos", con una duración máxima de tres días.

Azcona viaja acompañado de su esposa, Miriam, y de su edecán personal.

"El mandatario se encuentra en perfecto estado físico, pero sus amigos le hemos recomendado que se someta a exámenes médicos para confirmar esa afirmación", dijo Quesada.

Mientras dure el viaje del presidente, la Presidencia de la República será ejercida por el Designado Presidencial, Alfredo Fortín Inestroza.

El Heraldo/18 de julio de 1987

[Secretario de UNC]
AZCONA Y REGALADO DEBEN AMARRARSE BIEN PANTALONES

El gobernante hondureño, el jefe de las Fuerzas Armadas y el presidente del Congreso Nacional deben "amarrarse bien los pantalones y no dejárselos caer hasta los talones, opinó ayer el secretario general de la Unión Nacional de Campesinos (UNC), Víctor Inocencio Peralta, tras ser consulado sobre el caso "Temis".

Peralta sostuvo que la indemnización que reclama el personaje norteamericano Temístocles Ramírez de Arellano no amerita ni siquiera discusión, pues la Constitución de la República es clara al prohibir que los extranjeros posean tierras dentro de los 40 kilómetros del límite territorial.

125

El dirigente campesino precisó que la ayuda de 20 millones de dólares que le fue congelada a Honduras por parte del Congreso norteamericano, no debe ser tomada en consideración por las autoridades del país, quienes deben "amarrarse los pantalones" y no dejarse "humillar" por la administración Reagan.

De concretizarse la indemnización a favor de "Temis", Peralta advirtió que ello se podría convertir en un punto de partida que los campesinos utilizarían para abstenerse de cumplir algunos preceptos de carácter constitucional.

"Si ellos no respetan la ley, tampoco lo harían los campesinos" dijo el máximo dirigente de la UNC para agregar posteriormente que los aspirantes presidenciales del Partido Liberal deben pronunciarse en contra de esta pretensión para que puedan obtener el voto popular.

Finalmente, Peralta exhortó a los titulares de los poderes Ejecutivo y Legislativo, lo mismo que al jefe de las Fuerzas Armadas para que no permitan que el gobierno norteamericano los "humille", y añadió que la ayuda suspendida aun cuando viniera no le sirve a los campesinos, dado que solamente la utilizan para incrementar la burocracia.

El Heraldo/18 de julio de 1987

El domingo:
AZCONA VIAJA A MINNESOTA A SOMETERSE A UN CHEQUEO

TEGUCIGALPA. - El presidente José Azcona Hoyo viajará mañana a los Estados Unidos para someterse a un chequeo médico en el hospital de Rochester, Minnesota, anunció ayer el secretario de prensa, Lisandro Quesada.

El vocero del gobierno aseguró que el presidente Azcona se encuentra en "perfectas condiciones de salud, pero su familia y los amigos opinamos que como presidente de la República está obligado a chequearse para verificar que su salud efectivamente anda bien".

Indicó que Azcona permanecerá en los Estados Unidos unos tres días, y que no cree que pueda aprovechar su estadía en esa nación para entrevistarse con funcionarios de la administración Reagan, "porque éste es un viaje más o menos familiar, que lo va a aprovechar para someterse a un chequeo, puesto que allí hay una de las mejores clínicas de los Estados Unidos, como es el hospital Rochester".

El abogado Quesada manifestó que a cargo de la presidencia de la República probablemente quedará el designado Alfredo Fortín Inestroza, que sería la primera vez que el presidente Azcona lo deja en ese cargo, puesto que en los viajes que ha hecho al exterior siempre ha dejado al designado José Pineda Gómez. (TDG)

*Tiempo/*18 de julio de 1987

Al celebrar cosecha récord:

POLÍTICA CAFETALERA ESTARÁ DEFINIDA EN 1988, PROMETE J. AZCONA A PRODUCTORES

- *Honduras convertido en el décimo exportador de café*

TEGUCIGALPA. - Durante la celebración por la mayor cosecha de café recolectada en la historia del país se puso de relieve que Honduras se ha convertido en el 10mo. exportador de ese producto en el mundo, y el presidente José Azcona prometió terminar el proyecto de política cafetalera a más tardar el próximo año.

Los actos tuvieron lugar la noche del jueves en el antiguo local de "Chico Club", con asistencia de representantes de los diversos sectores de la industria caficultora, miembros del Congreso Nacional y del Cuerpo Diplomático.

Recibieron una distinción de manos del presidente de la República, Catarino Montoya, presidente de la Asociación Hondureña de Productores de Café (AHPROCAFE), Osmán Maduro presidente de la Asociación de Exportadores de Café de Honduras (ADECAFEH), Ramiro Rodríguez Lanza gerente del Instituto Hondureño del Café (IHCAFE) y Oscar Kafaty, presidente de la Asociación de Tostadores de Café de Honduras (TOSCAFEH).

"Tenemos un momento de júbilo porque estamos celebrando que por primera vez en Honduras la producción de café ha pasado de los dos millones de quintales", dijo el mandatario en su discurso.

Aunque en seguida lamentó que a la vez sea ésta una de las épocas peores en cuanto al nivel que experimentan los precios del producto en el mercado internacional.

Sin embargo, dijo que esto no debe desanimar a los productores y más bien "constituye un reto para seguir impulsando la producción, del café, uno de los primeros rubros en manos de hondureños".

Dentro de ese marco, dijo, se propone apoyar la culminación de la política cafetalera a más tardar el próximo año, a través de la cual se habrá de definir el impuesto de exportación, los incentivos a los productores y todo lo concerniente al rubro.

Catarino Montoya, por su lado, señaló en su presentación que no ha sido fácil lograr ese monto de producción de café, y destacó la labor de la asociación que él preside.

Recordó que la Asociación Hondureña de Productores de Café nació hace 20 años, y actualmente dispone de una estructura que se basa en 14 juntas departamentales, 157 juntas locales y más de 2.000 rurales, hasta en el último rincón cafetalero del territorio nacional.

Hizo énfasis también en los esfuerzos que se han desarrollado para promover la caficultura, y sobre todo la fundación del IHCAFE, a través del cual se han cumplido programas de investigación, ejecutado proyectos carreteros a zonas productoras y de diversificación de cultivos.

Manifestó que "esta institución autónoma se debe seguir apoyando para que siga dando el rendimiento que hoy estamos celebrando".

También elogió la labor del Banco Hondureño del Café (BANHCAFE) y la creación de la oficina HONDUCAFE en Londres, mediante la cual se siguen de cerca las negociaciones en la Organización Internacional del Café (OIC).

Pidió la colaboración del presidente para estructurar "una verdadera política cafetalera", antes de que culmine el período del ingeniero José Azcona Hoyo en enero del 90.

HONDURAS DÉCIMO PRODUCTOR

En su intervención, Osman Maduro, de ADECAFEH, dijo que su organización "se siente orgullosa de representar al país en la comercialización internacional, donde hemos alcanzado el 10mo. lugar como exportador entre los miembros de la OIC".

Aseveró que "durante el año cafetalero que terminó en septiembre de 1986, Honduras fue el país de mayor crecimiento de sus exportaciones en el mundo, lo cual fue importante debido que nos encontramos en un mercado sin cuotas".

En relación a la calidad, subrayó que también ocupa uno de los primeros lugares en el mundo, razón por la cual presentó una excitativa a los representantes del Cuerpo Diplomático presentes en la celebración a que soliciten apoyo para Honduras, al momento de negociarse las cuotas.

Ramiro Rodríguez Lanza indicó que el café se ha convertido en el primer rubro del país en términos de la captación de divisas e ingresos fiscales.

Apuntó que los productores deberían desarrollar esfuerzos a no expandir las áreas de cultivo del café sino a mejorar la productividad de las zonas cultivadas, buscar fórmulas para luchar contra las plagas.

Dijo que el IHCAFE ha logrado mucho en ese aspecto a través de los programas de investigación, pero a la vez señaló que "si bien el café de Honduras se caracteriza como uno de los mejores, también es cierto que ha llegado la hora de poner mucho mayor esfuerzo para mejorar la calidad".

Por último, el gerente del IHCAFE indicó que lo más importante del café es que está en poder de unos 50.000 productores, de los cuales 48.000 son "muy pobres, pero que hacen posible que ahora estemos celebrando la producción de más de dos millones de quintales".

Entre tanto, Oscar Kafaty puso énfasis en que a pesar de que en algunos momentos el café ha experimentado alzas en el precio dentro del mercado internacional, a nivel interno ha mantenido los niveles.

Ese fenómeno lo explicó desde la perspectiva de la decisión de los tostadores y del gobierno, así como de los productores que hacen las entregas para el mercado nacional a precios inferiores a los del mercado externo (NL).

El presidente José Azcona al momento de pronunciar su discurso, y a su izquierda la mesa principal de la festividad.

El presidente del Congreso Nacional, Carlos Montoya, el designado Alfredo Fortín, el vice-canciller Guillermo Cáceres Pineda y el ministro asesor Carlos Falk, entre la numerosa concurrencia de la celebración.

El presidente José Azcona al momento de entregar el reconocimiento al máximo líder de la AHPROCAFE, Catarino Montoya.

*Tiempo/*18 de julio de 1987

PRESIDENTE AZCONA HACIA ESTADOS UNIDOS

El presidente Azcona y su esposa Miriam de Azcona se despiden de sus hijos Lizy y José en la pista del Aeropuerto Toncontín, momentos antes en que el mandatario abordara una aeronave que lo condujo hacia Estados Unidos, en donde permanecerá hasta el próximo fin de semana para someterse a una revisión médica "de rutina". (*Foto Salinas*).

*La Prensa/*20 de julio de 1987

MISIÓN BAUTISTA EXPONE ACTIVIDADES A AZCONA

Representantes de la Misión Bautista, Médicos Dental de Honduras, se entrevistaron con el presidente José Azcona a fin de exponerle las actividades que esta benéfica organización realiza en Honduras.

El reverendo Lilan Hogan y la señora Carolina Harrington fueron recibidos en audiencia especial por el titular del Ejecutivo, a quien le hicieron entrega de un recuerdo, para patentizarle su agradecimiento por la deferencia del presidente hondureño quien también se interesa en sus actividades.

La señora Harrington manifestó que en su plática con el presidente Azcona trataron sobre "los problemas de las distintas comunidades del país y de nuestro interés para ayudar en lo que podamos, a fin de donar medicinas y ayuda médico dental a esas personas que tanto necesitan atención, al igual que a la Junta Nacional de Bienestar Social, a la cual reiteramos nuestra asistencia".

En proyección a estas tareas, Harrington informó que en el transcurso del año llegarán al país unos 600 voluntarios norteamericanos que trabajarán en distintas comunidades del país. Señaló que la labor de educación que han proyectado se basa en forma específica en dar ayuda médica contra parásitos y dotación vitamínicas, lo que ha permitido mejorar la condición física de las personas.

La Tribuna/20 de julio de 1987

AZCONA NO HEREDARÁ PROBLEMA DE "TEMIS"

SAN PEDRO SULA. - El presidente José Azcona Hoyo no tendrá que heredar el problema de Temístocles Ramírez a quien lo sustituya en la presidencia porque el Congreso Nacional dejará resuelta esa situación, aseguró el diputado nacionalista Oscar Madrid Turcios.

La posición de los 63 miembros de la bancada nacionalista será apoyar el dictamen de la comisión nombrada en el parlamento para que emitiera un dictamen sobre la indemnización que exige el puertorriqueño.

Como se sabe, esa comisión recomendó al Congreso que no se pague ni un solo centavo, pues más bien había violado las leyes del país al detentar ilegalmente territorio soberano de Honduras.

La única situación que preocupa a la bancada nacionalista es que, si se mantiene firme el dictamen de la comisión del Congreso de no indemnizar, Honduras tendría que retirarse de la Iniciativa para la Cuenca del Caribe, ya que el expresidente Roberto Suazo Córdova emitió un acuerdo comprometiéndose a indemnizar al puertorriqueño o de lo contrario sometía al país al margen de los supuestos beneficios de la ICC.

El diputado nacionalista, Efraín Reconco Murillo, miembro de la comisión, nos explicó las consecuencias negativas que podría sufrir el país si nos retiramos de la ICC, porque hay grandes proyectos que benefician a Honduras y al resto de Centro América, según Oscar Madrid Turcios.

Madrid Turcios confía que la tregua que dio el Congreso a la comisión que emitió el dictamen para que negocie la situación con el presidente Azcona, se puede encontrar una solución que no afecte los intereses soberanos del país, pero, en todo caso, la mayoría de los 134 diputados están a favor que no se pague ni un solo centavo a Temístocles Ramírez (DRM).

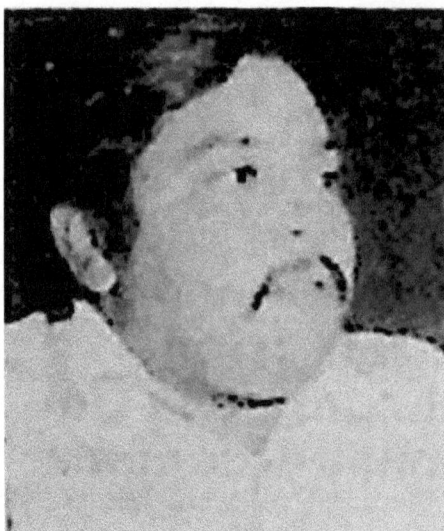

OSCAR MADRID

Tiempo/20 de julio de 1987

VIAJA AZCONA HACIA E.U.

TEGUCIGALPA. - El presidente José Azcona Hoyo viajó ayer a las ocho de la mañana en una línea comercial con destino a Rochester, Estados Unidos, para someterse a un chequeo médico calificado como "rutinario".

El gobernante llegó a la terminal aérea de Toncontín minutos después de las 7 acompañado de su esposa Miran y sus hijos Lizy y José que despidieron a sus padres, quienes permanecerán en la ciudad del Estado de Minnessota durante cinco días.

Entre los funcionarios que llegaron a despedirles se encontraban el ministro de Hacienda y Crédito Público, Efraín Bú Girón, y el director del Instituto Nacional Agrario, Mario Espinal.

Por su parte, el jefe de las Fuerzas Armadas, Humberto Regalado Hernández, designó para tal fin al comandante de la Fuerza Aérea Hondureña, Edgardo Mejía, quien dialogó unos instantes con el mandatario.

El anuncio relacionado al viaje del presidente fue tomado con sorpresa, ya que dos días antes sus voceros oficiales informaron sobre el particular, sin embargo, indicaron que se trata de un "chequeo rutinario".

Azcona se notaba tranquilo y con buen estado físico al reiterarle a sus cercanos colaboradores que retornaría al país el próximo fin de semana, aunque no se precisó exactamente la fecha.

Uno de los problemas en cartera que deja el presidente y que seguramente tendrá que enfrentar nuevamente cuando ingrese a la nación es el controversial caso del portorriqueño Temístocles Ramírez de Arellano.

El gobernante se encamina a la aeronave junto a su esposa Miriam. Hasta San Pedro Sula fueron acompañados por el Designado Presidencial Jaime Rosenthal Oliva.

La Prensa/20 de julio de 1987

PRESIDENTE DE BANADESA OPTIMISTA ANTE LA PRODUCCION DE CAFE

A dos millones de sacos de café ascendió la cosecha de este producto durante este año informó el presidente de la Asociación Hondureña de Productores de Café (AHPROCAFE).

Por tal razón, la junta directiva del Banco Nacional de Desarrollo Agrícola (BANADESA) se siente satisfecha por tales resultados, ya que es la mayor producción recolectada en la historia del país.

BANADESA felicita al sector cafetalero del país por los esfuerzos realizados durante la pasada cosecha. Considerando que el café es uno de los rubros de mayor importancia para Honduras, el banco seguirá concediendo préstamos a este sector a través del "Fideicomiso IHCAFE" en la medida que sus fondos se lo permitan dijo el presidente ejecutivo del BANADESA, J. Armando Erazo M.

El presidente José Azcona pronuncia su discurso en los actos del jueves pasado en Chico Club durante la celebración de la mayor cosecha del café.

CONMEMORAN CESE AL FUEGO

La paz se construirá cuando haya justicia, advierte el sacerdote

Las Fuerzas Armadas conmemoraron con una misa de campaña en el parque "El Soldado", de El Obelisco, el cese de fuego decretado por la OEA tras la agresión del ejército salvadoreño el 14 de julio de 1969, con saldo de unos 5.000 muertos entre civiles y militares de los países.

Asistieron al acto litúrgico, los presidentes de los poderes Ejecutivo y Judicial, José Azcona y Salomón Jiménez Castro, el jefe de las Fuerzas Armadas, general Humberto Regalado Hernández, altos oficiales del instituto castrense, funcionarios del gobierno, diputados, diplomáticos, invitados especiales, siendo notoria la ausencia del presidente del Poder Legislativo, Carlos Montoya.

El sacerdote Foster Cerda, encargado de oficiar la misa de campaña, significó que ofrecía la eucaristía por el eterno descanso de tantos hombres que han entregado y entregaron su vida, recordando que "es el momento, también, para reflexionar cada uno de nosotros a la luz de la Palabra y a la luz del Mensaje".

"Por tanto, dijo, es el momento para preguntarnos: la construcción de la paz depende de cada uno de nosotros, y la construcción de la paz ha de estar ante todo en el alma, en el corazón de cada uno de nosotros, ya que es de aquí donde va a nacer esa palabra y de donde va a brotar esa semilla inmensa de la cual se nos habla hoy, que es la paz".

Y luego añadió: la paz es una palabra tan pequeña como un granito de mostaza, pero que, si empieza a fructificar y a crecer, llegará a dar frutos tan grandes que podrán venir tantos otros a posarse en ella y vendrán a poner sus nidos los pájaros del cielo.

Estas figuras, agregó, son para indicarnos que cada uno de nosotros está llamado a construir, primero en su corazón, la paz, el perdón y el amor, y habitando estos sentimientos en el corazón de cada uno de nosotros, esto seguirá creciendo en nuestra familia, en la sociedad, en toda nuestra querida Honduras, en Centroamérica y en todo el mundo.

Pero la paz se va a construir, acentuó, cuando haya justicia y amor, porque iremos tomando conciencia y pensando que estamos construyendo la sociedad del amor, que significa pensar en el bien de los demás, actuar por los demás y entregarnos por los demás.

Durante la solemne misa tuvieron destacada participación la soprano portorriqueña Lucy Agosto y el coro de la Universidad Nacional (UNAH), que al término del acto fueron calurosamente felicitados por el presidente Azcona y el general Regalado Hernández.

Durante la misa de campaña figuran en la primera fila, de izquierda a derecha, los coroneles Leonel Aquiles Riera Lunatti, Carlos Humberto Reyes Barahona y Wilfredo Sánchez; el general Humberto Regalado Hernández, el presidente José Azcona, Salomón Jiménez Castro y el coronel Luis Alonso Cardona Macias. (*Foto Aquiles Andino*)

El sacerdote Foster Cerda dijo que ofrecía la eucaristía por el eterno descanso de tantos hombres que han entregado y entregaron su vida. (*Foto de Aquiles Andino*).

Momentos en que ingresaban el presidente José Azcona y el jefe de las Fuerzas Armadas, acompañados por la alta oficialidad. (*Foto de Aquiles Andino*)

La Tribuna/20 de julio de 1987

UNIDAD ENTRE PUEBLO, GOBIERNO Y FF.AA. PIDE MARIO AMAYA

El comandante del XII Batallón de Infantería, de Copán, coronel Mario Amaya Amaya, demandó que "en estas difíciles horas de crisis y de amenazas foráneas, que atentan contra nuestra tranquilidad y el sistema democrático, debemos todos reflexionar con una verdadera conciencia ciudadana, anteponiendo los sagrados intereses de la Patria".

Aseguró que "pueblo", gobierno y Fuerzas Armadas, unidos en un solo haz de voluntades, estamos obligados a consolidarnos graníticamente, para cumplir con la misión de defender nuestra tierra".

Lo anterior fue expresado por el coronel Amaya Amaya con motivo de la celebración del Vigésimosexto Aniversario de esa importante unidad militar, puntualizando que "los que vestimos el uniforme somos fiel expresión de nuestros hermanos campesinos".

La Tribuna/20 de julio de 1987

Pospuesto juicio en la Haya

El canciller Carlos López Contreras, aseguró que fue a petición de Honduras que se pospuso la fecha del inicio del juicio con El Salvador en la Corte Internacional de Justicia de la Haya.

Explicó que "nosotros en el mes de octubre ventilamos la fase oral del juicio sobre competencias con la República de Nicaragua, y los asesores con los mismos para ambos juicios".

En otro orden, dijo que aún no existe una fecha determinada para la celebración de reuniones de cancilleres previa a la cumbre de presidentes del 6 y 7 de agosto en Guatemala.

Sin embargo, señaló que confía que las reuniones de cancilleres, acordadas por los mandatarios de Guatemala y Honduras, tendrán que realizarse, por lo que "esperamos que haya una disposición de los demás gobiernos, ya que nosotros hemos ofrecido participar en cualquier lado, como para ser anfitriones".

La Tribuna/20 de julio de 1987

INGRESO MASIVO DE REFUGIADOS "NICAS" INSPECCIONA EL ACNUR

Con vistas a solucionar en el terreno de los hechos el ingreso masivo de refugiados en los campamentos de Jacaleapa y Teupasenti, El Paraíso, se encuentra en aquel sector una comisión de funcionarios del Alto Comisionado de las Naciones Unidas para los Refugiados (ACNUR).

Encabeza la delegación el representante de ACNUR en Honduras, Waldo Villalpando; el representante adjunto, Sergio Malet, el Oficial Mayor del Ministerio de Gobernación y Justicia, Ramón Cálix Figueroa, y el representante de la Comisión Nacional para Refugiados, coronel (r) Abraham García Turcios.

Al respecto, García Turcios señaló que la solución tal vez sería buscar una ampliación a los propios campamentos, ya que los existentes en esa zona se encuentran sobresaturados.

"Este es un problema que hay que afrontarlo y esperamos salir avantes en el transcurso del año", apuntó.

Villalpando afirmó que los nuevos refugiados no son gente que viene de Nicaragua, sino que ya estaba en Honduras, "y de hecho ACNUR está absorbiendo población ambulante nicaragüense que estaba en la zona y que ahora está bajo nuestra asistencia y control".

Empero, señaló que tal situación probablemente signifique un aumento del presupuesto, "pero el ACNUR está trabajando prácticamente con límites económicos, porque estamos con el techo".

El aumento de refugiados, precisó, no crea más problemas que los sociales propios de incorporación de nuevas gentes a grupos ya armados y organizados, porque en los campos hay talleres de trabajo, tierras agrícolas, clases de educación primaria, etcétera.

Villalpando subrayó que los refugiados ladinos son mucho más reticentes a la repatriación, porque persiste el conflicto en sus lugares de origen, y que, por el contrario, los misquitos están retornando en una cantidad muy grande, ya que en los primeros seis meses de este año han vuelto más de 1.500, al igual que salvadoreños que en el mismo lapso han regresado 700.

Por otra parte, apuntó que para finales del presente mes está prevista una reunión tripartita de los gobiernos honduro-salvadoreño y el ACNUR para tratar el problema de los refugiados salvadoreños, que en número de 4.000 están pidiendo una serie de garantías, lo cual corresponde al gobierno de El Salvador dar la respuesta pertinente.

La Tribuna/20 de julio de 1987

PESIMISTAS PERSPECTIVAS DEL CAFE

- *Precio descendió de más de dos dólares la libra a sólo uno*

BOGOTA, 18 (EFE). - Los países productores de café dejarán de percibir este año 7.000 millones de dólares por la caída de los precios del grano, dijo el presidente de la Asociación de Exportadores de Café de Colombia, Gilberto Arango Londoño.

El precio del café en los mercados mundiales descendió de más de dos dólares por libra a uno en los últimos doce meses, y las perspectivas según Arango, son pesimistas.

"Este es un gravísimo golpe, no sólo para los modestos planes de progreso en que se han empeñado (los países productores), sino también para las posibilidades de que puedan atender sus respectivas deudas", agregó el dirigente cafetero colombiano.

Considera Arango que mientras el precio del café no sobrepase el dólar y medio por libra, las naciones exportadoras seguirán condenadas a languidecer en su bajo nivel la subsistencia, alimentando el caldo de cultivo de las revoluciones violentas.

El presidente de la Asociación de Exportadores de Café de Colombia atribuyó la situación, principalmente, a la gran cosecha brasileña 1987-88 con 35 millones de sacos de 60 kilos, que representa un aumento de diez millones de sacos sobre lo normal.

Agregó Arango que si en septiembre no se logra en la reunión ordinaria de la Organización Internacional del Café, en Londres, un acuerdo para volver al sistema de cuotas de exportación, seguirá el mercado deprimido por la sobreoferta y continuarán cayendo los precios.

Brasil y Colombia son los mayores productores mundiales de café, con la mitad del grano colocado en los mercados internacionales.

La cosecha cafetera mundial 1987-88 se estima en 98,7 millones de sacos (seis millones de toneladas), de los cuales 73,2 millones están destinados a la exportación, frente a un consumo de 69,1 millones de sacos.

La cosecha cafetera colombiana 1987-88 se calcula en 10,5 millones de sacos.

En Tegucigalpa fue celebrada la cifra récord en la producción de café: La mesa principal estuvo integrada por el presidente José Azcona, Catarino Montoya de la AHPROCAFE, Ramiro Rodríguez Lanza, de IHCAFE, Osman Maduro, presidente de los exportadores, el ministro de Economía, Reginaldo Panting y el presidente de los Torrefactores, Oscar Kafati.

La Tribuna/20 de julio de 1987

CONTRAS Y REFUGIADOS INCREMENTAN INCENDIOS
COMUNICADO

La Corporación Hondureña de Desarrollo Forestal (COHDEFOR) a través de sus nueve regiones en todo el país combatió 2 mil 344 incendios forestales del mes de enero a junio del corriente año, los cuales quemaron más de 142 mil hectáreas de bosque pinar.

En la región forestal La Mosquitia debido a factores tales como las condiciones climáticas severas que prevalecieron durante el período seco, y el alto riesgo existente por la presencia de refugiados y contras, se quemaron 115,014 hectáreas.

Exceptuando La Mosquitia se combatieron 2,287 incendios forestales, quemando un área estimada de 27,667 hectáreas, significando lo anterior una reducción en un 15 por ciento de la incidencia de incendios y un 23 por ciento en el área quemada en relación a los resultados del año anterior.

Trabajaron 177 cuadrillas de combate con un promedio de 8 hombres cada una, 925 vigilantes ambulantes, 62 torres de observación o localización de incendios, 44 comités de defensa, participaron las autoridades municipales, las Fuerzas Armadas y el Programa Mundial de Alimentos (P.M.A).

Las causas de los incendios forestales en su mayoría fueron provocadas intencionalmente, por maldad, descuido o con fines de lucro en la quema de pastos y quemas agrícolas. Clasificándose las tres causas principales: incendiarios, ganaderos y agricultores. COHDEFOR jamás inició ningún incendio forestal, al contrario, los combate en toda la república con el apoyo de las autoridades civiles, militares y público en general.

OFICINA DE RELACIONES PÚBLICAS/COHDEFOR

La Tribuna/20 de julio de 1987

POCA ACTIVIDAD EN CASA PRESIDENCIAL

TEGUCIGALPA. - Ni las personas desempleadas, que a diario acuden a la Casa de Gobierno a pedir recomendaciones para lograr un puesto de trabajo, llegaron ayer en su número acostumbrado, al enterarse de la ausencia del mandatario José Azcona Hoyo quien permanece en Estados Unidos desde el domingo.

La titularidad del ejecutivo la asumió ayer el designado presidencial José Pineda Gómez quien, a juzgar por las actividades observadas, fue muy poco el trabajo que realizó durante el día.

En horas tempranas de la mañana el presidente por ley ingresó a la Casa de Gobierno rodeado de la respectiva escolta de seguridad que lo fueron a traer a su casa de habitación en el barrio La Hoya, de Tegucigalpa, iniciando desde ahí el recorrido a la sede del ejecutivo mientras hacían sonar las sirenas y las motorizadas lo que no es muy usual en el Presidente Azcona.

La residencia de Pineda Gómez es mantenida bajo la custodia de dos efectivos del Ejército apostados a cada extremo del pasillo, pero una vez que el presidente por ley regrese, ambos militares se retirarán del lugar.

La Casa de Gobierno permaneció paralizada en su actividad durante casi todo el día, pues ni siquiera los desocupados que normalmente se apersonan en búsqueda de ayuda para solucionar sus problemas de trabajo, se hicieron presentes.

Sólo hubo una reunión en las oficinas del ministro asesor Carlos Falk entre representantes del Ministerio de Hacienda y del Banco Central de Honduras que continuaron analizando el programa económico mediante el cual se piensan ejecutar una serie de actividades orientadas a mejorar la economía nacional.

Azcona Hoyo partió el domingo a la ciudad de Rochester, Estado de Minessota, Estados Unidos, para hacerse una revisión médica y su retorno está previsto para finales de semana.

Cuando el presidente Azcona Hoyo se encuentra en su oficina son decenas de personas que acuden a la Casa de Gobierno en busca de ayuda pero ayer la sede del ejecutivo permaneció poco concurrida.

*La Prensa/*21 de julio de 1987

PRESIDENTE RECIBE ALUMNOS Y MAESTROS DEL MUNICIPIO DE SAN BUENAVENTURA

Alumnos de las escuelas José Trinidad Cabañas, de San Buenaventura, Pedro Nufio, de El Calvario, Francisco Morazán, de Las Crucitas, Medardo Barahona, El Guanacaste, Marcos Carías Reyes, de El Horno, Dionisio de Herrera, de Los Mezcales, tuvieron la oportunidad de visitar la Casa Presidencial y departir con el ciudadano presidente José Azcona.

El mandatario hondureño continúa su política de abrir las puertas de la presidencial a los menores estudiantes para que tengan la oportunidad de conocer la más importante oficina del gobierno y lo que es más relevante aún, que tengan un contacto personal con el Presidente de Honduras.

Todas las escuelas antes mencionadas pertenecen al municipio de San Buenaventura, Francisco Morazán.

El presidente José Simón Azcona posa en frente del despacho presidencial con maestros y alumnos de las escuelas del municipio de San Buenaventura, Francisco Morazán. (*Foto Aulberto Salinas*).

La Prensa/22 de julio de 1987

PRESIDENTE AZCONA ASISTE A LA PRIMERA EXPOSICION TURISTICA

Con la colaboración de la empresa privada nacional, el Instituto Hondureño de Turismo, bajo la dirección de Melissa Valenzuela, festejó la presentación de la Primera Exposición Turística Nacional, en las instalaciones del Ministerio de Cultura y Turismo.

El evento contó con la presencia del señor presidente de la República, José Simón Azcona, gabinete de gobierno, cuerpo diplomático e invitados especiales. Constituyó un rotundo éxito, pues hasta Tegucigalpa llegaron también las más altas autoridades del turismo centroamericano, encabezadas por el ministro de Turismo de Nicaragua, Hearty Lewites; de Turismo de El Salvador, licenciado Ricardo Trujillo; directora de turismo de Guatemala, licenciada Beatriz Zúñiga.

Centenares de capitalinos tuvieron la oportunidad de admirar y disfrutar de las delicias que en tan significativa noche se ofrecieron a granel a los visitantes.

Hubo derroche de música, interpretaciones artísticas de los cuadros de SECTUR y exquisitas bebidas espiritosas y dulces, lo mismo que deliciosas comidas típicas e internacionales, preparadas por expertos de los más acreditados hoteles de la capital.

El presidente Azcona, su esposa y funcionarios de SECTUR admiran trabajos hechos en coral por los isleños. (*Foto Salinas*).

A su llegada a SECTUR, el presidente recibe algunos "souvenirs". (*Foto Salinas*).

A su llegada al edificio de Cultura y Turismo, el ingeniero Azcona, presidente de la República, fue recibido por las más altas autoridades de esa Secretaría de Estado. En la gráfica, estrechando la mano de la Directora de Turismo, Melissa Treffot. (*Foto Salinas*)

El gobernante hondureño, José Simón Azcona, su señora esposa, los titulares de Cultura y Turismo, posan con la bellísima Yadira Bendaña, Miss Turismo de Honduras.

La Prensa/21 de julio de 1987

EXITOSA LA CENA DE GALA PRESIDENCIAL

Pequeño resultó el centro social "Metro" para la numerosa concurrencia que asistió a la Cena de Gala Presidencial de la Cruz Roja Hondureña el pasado viernes por la noche.

El evento fue encabezado por el excelentísimo presidente con constitucional de la República, Ingeniero José Azcona y su esposa, la primera dama de la nación, Miriam Bocock de Azcona.

El mandatario y la primera dama fueron acompañados en la Mesa Principal por el Consejo Nacional de Cruz Roja, presidido por Doña Meneca de Mencía.

La fiesta fue amenizada por la Banda "One" y la orquesta de la Banda Naval de Amapala, que con su amplio repertorio animaron horas de baile que perdurará en el recuerdo de muchos asistentes.

La Banda Naval causó mucha admiración por el acoplamiento logrado por sus miembros.

Destacados empresarios y profesionales de nuestro mundo social asistieron a la cena de gala, lo mismo que, el cuerpo diplomático y el gabinete de gobierno.

Durante la cena fueron presentados por el maestro de ceremonias, Salvador Nasralla, los cantantes Gina Canales y Esau Beson, que con sus interpretaciones hicieron más amena la celebración.

El Club de Jardinería de Tegucigalpa, se lució en la decoración de "Metro", por la originalidad y belleza de los arreglos florales.

Sin lugar a dudas la Cena de Gala Presidencial fue nuevamente un éxito social y económico para la Cruz Roja Hondureña, institución que realiza diferentes actividades en la recaudación de fondos con el propósito de desarrollar sus programas de asistencia social.

El anfitrión de la Cena de Gala Presidencial, ingeniero José Azcona y su esposa, Doña Miriam, acompañados en la mesa principal del Consejo Nacional de Cruz Roja.

144

Jóvenes socorristas voluntarios ayudaron en todo momento a la actividad de recaudación de fondos.

El canciller doctor Carlos López Contreras y su esposa, la licenciada Armidita Villela de López Contreras, al ritmo de una sabrosa salsa.

El ingeniero José Azcona, Presidente Constitucional de la República, disfruta junto a su esposa, doña Mirian de Azcona.

El abogado José Pineda Gómez, designado a la Presidencia de la república, el doctor Rubén Villeda Bermúdez, ministro de Salud y Asistencia Social y el doctor Ernesto Paz Aguilar, departen en amena plática.

*La Tribuna/*21 de julio de 1987

PRESIDENTE AZCONA ASISTE A
LA PRIMERA EXPOSICION TURISTICA

Con la invalorable colaboración de la empresa privada nacional, el Instituto Hondureño de Turismo, bajo la dirección de Melissa Valenzuela, fue posible la presentación de la Primera Exposición Turística Nacional, en las instalaciones del Ministerio de Cultura y Turismo.

El evento, que contó con la presencia del señor presidente de la República, ingeniero José Simón Azcona, gabinete de gobierno, cuerpo diplomático e invitados especiales, constituyó un rotundo éxito, pues hasta Tegucigalpa llegaron también las más altas autoridades del turismo centroamericano, encabezadas por el ministro de Turismo de Nicaragua, licenciado Hearty Lewites, director de Turismo de Costa Rica, licenciado Agustín Monge Puick, director de Turismo de El Salvador, licenciado Ricardo Trujillo, directora de Turismo de Guatemala, licenciada Beatriz Zúniga, faltando únicamente el de Panamá que se excusó.

Centenares de capitalinos tuvieron la oportunidad de admirar y disfrutar de las delicias que en tan significativa noche se ofrecieron a granel a los visitantes.

Hubo derroche de música, interpretaciones artísticas de los cuadros de SECTUR y exquisitas bebidas espirituosas y dulces, lo mismo que deliciosas comidas típicas e internacionales, preparadas por expertos de los más acreditados hoteles de la capital.

EL INFOP, la United Fruit Company y los hoteles CENTENARIO, HONDURAS MAYA, LA RONDA, PRADO, PLAZA, ALAMEDA y otros de igual importancia, contribuyeron notablemente al éxito de lo que en su momento se denominó: EL TURISMO COMO INDUSTRIA DE EXPORTACION Y PILAR DEL FUTURO DESARROLLO DE HONDURAS, un acontecimiento que ha dejado huellas imborrables de una auténtica noche catracha.

El gobernador hondureño, José Simón Azcona, su señora esposa, los titulares de Cultura y Turismo, posan con la bellísima Yadira Bendaña, Miss Turismo por Honduras.

A su llegada al edificio de Cultura y Turismo, el ingeniero Azcona, presidente de la República, fue recibido por las más altas autoridades de esa Secretaría de Estado. En la gráfica, estrechando la mano de la directora de Turismo, Melissa Valenzuela Treffot.

Una panorámica de la exposición turística que se organizó el pasado fin de semana, en el interior del Ministerio de Cultura y Turismo, con la asistencia del ciudadano presidente de la República, ingeniero José Simón Azcona y ejecutivos ministeriales.

*La Tribuna/*22 de julio de 1987

PUN quiere mantener dividido al PL

- *Sería inconcebible compromiso oscuro del TNE para prorrogar elecciones internas*

El dirigente del Movimiento Liberal Florista, Rafael Pineda Ponce, señaló que la imposibilidad de celebrar los comicios internos el próximo 6 de septiembre, manifestada por algunos miembros del Tribunal Nacional de Elecciones (TNE) sólo se debe a la falta de previsión de ese organismo.

De conformidad con la ley, señaló, el TNE sólo tramita la convocatoria respectiva una vez que la Comisión Nacional Electoral del Partido Liberal fijó la fecha para celebrar los comicios internos. Entonces, el organismo electoral sólo tiene como opción convocar y agenciarse los medios y multiplicar las horas de trabajo.

Expresó que se resiste a pensar que un organismo tan serio y de tanta responsabilidad en la vida del país "pudiera estar en manipuleos a espaldas del pueblo liberal".

Pineda Ponce agregó que los miembros del TNE le merecen como personas todo el respeto y consideración y "sería inconcebible que hubiera un compromiso oscuro u ocultamiento en este tribunal constitucional, establecido para garantizar los procesos electorales y la práctica misma de las elecciones".

JUEGO AL "PUN"

"Yo me resisto a creer que los miembros del TNE desean estarle haciendo el juego al pacto Montoya Callejas para mantener al Partido Liberal dividido, fraccionado y en permanente actividad proselitista", afirmó.

Esta situación dijo, genera "un enorme desgaste tras desgaste de los recursos, de la energía y del tiempo, tanto del pueblo como de los aspirantes".

Asimismo, apuntó que el argumento de que no hay fondos "tampoco es una excusa válida" y si los comicios pueden costar medio millón o un millón de lempiras "un decreto lo arregla. Las transferencias se hacen en menos de 24 horas".

Bastarán "tres sesiones seguidas del Congreso y problema resuelto", apuntó.

Desde que se hicieron las reformas a la Ley Electoral, indicó, era deber del tribunal electoral abocarse al estudio de los posibles plazos y acciones que deberían ejecutarse.

Recordó que el propio presidente José Azcona ha manifestado que las elecciones liberales deben realizarse "al mayor breve plazo e inclusive él ha señalado que se celebren el 6 de septiembre próximo".

Consultado si cree que haya una confabulación del TNE o de la mayoría de los miembros con el Pacto de Unidad Nacional (PUN), Pineda Ponce expresó que "los miembros del TNE, aunque ya en ejercicio de sus cargos deberían ser ajenos a las disputas políticas, el origen de sus funciones está precisamente en los grupos de poder actual".

"Ya se vio con qué facilidad plantearon la imposibilidad de ir a elecciones municipales para dar gusto a caprichos ya preestablecidos de las dos corrientes que manipulan el poder en este momento" la de Carlos Montoya y de Rafael Leonardo Callejas, concluyó.

RAFAEL PINEDA PONCE

La Tribuna/22 de julio de 1987

NICOLÁS: ESTANCADO EL CARRO DE AZCONA

"El vehículo de la administración pública se ha quedado a medio camino y es que el presidente José Azcona actúa con desgano debido a la falta de apoyo de sus propios colaboradores", afirmó ayer el diputado nacionalista Nicolás Cruz Torres.

Analizando la problemática nacional y sobre todo la administración liberal, Cruz Torres afirmó que parte de su estancamiento se debe a la campaña política prematura dentro del Partido Liberal. "Eso ha hecho que las energías gubernamentales no se utilicen, precisamente, para una mejor administración, indicó, sino para continuar haciendo proselitismo.

Esto ha venido a crear contrariedad y desconfianza de parte del pueblo hondureño, agregó, que desearía tener una administración que se dedicara a velar por los intereses del pueblo y a atender los problemas nacionales, regionales y locales que en estos momentos afligen los bolsillos de todos los hondureños.

Cruz Torres reiteró que el Partido Nacional está retirado de toda responsabilidad dentro del actual gobierno "y es responsabilidad exclusiva del Partido Liberal el éxito o el fracaso del presente gobierno".

El Partido Nacional, agregó, "se encuentra en estos momentos en una oposición total, una oposición reflexiva y eso lo demuestra las posiciones adoptadas en el Congreso Nacional en donde por respeto a la soberanía nacional nuestros diputados se oponen al pago de indemnizaciones al filibustero Temístocles Ramírez".

Cruz Torres recalcó que los colaboradores cercanos del presidente Azcona no le ayudan en su tarea administrativa "y de ahí que encontramos a un mandatario muy desganado en el ejercicio de la administración pública, qué es la más alta responsabilidad que le dio el pueblo hondureño a través de las elecciones".

"Pero también este desgano, recalcó, podría tener su base en el hecho del poco apoyo que recibió Azcona en las pasadas elecciones, donde Callejas sacó cerca de 650 mil votos y el ingeniero Azcona sólo 425 mil".

Cruz Torres puntualizó que "un carro agarra velocidad al principio, para subir una cuesta, pero el de Azcona a estas alturas se ha quedado estancado y esta situación es la que produce desconfianza en el pueblo hondureño, que todavía está esperando que llegue un gobierno dinámico, progresista y que sea de verdadera integración nacional".

La Tribuna/22 de julio de 1987

ACLARACIÓN

Por un error que mucho lamentamos, en nuestra Sección Pildoritas informamos ayer que se anuncia en el Congreso la próxima boda del parlamentario nacionalista Nicolás Cruz Torres con la señorita Ada Mejía, pero ilustrando la notita con la fotografía de la diputada liberal por Intibucá, Ada Argentina Santos Morales.

Aclaramos que la señorita Santos Morales es ajena a la información servida y le presentamos nuestras disculpas. LA REDACCIÓN.

**ADA ARGENTINA
SANTOS**

La Tribuna/22 de julio de 1987

DISCUA Y CANCILLER NO ESTÁN A TÍTULO PERSONAL: LISANDRO

- *Nacionalistas tienen responsabilidad en la crisis del desempleo y en política   exterior*
- *Además se les entregó la Corte Suprema*

El secretario de Prensa Lisandro Quesada sostuvo que el diputado nacionalista Nicolás Cruz Torres está equivocado al decir que el vehículo de la administración azconista se había quedado a mitad de la pendiente y le recordó que su partido también gobierna con el Liberal.

"Este vehículo, dijo, no ha estado subiendo de lo plano a lo alto, sino que el Partido Liberal lo sacó del abismo en donde lo había dejado el Partido Nacional".

Como ejemplo, Quesada hizo un desglose de la obra realizada por el actual gobierno e indicó que se han creado 2,019 plazas magisteriales que benefician a 80 mil niños, pues en el país 150 mil niños no recibirán los beneficios educativos.

También en el campo de salud, indicó, que se han hecho obras y programas para asegurar la supervivencia infantil, cosa que ni se había hecho durante los gobiernos nacionalistas.

Quesada expresó que, "si la obra realizada por este gobierno no es reconocida, el problema es de los políticos, pero quiérase o no el Partido Nacional es responsable de esta administración, porque tal vez históricamente se hablará del gobierno de Azcona, pero en estos momentos, la generación actual, sabemos que el Partido Nacional tiene responsabilidad plena, directa e irrecusable en esta administración.

Indicó que como parte del Pacto de Unidad Nacional (PUN) fueron nombrados dos ministros, el de Trabajo y Relaciones Exteriores, que son nacionalistas y se le dio la Corte Suprema de Justicia también a ese instituto político. "Entonces se preguntó, cómo se puede negar esa responsabilidad en la administración del gobierno".

"Los ministros de Trabajo y de Relaciones Exteriores (Adalberto Discua y Carlos López Contreras), reveló, no fueron nombrados a título personal, sino como consecuencia del Pacto de Unidad Nacional o Acuerdo Patriótico, como le llaman otros, en el cual la contraparte, del Partido Liberal es precisamente el Partido Nacional de Honduras".

Por eso, agregó, el Partido Nacional tiene su responsabilidad en la crisis del desempleo, porque uno de sus militantes es ministro de Trabajo y también tiene responsabilidades concretas en la política exterior porque el canciller es también nacionalista".

Por eso, enfatizó, sí Cruz Torres "lanza críticas al gobierno, podemos decir que está criticando a su propio partido, porque éste tiene parte de la responsabilidad en la administración del gobierno".

CARLOS LÓPEZ CONTRERAS

La Tribuna/22 de julio de 1987

Editorial

UN CONTROVERSIAL PRECEDENTE

El Presidente de la República, don José Azcona, a través de los canales pertinentes, nombró al nuevo gerente de una de las pocas entidades autónomas existentes en el país que han mostrado eficiencia y rentabilidad: la Empresa Nacional Portuaria (ENP).

La designación no fue fácil. Hubo que transar con la burocracia sindical que opera dentro de la Portuaria y ésta logró imponerse por lo menos en dos ocasiones: la primera, cuando ejercieron una presión colindante con el chantaje y la huelga al exigir la destitución del antiguo gerente, don Epaminondas Craniotis, y la segunda, cuando obligaron al jefe del Estado a que diera marcha atrás en la designación del ciudadano Pablo Romero, cuyo único crimen era no gozar de la simpatía de los jefes sindicales.

El señor Craniotis fue enviado a presidir la agónica Corporación Nacional de Inversiones (CONADI), de ingrata recordación por todos los escándalos y actos de corrupción de sobra conocidos, en tanto que su frustrado sucesor, el señor Romero, fue nombrado asesor, primero, y vicepresidente, después, de otro cadáver insepulto: la Corporación Forestal Industrial de Olancho (CORFINO).

Finalmente, las autoridades de Economía y Comercio, a quienes el mandatario encargó de encontrar un candidato que satisficiera las exigencias -cada vez más radicales- de la burocracia sindical, lograron persuadir a ésta de que aceptara el nombre del nuevo gerente, cargo que recayó en don Angel Casanova, un ingeniero civil de larga trayectoria que ha trabajado en diversos ámbitos del sector público y privado y quien últimamente se desempeñaba en el Proyecto Hidroeléctrico "El Cajón".

En más de una ocasión, hemos expresado la preocupación de este periódico por la creciente tendencia a revivir -sin la retórica del pasado, pero con hechos muy semejantes - las aventuras de la época populista.

Nos parece que el gobierno hizo muy mal en permitir que el ex-gerente de la ENP (Craniotis) fuese obligado a dimitir de su cargo. Nos sorprendió -lo reconocemos paladinamente- que él haya aceptado esa situación infamante y recibido un nuevo cargo en la administración pública, sin mostrar, como en otras latitudes o épocas, la firme dignidad de aquellos que al ser agredidos prefieren desvincularse rotundamente de la burocracia.

Pero más extraño se nos hizo que el mandatario haya retrocedido en su decisión de nombrar a Pablo Romero como sucesor de Craniotis, únicamente porque algún burócrata sindical hizo amenazas de tipo verbal relativas a hipotéticos escándalos y denuncias a nivel doméstico e internacional.

La fase final de este sainete, en el cual hubo -literalmente -que pedirle permiso a los jefes sindicales para nombrar al señor Casanova, nos parece el colmo de la falta de energía y liderazgo.

En la práctica, ello significa que el administrador general de la Nación no es quien escoge y nombra a sus colaboradores, sino que los grupos de presión son los que imponen a quienes han de dirigir las entidades del gobierno y los intereses de los contribuyentes.

No se trata de una crítica al nuevo gerente de la ENP. Él, en todo caso, es una víctima de este proceder irreflexivo, demagógico y apaciguador que sacrifica la real autoridad del gobierno en aras de un "diálogo" mal entendido entre la administración y cierta facción del sindicalismo.

La administración, sobre todo en sus niveles más altos, es algo con lo que jamás se negocia. En ella radica el aspecto práctico, concreto y funcional de la soberanía de quien ejerce el liderazgo de la Nación.

El precedente que se ha sentado, al pedirle autorización al sindicato para llenar la vacante en la gerencia de la ENP, con toda probabilidad traerá consecuencias nefastas y secuelas perturbadoras.

Ojalá nos equivoquemos. Pero, como dice el pueblo, por la víspera se conoce lo que será la fiesta...

La Prensa/23 de julio de 1987

CONGRESO EXCITA A AZCONA A EXIGIR
INDEMNIZACIÓN POR DAÑOS DE CONTRAS

El Congreso Nacional dispuso anoche excitar al presidente José Azcona para que demande del gobierno de Estados Unidos una indemnización por los daños causados por la contra a la población fronteriza con Nicaragua.

La moción fue presentada por el diputado liberal Manuel Zelaya Rosales y plantea la formación de una comisión especial integrada por diputados de los cuatro partidos políticos, para determinar en un plazo no mayor de 30 días el monto de los daños causados a Honduras por la contra nicaragüense.

Asimismo, la comisión "formulará el grado de responsabilidad del gobierno de los Estados Unidos al entrenar, armar, equipar, financiar y abastecer a estas fuerzas irregulares no reconocidas por el gobierno de Honduras".

De acuerdo a la moción, el informe de la comisión "será remitido al Poder Ejecutivo, quien en base al mismo demandará del gobierno de los Estados Unidos, en su carácter de patrocinador económico y estratégico-militar de la contra, las indemnizaciones que en base a derecho hubiese lugar".

Puntualiza que en tal virtud hará uso de los canales, mecanismos o procedimientos legales establecidos en los principios y propósitos de la Carta de las Naciones Unidas, normas del ordenamiento jurídico internacional y otros instrumentos jurídicos bilaterales y multilaterales.

La Tribuna/23 de julio de 1887

[No trascendió lo tratado]
SE REUNIERON AZCONA Y EL EMBAJADOR NORTEAMERICANO

TEGUCIGALPA. - El embajador norteamericano, Everett Briggs, se entrevistó por casi una hora ayer con el presidente José Azcona Hoyo, sin trascender los temas abordados.

Raudamente el representante del gobierno de Ronald Reagan ante el pueblo y gobierno de Honduras salió de la Casa Presidencial una vez que concluyó el encuentro con Azcona Hoyo, y pese a la insistencia de los periodistas el diplomático, sólo se limitó a decir "hoy no puedo hablar".

Seguramente hablaron sobre los resultados que podrá arrojar la reunión de cancilleres centroamericanos que tendrá lugar este fin de semana en Tegucigalpa, y donde también participarán los representantes del Grupo de Contadora.

La reunión entre Briggs y Azcona tuvo lugar en horas de la mañana en la casa de gobierno durante 45 minutos exactos.

La Prensa/29 de julio de 1987

SEMEJANZAS ENTRE DUARTE, AZCONA Y ORTEGA

*Luis PAZOS

MEXICO. - La principal causa de las disputas en Centroamérica es que el régimen sandinista, comandado por Daniel Ortega, de filiación socialista y con estrechos vínculos con la URSS y Cuba, pretende implantar en Nicaragua un régimen totalitario, sin respeto a la propiedad privada y exportarlo a toda la región.

Teóricamente, el ingeniero Napoleón Duarte, Presidente de El Salvador y el ingeniero José Azcona Hoyo, Presidente de Honduras, buscan preservar a sus países de un sistema socialista tipo nicaragüense; sin embargo, en la práctica, tanto el gobierno de El Salvador como el de Honduras tampoco garantizan un completo respeto al derecho de propiedad.

En los últimos tiempos la principal amenaza para terminar con la libre empresa en El Salvador no proviene de los guerrilleros, sino de las políticas fiscales del gobierno en turno que, mediante altos impuestos ha debilitado la actividad económica en forma más efectiva y rápida que las guerrillas comunistas.

Es tal el descontento entre la clase productora en El Salvador que más del 95% de los comerciantes e industriales: grandes, medianos y pequeños realizaron un paro de 24 horas para protestar contra los aumentos de impuestos decretados por el gobierno.

Al poco tiempo de ese paro fueron allanadas las oficinas de la Asociación Nacional de la Empresa Privada en El Salvador (ANEP). En El Salvador se ha creado un clima de tensión y enfrentamiento entre el Presidente y los empresarios, cuyos únicos beneficiados son los guerrilleros.

En el caso del Presidente Azcona en Honduras, aunque sus políticas han sido generalmente congruentes con la defensa de la libre empresa, todavía funcionarios del gobierno hondureño solapan invasiones de tierra que generan inseguridad, fuga de capitales y una baja de la producción agrícola en ese país.

Azcona ha criticado públicamente las políticas estatistas y de falta de respeto a la propiedad privada de los sandinistas en Nicaragua, pero no ha puesto orden en su casa. Grupos de invasores profesionales en Honduras, protegidos por funcionarios gubernamentales, mantienen la inseguridad en la tenencia de la tierra en ese país que, aunque en menor grado que la surgida en Nicaragua, implica sustancialmente la misma falta de respeto al derecho de propiedad.

Un gobierno que no garantiza el respeto al derecho de propiedad es porque no tiene capacidad para gobernar y, por lo tanto, no es un buen gobierno o es un gobierno neomarxista que busca socavar el derecho de propiedad, fundamento de las sociedades libres y democráticas.

El principal objetivo de un gobierno socialista es terminar con la propiedad privada de los medios de producción, ya sea a través de impuestos confiscatorios, como sucede bajo el actual gobierno salvadoreño o por la vía de invasiones y expropiaciones, como parece que lo solapa el gobierno hondureño.

Los impuestos confiscatorios, las reformas agrarias y en general la inseguridad jurídica, además de ser obstáculos al desarrollo, no son políticas compatibles con gobiernos que se digan libres, democráticos y enemigos de los regímenes totalitarios, cuya principal característica es precisamente la destrucción de la propiedad privada por la vía fiscal, las invasiones de tierras o las expropiaciones de empresas. (c)FIRMAS PRESS).

*El Heraldo/*23 de julio de 1987

AZCONA ME PIDIÓ QUE FUERA MINISTRO: LÓPEZ

TEGUCIGALPA. - El canciller de la República, doctor Carlos López Contreras, rehusó responder si él fue colocado en ese cargo por el presidente José Azcona como producto del acuerdo entre Azconistas y callejistas, más conocido como PUN.

López Conteras fue entrevistado en casa presidencial por periodistas de varios medios, y uno de ellos le preguntó si había sido ungido con la responsabilidad en la cancillería a raíz del pacto.

"A mí me parece que no hay ninguna duda en las circunstancias que motivaron mi nombramiento, pero es un problema de carácter interno, y yo únicamente puedo contestar que el presidente me pidió que fuera ministro de Relaciones Exteriores en el ejercicio de las atribuciones constitucionales de que disfruta para el libre nombramiento y remoción de los funcionarios", concluyó.

*Tiempo/*24 de julio de 1987

CONCLUYEN EXÁMENES MÉDICOS A AZCONA EN ESTADOS UNIDOS

El presidente José Azcona Hoyo regresará al país hoy o mañana tras someterse a exámenes médicos de rutina en los Estados Unidos, se informó ayer en la Casa de Gobierno.

De acuerdo al programa de viaje, el mandatario concluyó ayer la serie de exámenes que le fueron programados y cuyos resultados se desconocen en las habituales fuentes gubernamentales.

Ayer mismo, el presidente debía viajar desde Rochester, Minnesota, donde se le realizó el chequeo médico, a Nueva Orleans, de donde tomará el avión para trasladarse hoy o mañana a Tegucigalpa.

Azcona viajó el pasado domingo en compañía del designado presidencial, Jaime Rosenthal, y de las esposas de ambos.

Durante su ausencia, le sustituyó el designado José Pineda Gómez, quien únicamente ha atendido asuntos de trámite administrativo, como en anteriores oportunidades.

La actividad ha decaído sensiblemente en la Casa de Gobierno desde la ausencia del mandatario, cuyos colaboradores cercanos no han tenido más remedio que "detenerse las quijadas" mientras aparece "el jefe".

El viaje de Azcona a los Estados Unidos constituyó una sorpresa pues previamente no se había conocido nada el respecto.

Sin embargo, sus colaboradores aseguraron que la salud del mandatario se mantiene en buenas condiciones y que el viaje lo había llevado a cabo "a insistencia de sus amigos".

*El Heraldo/*23 de julio de 1987

Luna Mejía:

Equipo de gobierno aún no le agarra el paso al presidente

El dirigente de la empresa privada, Joaquín Luna Mejía, se lamentó ayer de que el equipo de trabajo del presidente José Azcona Hoyo todavía "no ha agarrado el paso" del mandatario en cuanto a la tarea de sacar al país adelante.

"El presidente tiene buenas intenciones, pero no cuenta con un equipo que camine a la par de lo que él hace", aseguró el secretario del Consejo Hondureño de la Empresa Privada (COHEP).

Añadió que cuando ocurren esas situaciones, la empresa privada no puede darse por satisfecha porque "hay muchas cuestiones que no se han implementado".

"Debe hacerse algo para que camine ese equipo, porque cada uno se dispara para donde quiere sin llevar a feliz término las situaciones presentadas", expresó el dirigente empresarial.

Sin embargo, cuando se le preguntó si la solución sería remover a algunos de los miembros del gabinete, respondió que esa potestad es privativa del presidente de la República.

"Sólo él sabe por qué no lleva a cabo esa restructuración", señaló.

Luna Mejía sostuvo que lo ideal sería que los colaboradores conozcan perfectamente su papel, porque "así actuarían adecuadamente".

*El Heraldo/*23 de julio de 1987

PIDEN LA COOPERACIÓN DE AZCONA PARA PROTEGER FLORA Y FAUNA DE ATLÁNTIDA

Autoridades del departamento de Atlántida pidieron la semana pasada el apoyo del presidente José Azcona Hoyo para proteger la flora y fauna de una vasta reserva natural localizada en los municipios de San Francisco, El Porvenir, La Masica y Esparta.

El gobernador político del departamento, Salvador Godoy, planteó la petición en compañía del diputado Rodolfo Irías Navas, el biólogo Hugo Galeano y el colaborador Ernesto Castillo.

Godoy dijo que inicialmente se le dará vida a una Fundación encargada de concretar el proyecto, la cual podría operar con fondos nacionales y extranjeros.

"La idea es proteger los bosques y evitar que desaparezcan las fuentes de agua y las especies que habitan en el sector, muy importante para la cría del camarón", explicó el funcionario.

Añadió que también se procederá a reubicar algunos grupos campesinos que han sido asentados en la zona por el Instituto Nacional Agrario, para evitar que continúen depredando los bosques. Godoy informó que si se logra el apoyo de instituciones internacionales la reserva también podría convertirse en sitio de atracción turística.

"El presidente Azcona tiene en su poder todos los datos y esperamos que ayude a su departamento natal mediante el apoyo técnico y económico que requiere el establecimiento de la Fundación de Cuero y Salado", finalizó el funcionario.

*El Heraldo/*22 de julio de 1987

EDITORIAL
GOLPES BAJOS AL PLAN DE ARIAS

El presidente costarricense, Oscar Arias, visitará los países del área -Nicaragua, Honduras, El Salvador y Guatemala- con el propósito de limpiar el camino para la realización de la cumbre de presidentes centroamericanos, prevista para la primera semana del mes entrante.

La gira del presidente Arias en compañía del canciller Rodrigo Madrigal Nieto se mira forzada por varios acontecimientos y actitudes que, de momento, mantienen en precario la cumbre de presidentes.

Recordemos la posposición de esta reunión en junio anterior, por solicitud del presidente salvadoreño, Napoleón Duarte, al siguiente día de haberse entrevistado con el embajador itinerante norteamericano para América Central, Felipe Habib. El señor Habib ha dicho, recientemente, que la administración Reagan apoya el Plan Arias, aunque guarda reservas sobre algunos puntos.

Por otra parte, el secretario de Estado adjunto de los Estados Unidos para Latinoamérica, Elliott Abrams, se reunió en estos días con el presidente de México, Miguel de la Madrid. Obviamente, el viaje de Abrams a México -en un contexto en que el señor Abrams está debilitado por el escándalo Irán-Contras- deja el sabor de un paso audaz para neutralizar al Grupo de Contadora y el Grupo de Apoyo en su participación con la cumbre de presidentes centroamericanos.

También, el embajador tico en San Salvador, Manuel Fernández, ha revelado (ACAN-EFE) que "el presidente Arias ha estado decepcionado porque todos están de acuerdo con el plan de paz, pero por debajo lo torpedean".

El gobierno de Nicaragua, frente a la posición compartida por Honduras, El Salvador, Guatemala y Costa Rica de que debe haber por lo menos dos reuniones previas de cancilleres para preparar la cumbre presidencial, ha manifestado su disposición a hacerlo, pero solamente si en ellas está presente Contadora.

La posición de Duarte y Cerezo ha sido que en la primera reunión de cancilleres participen los de Contadora y el Grupo de Apoyo. Nicaragua insiste en la participación de "los diez" de Contadora en ambas.

La cancillería hondureña en su nota a los secretarios generales de la OEA y la ONU del 15 de este mes, muestra su preocupación por un posible "estancamiento de las tratativas de paz" en forma indefinida.

Insiste el gobierno de Honduras en "reiterar a Contadora su plena competencia en la mediación de la situación centroamericana", y prácticamente expresa el deseo de que el Grupo de Contadora y el Grupo de Apoyo retomen la iniciativa a efecto de terminar las negociaciones "relativas a las cuestiones pendientes del Acta de Contadora para la paz y la cooperación en Centroamérica".

Bien se sabe que las negociaciones pendientes respecto a dicha acta son nada menos que las relativas a seguridad y maniobras militares, puntos claves sobre los cuales guarda reserva la administración Reagan precisamente al considerar el Plan Arias que, de alguna manera, los suaviza para hacer posible un entendimiento preliminar a un posterior tratamiento más profundo.

Como puede apreciarse, hay tres posiciones en estos instantes de cara a la cumbre de presidentes: A) La de El Salvador y Guatemala con dos reuniones previas de cancilleres centroamericanos, pero sólo con la primera asociada a Contadora, B) La de Nicaragua, exigiendo la presencia de Contadora en las dos reuniones de cancilleres, por lo menos, y C) La de Honduras, abogando por la reanudación del Proceso de Contadora para concluir el Acta para la Paz y la Cooperación Regional.

En el trasfondo, el presidente Arias achicando el agua de la barca para evitar un naufragio de su plan, y el señor Abrams posiblemente buscando, a como haya lugar, la exclusión de Contadora en esta etapa del proceso del Plan Arias, quizá con la esperanza de darse un mejor espacio de maniobra con los gobiernos de América Central.

En ese ambiente de arenas movedizas, de bajos golpes y de estilizada simulación diplomática, se perfila la primera reunión de cancilleres de Centroamérica y de Contadora y el Grupo de Apoyo en Honduras, en los primeros días de agosto.

A ver qué pasa, incluyendo las calendas griegas. Porque de algo hay que estar seguros: la administración Reagan sólo aceptará su propio arreglo, y desconocerá cualquiera que no le satisfaga, aunque sea con el consenso unánime de los países centroamericanos. Después de todo, ésta es una guerra de los Estados Unidos, y no de América Central.

Tiempo/24 de julio de 1987

EN LA ESTACADA

Ya días habíamos pronosticado lo que podía suceder entre los socios del Pacto de Unidad Nacional, PUN, a medida que el noviazgo inicial cuando se dividieron el pastel gubernamental fuera enfriándose atendiendo el interés político de cada grupo.

La parte nacionalista todos los días recula de su compromiso con el presidente liberal. De todas formas ya obtuvieron lo que quería. Ahora la estrategia consiste en irse distanciando del poder público, con mucho cuidado, mientras pulsan la crítica con el propósito de anotarse algunos puntos.

La perorata es la misma. Dicen que apoyan el régimen para preservar el Estado democrático y para garantizar la estabilidad política pero no pierden oportunidad para echar sal cada vez que logran avizorar alguna herida en la contraparte liberal.

El pacto se respeta en lo que tenga que ver con el mantenimiento de las posiciones que se distribuyen en un inicio, pero los ataques del nacionalismo, indicando los fracasos del gobierno, son muy frecuentes.

La idea es ir creando la conciencia en el pueblo hondureño que los liberales son la maceta para gobernar y que ellos, los nacionalistas, son la única opción que le queda al electorado. Después de todo, juzgan que el pueblo no es muy fresco de memoria y que muchos ya olvidaron el largo período de administraciones azules: Saben que una nueva generación, que será determinante en estas elecciones, no tenía entonces, edad para verlos actuar, y por lo tanto hoy, algunos que fueron verdaderos protagonistas del desastre del país, se ofrecen como figuras nuevas, con una imagen remozada y poseedores de nuevas convicciones.

Los liberales, entretanto, pasan despedazándose unos con otros. Ellos mismos se encargan de echar lodo sobre las últimas administraciones de su partido, la anterior y ésta.

El caso del portorriqueño Ramírez, el lana ese que ha puesto en jaque este país utilizando sus influencias en el Senado norteamericano, nos ofrece un ejemplo claro de lo que está sucediendo.

Nadie duda de la opinión generalizada es que no se le pague al pirata, el reclamo millonario que no representa el monto de las inversiones que realizó en Trujillo. Ofende la dignidad nacional el que se pretenda imponerle al país criterios y que se utilice los instrumentos de coacción para obligarlo a tomar una determinada medida.

Pero nadie puede negar compromisos que ya son públicos. El norteamericano fue expropiado de sus pertenencias y la ley hondureña contempla indemnización justa y razonable para compensar la expropiación. Con los Estados Unidos hemos suscrito un "Tratado de Amistad, Comercio y prerrogativas consulares" que compromete a Honduras a compensar en casos de expropiación de propiedad que pertenezca a nacionales o compañías de los Estados Unidos. Aun cuando exista el argumento que las tierras no le pertenecen a ese señor por las prohibiciones constitucionales, algún bien tenía el portorriqueño, alguna inversión efectuada, el valor de mejoras, etc. que demanda una retribución.

Esa es la posición gubernamental y la que claramente ha delineado el presidente Azcona. Pero resulta que la contraparte del pacto, sus amigos los nacionalistas han visto en esto una oportunidad para sacar ventaja. Han querido explotar el asunto asumiendo posiciones dizque en defensa de los intereses nacionales.

¿Hasta dónde será defender el interés nacional exponer al país a que le cancelen la ayuda internacional? ¿Hasta dónde se defiende el interés nacional arriesgando las donaciones y préstamos que vienen de los Estados Unidos? Inflamar el patriotismo es fácil, y para algunos consiste en sacar ventajas políticas, arriesgando naturalmente el verdadero interés nacional.

Honduras debe resolver sus problemas enfrentándolos con dignidad con el cuidado de no dejarse arrastrar por ningún interés particular, ni dejarse influenciar tampoco por ninguna posición grupista.

Y el presidente Azcona tiene suficiente oportunidad para analizar cómo lo están dejando en la estacada sus compañeros de pacto ahora que ven la forma de cómo llevar agua a su particular molino.

La Tribuna/24 de julio de 1987

SE RECONCILIAN PRESIDENTE DEL CONGRESO Y VOCEROS DE AZCONA

El presidente del Congreso Nacional, Carlos Montoya, y el secretario de Prensa de la Presidencia de la República, Lisandro Quezada, fumaron ayer "la pipa de la paz" a raíz de una exitosa mediación llevada a cabo por dirigentes políticos y empresariales de la Costa Norte.

Según confirmó EL HERALDO, la reconciliación se produjo a instancias de los dirigentes Mario Belot, Joaquín Quezada, Ramón Méndez y Aquilino Díaz, quienes tomaron el ejemplo del cese de hostilidades que acordaron Montoya y el alcalde sampedrano, Jerónimo Sandoval.

El propio secretario de Prensa dijo que "las diferencias del pasado han sido olvidadas en aras de alcanzar la unidad del liberalismo, indispensable para lograr el triunfo en las elecciones presidenciales de 1989".

Quezada aseguró que las paces incluyen al jefe de Prensa de la Casa de Gobierno, Marco Tulio Romero.

Como muestra de que actúan sinceramente, Quezada y Romero prometieron asistir a una masiva concentración del Movimiento ALCOM que se llevará a cabo el próximo cinco de agosto en la ciudad de Olanchito.

Quezada añadió que, a pesar de los roces con el titular del Poder Legislativo, siempre atendió a los activistas de ALCOM que llegaron a su despacho en diversas gestiones.

"El diputado presidente puede venir a la Casa de Gobierno cuando quiera porque siempre le hemos guardado cariño y estimación", dijo.

El presidente del Congreso había dicho con anterioridad que no volvería a poner un pie en la Presidencia mientras el mandatario mantuviera como sus voceros a Quezada y Romero.

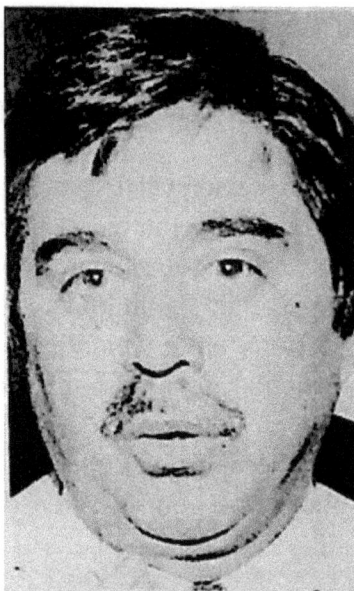

CARLOS MONTOYA

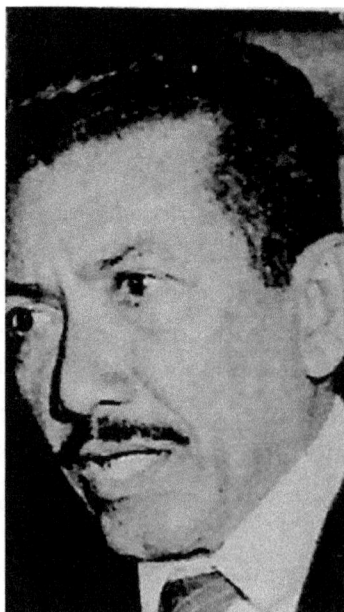

LISANDRO QUEZADA

El Heraldo/24 de julio de 1987

AZCONA HACE PROMESA A ESCOLARES

El presidente José Azcona aparece en una reciente reunión en la sede del Poder Ejecutivo con alumnos de la escuela Pedro Nufio, de Catacamas, Olancho, quienes demandaron del Mandatario ayuda para resolver una serie de problemas de su centro educativo. Azcona prometió a los peticionarios estudiar su demanda y tramitarla de conformidad. (*Foto de Aquiles Andino*).

*La Tribuna/*24 de julio de 1987

AZCONA ME ESCOGIÓ: LÓPEZ C.

"El presidente de la República me pidió que yo fuera ministro de Relaciones Exteriores, en el ejercicio de las atribuciones constitucionales que él disfruta para el libre nombramiento y remoción de los funcionarios más cercanos que con él trabajan", afirmó el canciller Carlos López Contreras.

El funcionario respondió así al secretario de prensa Lisandro Quesada, quien dijo que López Contreras y el ministro del Trabajo, Adalberto Discua, habían sido nombrados como parte del Pacto de Unidad Nacional suscrito con el Partido Nacional.

"Me parece que a este problema se le está dando un cariz político, agregó, pero mi función es más que todo de ejecución de la política exterior".

López Contreras también refutó al editorialista de un diario sampedrano y manifestó que "quisiera que ese señor fuera ministro de Relaciones Exteriores para que pudiera hacer lo que mejor le conviniera".

"Yo tengo que actuar en función a las limitaciones de presupuesto, las limitaciones de tiempo y en función de lo que mi mente me aconseja en la defensa de los intereses de Honduras", afirmó.

CARLOS LOPEZ CONTRERAS

La Tribuna/24 de julio de 1987

Presidente Azcona:
"NO SOMOS OBSTÁCULO PARA EL PLAN ARIAS"

- *El mandatario hondureño se mostró escéptico a que se logré algún acuerdo en la reunión de presidentes.*

El presidente Oscar Arias de Costa Rica se entrevistó ayer con su homólogo hondureño, José Azcona Hoyo, como parte de una gira que el mandatario tico realiza por los países de

Centroamérica, con el objetivo de buscar mayor consenso para su plan de paz. Arias estuvo también ayer en Nicaragua y hoy viajará hoy a El Salvador Y Guatemala. El presidente Azcona dijo antes de recibir a Arias que Honduras no es obstáculo para el plan de paz. (*Foto de Aulberto Salinas*).

La Prensa/27 de julio de 1987

CANCILLER DICE QUE AZCONA LO NOMBRÓ "A TÍTULO PERSONAL"

El ministro de Relaciones Exteriores, Carlos López Contreras, aseguró ayer que su nombramiento en esa Secretaría de Estado se debió exclusivamente a la atribución que tiene el presidente de la República para nombrar libremente a sus colaboradores.

"No hay ninguna duda sobre las circunstancias que condicionaron mi nombramiento", observó el ministro.

López Contreras eludió referirse directamente a la cuestión a la que calificó como "un problema interno que debe despojarse del matiz que se le está dando".

Hace unos días, el secretario de Prensa de la Casa de Gobierno, Lisandro Quesada, sostuvo que el nombramiento de López Contreras era parte del Pacto de Unidad Nacional suscrito entre los movimientos mayoritarios de los partidos Liberal y Nacional.

Quesada dijo en esa ocasión que López Contreras no había sido llamado a título personal por el presidente José Azcona Hoyo, sino que a propuesta del nacionalismo.

Al respecto, López Contreras señaló que el presidente Azcona le pidió que fuera ministro de Relaciones Exteriores "en el ejercicio de las atribuciones constitucionales de que él disfruta para libre nombramiento y remoción de sus colaboradores más cercanos".

El canciller no quiso referirse al Pacto de Unidad Nacional "porque tiende más hacia la política interna y mi función es la ejecución de la política exterior".

El Heraldo/24 de julio de 1987

EL LUNES SERÁ REUNIÓN ENTRE AZCONA Y ARIAS

TEGUCIGALPA. - El presidente de Costa Rica, Oscar Arias Sánchez se reunirá hasta el lunes con su colega hondureño, José Azcona, confirmó el portavoz de la cancillería, Eugenio Castro.

Originalmente se dijo que Arias Sánchez se reuniría con Azcona el domingo, fecha prevista del arribo del mandatario costarricense, sin embargo, la reunión será hasta el lunes en horas de la mañana.

La comitiva presidencial costarricense pernoctará en Tegucigalpa, el domingo, informó el director de información y prensa de la cancillería, asegurando que todos los pormenores de la visita han sido previstos para evitar contratiempos.

La reunión fue programada para el lunes en vista que el presidente Azcona retornará con procedencia de los Estados Unidos este domingo, luego de haberse sometido a un chequeo médico en el prestigiado hospital de Rochester, Estado de Minnesota.

REUNIÓN DE CANCILLERES

Por otro lado, Eugenio Castro dijo que es tentativa la reunión de cancilleres Centroamericanos, durante los primeros días de agosto en Tegucigalpa.

Afirmó que ello sería un seguimiento de las pláticas preliminares de los gobernantes de Honduras, El Salvador, Costa Rica y Guatemala de realizar reuniones previas de cancilleres, antes del 6 y 7 de agosto cuando se reunirán los presidentes del área en Guatemala.

La Prensa/25 de julio de 1987

EL LUNES SE REUNIRÁ AZCONA CON ARIAS

TEGUCIGALPA. - El presidente de Costa Rica, Oscar Arias Sánchez, se reunirá el lunes con su colega hondureño, José Azcona confirmó el portavoz de la Cancillería, Eugenio Castro.

Originalmente se dijo que Arias Sánchez se reuniría con Azcona el domingo, fecha prevista del arribo del mandatario costarricense, sin embargo, la reunión será el lunes en horas de la mañana.

La comitiva presidencial costarricense pernoctará en Tegucigalpa el domingo, informó el director de Información y Prensa de la Cancillería, asegurando que todos los pormenores de la visita han sido previstos para evitar contratiempos.

La reunión fue programada para el lunes en vista de que el presidente Azcona retornará con procedencia de los Estados Unidos este domingo, luego de haberse sometido a un chequeo médico en el prestigiado Hospital de Rochester, Estado de Minnesota.

REUNIÓN DE CANCILLERES

Por otro lado, Eugenio Castro dijo que es tentativa la reunión de cancilleres centroamericanos, durante los primeros días de agosto en Tegucigalpa.

Afirmó que ello sería un seguimiento de las pláticas preliminares de los gobernantes de Honduras, El Salvador, Costa Rica y Guatemala de realizar reuniones previas de cancilleres, antes de 6 y 7 de agosto cuando se reunirán los presidentes del área en Guatemala.

Tiempo/25 de julio de 1987

AZCONA AYUDARÁ A PRESIDIARIOS NO SENTENCIADOS

El presidente José Azcona, está interesado en elaborar un plan de ayuda para los hondureños que están procesados en los diferentes centros penales del país, quienes no tienen sentencia firme y que no cuentan con abogados defensores.

Lo anterior lo informó el asesor presidencial, Armando Blanco Paniagua, quien manifestó que se están recabando los datos necesarios para ver cuántos son los hondureños privados de su libertad sin haber sido sentenciados.

Blanco Paniagua indicó que para elaborar el plan de ayuda a estas personas se ha solicitado al Ministerio de Gobernación y Justicia hacer todas las indagaciones y encuestas en los centros penales, para presentarle un informe al mandatario hondureño.

El asesor afirmó que el titular de Gobernación, Romualdo Bueso Peñalba, ya ha girado las instrucciones precisas a sus subalternos para que recaben esa información.

La Tribuna/28 de julio de 1987

HONDURAS NO ES OBSTÁCULO PARA PLAN DE PAZ: AZCONA

TEGUCIGALPA. -"Honduras no será ningún obstáculo para que se logren los objetivos del plan de paz del presidente Oscar Arias" dijo ayer el presidente José Azcona al regresar al país después de permanecer una semana en los Estados Unidos.

Azcona formuló sus declaraciones minutos después de su arribo al país y en vísperas de una reunión que sostuvo con el presidente de Costa Rica, Oscar Arias Sánchez, para discutir el plan de paz que este último gobernante ha planteado a sus colegas de la región.

El mandatario hondureño, quien se sometió a exámenes médicos de rutina en Estados Unidos, afirmó que su país no está dedicado a boicotear el plan de paz del presidente Arias.

Azcona dijo que en nuestra patria nadie anda tirándole tiros a nadie, ya que la situación interna es muy buena y los problemas que ocurren en cuanto a oposición son producto del régimen democrático que vivimos.

En la improvisada conferencia, el presidente, que fue recibido por el designado presidencial José Pineda Gómez y otros funcionarios, ratificó que asistirá a la cumbre de presidentes en Guatemala el 6 y 7 de agosto.

Azcona, expresó que es pesimista en cuanto a los resultados de la reunión de presidentes, pero si no se logra nada, habrá que continuar reuniéndose para ir haciendo entender al gobierno sandinista que debe tener apertura, reconciliación y conquistar la ansiada paz de la región.

Azcona recibió a las seis quince minutos de la tarde al presidente costarricense quien venía con procedencia de Nicaragua. Consultado sobre algunas acusaciones del presidente Arias sobre supuesta confabulación de algunos países para boicotear el plan del cual es creador, el presidente indicó que él no sabía ni había escuchado nada.

"Nosotros no hemos tratado de torpedear esta reunión, dijo en tono firme, y en cuanto a los obstáculos que se presentan para la paz, el presidente refirió que en primer lugar está la no aceptación de Nicaragua de una reconciliación interna.

En lo que se refiere a la posición negativa de Nicaragua para asistir a las reuniones de cancilleres, Azcona dijo que él está de acuerdo con este tipo de encuentros que son fundamentales.

Manifestó que no espera que de la noche a la mañana se vaya a resolver el problema del área, pero esperan que con estos encuentros la situación cambie.

Sobre su salud expresó que en su viaje se hizo varios exámenes médicos debido a ciertas dolencias que ha sufrido en un pie, pero es nada más del ejercicio al jugar ping pong, lo que me han dicho los médicos es que haga más ejercicio porque eso me mantiene ágil.

Dijo que en la clínica de Rochester le dijeron que bajara la dosis de medicina que le han recetado los médicos de Honduras e Israel que le han atendido en recientes oportunidades. En síntesis debe sustituir por "unas aspirinas", lo que está tomando. El presidente viajó en compañía de su esposa Miriam y de su edecán.

El presidente Azcona es recibido en el aeropuerto capitalino por varios de sus colaboradores, entre ellos el abogado Pineda Gómez. (*Foto Aulberto Salinas*).

La Prensa/27 de julio de 1987

[Si presidentes aceptan su plan de paz]

ARIAS HABLARA CON LOS CONTRAS Y EL "FMLN"

Los presidentes de Honduras y Costa Rica, José Azcona Hoyo y Oscar Arias, respectivamente, cuando se saludaban ayer tarde en la terminal de la Fuerza Aérea en Tegucigalpa, mientras el canciller tico Rodrigo Madrigal Nieto, aparece aún bajando la escalerilla del avión que trajo a los representantes costarricenses de Nicaragua, donde se reunieron también con el mandatario Daniel Ortega. Arias, después de una entrevista privada anoche en la casa particular de su colega hondureño, dijo estar satisfecho del espíritu de comprensión que ha encontrado en su gira por Centroamérica (que continúa hoy en El Salvador y Guatemala) y el respaldo que se le ha dado a su proyecto de paz. (*Foto Alejandro Serrano*).

TODAVÍA ESPERAN EN OCOTEPEQUE QUE PRESIDENTE CUMPLA PROMESA

SENSENTI, OCOTEPEQUE. - Los habitantes de este municipio están esperando que el presidente de la República, ingeniero José Azcona Hoyo, cumpla sus palabras pronunciadas el 6 de octubre de 1985, cuando el ahora mandatario de los hondureños visitó este lugar durante su campaña política. En aquella ocasión se le solicitó al ingeniero Azcona la ayuda para construir el edificio del Instituto "Danilo Carvajal Molina" y éste prometió: "de inmediato no puedo por encontrarme en la llanura, pero cuando sea presidente no sólo se los construiré, sino que también vendré a inaugurarlo."

El profesor Orlando Valle, director del centro educativo que funciona con jornada nocturna ocupando el local de la escuela urbana "Francisco Morazán", es uno de los grandes pioneros de ese proyecto y expresó a EL HERALDO que "en dos oportunidades nos hemos dirigido al presidente Azcona para solicitarle que cumpla su ofrecimiento a este municipio, pero hasta el momento no hemos podido lograr ni siquiera una audiencia, aunque confiamos en que esa ayuda vendrá en cualquier momento".

Valle indicó que "hemos recibido donaciones de la Agencia Canadiense para el Desarrollo Internacional a través del ingeniero Juan Herani, también el apoyo económico del Cuerpo de Paz. Para el mes de agosto tenemos programado iniciar un curso de albañilería que será impartido por INFOP, donde los participantes aprenderán el oficio construyendo el edificio del Instituto Danilo Carvajal".

Orlando Valle mostró al corresponsal de EL HERALDO los planos y resumen de donaciones recibidas, por aproximadamente 40 mil lempiras. Sin embargo el costo total de la obra asciende a 120 mil lempiras y la diferencia por obtener confían lograrla a través de susbsidios del jefe del Ejecutivo y del comandante de las Fuerzas Armadas, que es muy querido en la región de occidente. Así mismo indicó Valle que los adelantos alcanzados se deben al respaldo recibido de la comunidad.

*El Heraldo/*27 de julio de 1987

AZCONA SE REUNIRÁ CON LOS ATLETAS QUE VAN PARA LOS PANAMERICANOS

TEGUCIGALPA. - El presidente de la República, José Azcona recibirá en la casa de gobierno, el próximo martes 28 del presente mes, a la delegación oficial del deporte hondureño que participará en la décimo quinta edición de los juegos panamericanos a realizarse del 7 al 23 de agosto y el resto lo hará el 6 del mismo mes.

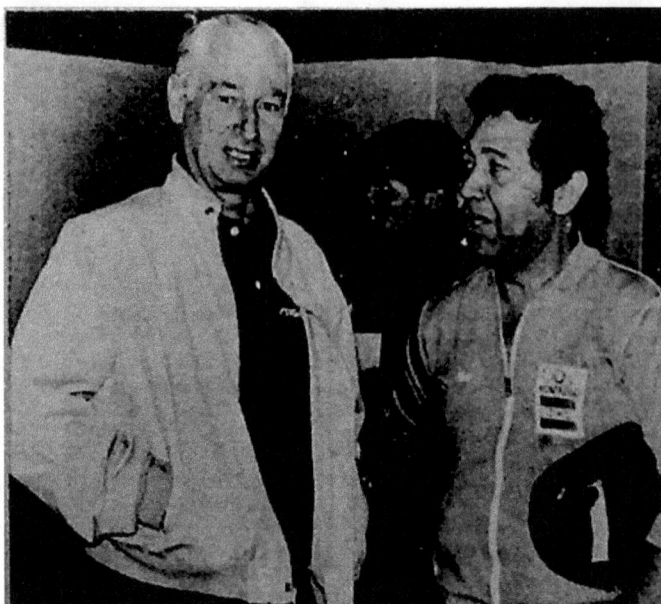

Azcona y el entrenador de boxeo René González en una reciente visita que el mandatario hondureño realizara al gimnasio nacional.

La delegación hondureña, será dirigida por el secretario del Comité Olímpico Hondureño licenciado Daniel Matamoros Batson, quien es a la vez el representante del deporte hondureño ante la ORDECA (Organización Deportiva Centroamericana) encargada de los juegos en mención.

Los deportes hondureños que asistirán a Indianápolis son: Boxeo (4), Natación (2), Atletismo (4), Tennis de mesa (4), Tea Kwon Do (4) Judo (5) y levantamiento de pesas (2).

El mandatario hondureño, aprovechará el encuentro del próximo martes 28, para entregar el pabellón a los 10 atletas hondureños que participarán el 4 de agosto, en Orlando Florida, en el desfile de Naciones, acto que a la vez servirá para dar por inaugurados los juegos Panamericanos.

El Heraldo/25 de julio de 1987

MAÑANA REGRESA AZCONA

TEGUCIGALPA. - Mañana regresará el presidente de la república José Azcona luego de practicarse varios exámenes médicos en una clínica privada en la ciudad de Minnesota, Estados Unidos, informó Lisandro Quezada, secretario de prensa.

El funcionario dijo que el "chequeo" general practicado al jefe del ejecutivo refleja un perfecto estado de salud, y se los seguirá haciendo, porque ha sido costumbre en el mandatario.

Azcona Hoyo viajó el domingo anterior acompañado de su esposa, Miriam Bocock de Azcona, y de uno de los edecanes de la Guardia de Honor Presidencial, permaneciendo en el país del norte por espacio de ocho días.

Exámenes similares se han hecho el jefe de las Fuerzas Armadas, general Humberto Regalado Hernández, quien viajó a la ciudad de Nueva Orleans, y su reincorporación a las labores está prevista para este día.

El presidente Azcona durante su estadía en Estados Unidos, no se reunió con ninguno, de los funcionarios del gobierno de Reagan como se había especulado, según el secretario de prensa.

En horas de la tarde de mañana se reunirá en la casa de gobierno con el presidente de Costa Rica, Oscar Arias, quien llegará al mediodía en el marco de una gira, que realiza por los países de la región.

TRANQUILO PRESIDENTE INTERINO

Leer los periódicos, atender llamadas telefónicas y firmar algunos acuerdos de menor importancia, fueron las principales actividades que efectuó el designado presidencial, José Pineda Gómez, durante estos días que estuvo conduciendo las labores del poder ejecutivo.

El veterano abogado de 83 años asumió por séptima vez la presidencia interina de la república en horas de la mañana del lunes.

Muy poca actividad tuvo Pineda Gómez y las visitas que recibió sólo fueron de los cercanos a la casa de gobierno y algunos diputados y amigos que llegaron a saludarle.

La Prensa/25 de julio de 1987

HONDURAS NO ESTÁ TORPEDEANDO EL PLAN ARIAS, AFIRMA AZCONA

*El presidente retornó ayer tras un chequeo médico en los Estados Unidos.

El presidente José Azcona Hoyo regresó ayer al país luego de someterse a un examen médico en los Estados Unidos. El arribo del mandatario se produjo a las cuatro y 45 minutos de la tarde.

En el aeropuerto internacional Toncontín era esperado por el presidente provisional, José Pineda Gómez, miembros de su Gabinete de Gobierno, familiares, amigos y militantes del Partido Liberal.

El gobernante aseguró que su estado de salud es satisfactorio y que únicamente padece de "ligeras molestias" que cree poder superar con ejercicios y la disminución de las medicinas que le fueron recetadas durante su viaje a Israel, en mayo anterior.

Azcona se mostró "complacido" por la visita que lleva a cabo el presidente de Costa Rica, Oscar Arias Sánchez, por los países centroamericanos y dijo su colega "es un hombre de muy buena fe y bien intencionado".

NO SOMOS OBSTÁCULO

El mandatario hondureño sostuvo que su gobierno no será obstáculo para que no se logren los objetivos propuestos en el Plan Arias para la Pacificación de América Central. "En Honduras no tenemos los problemas internos a los que se refiere el Plan Arias. Aquí nadie está tirándole tiros a nadie y por ello no seremos obstáculo para la paz", agregó.

Según Azcona, el principal obstáculo que podría enfrentar el plan del presidente Arias es que el gobierno de Nicaragua rechace la reconciliación interna que propone el documento.

Ambos presidentes y el canciller Rodrigo Madrigal (centro) conversan en la Fuerza Aérea Hondureña. (*Foto Alejandro Serrano*).

El Heraldo/27 de julio de 1987

SORPRESIVAS OBJECIONES DE DANIEL ORTEGA AL PLAN ARIAS

- **Hablaré con la resistencia armada del área para lograr la paz, promete presidente de Costa Rica.*

En la segunda etapa de su gira por América Central, el presidente Oscar Arias Sánchez, de Costa Rica, dialogó anoche con el ingeniero José Azcona y ratificó que Tegucigalpa será el próximo 31 de julio el punto de encuentro de los cancilleres del istmo y del Grupo de Contadora como paso previo a la Cumbre de mandatarios en Guatemala, en agosto próximo.

Arias Sánchez, acompañado del canciller Rodrigo Madrigal Nieto y de personal de apoyo en materia de relaciones públicas, llegó al Toncontín a las seis de la tarde, procedente de Managua, poco después que Azcona Hoyo regresara de los Estados Unidos de realizarse un chequeo médico.

Sin mayores despliegues en materia de seguridad, los gobernantes dialogaron durante hora y media en la residencia del anfitrión hondureño, teniendo como punto de agenda el Plan Arias y los preparativos de la Cumbre.

"Nosotros esperamos tener éxito en las gestiones de paz y para ello será importante el encuentro inicial de cancilleres de la región y de Contadora, que se efectuará en Tegucigalpa el 31 de julio", dijo Arias Sánchez.

A su juicio, ese encuentro preparativo y uno subsiguiente que se realizará en Guatemala "nos abren la posibilidad de avanzar más rápidamente en la obtención de la paz".

Arias Sánchez al ser interrogado sobre los obstáculos para encontrar la paz, manifestó que "soy realista, pero no puedo dejar de ser optimista ya que los pueblos centroamericanos están poniendo a prueba su voluntad para obtener la paz".

Al valorar su estadía en Managua, dijo que se encontró con la sorpresa de que el presidente Daniel Ortega Saavedra le indicó las objeciones que tiene Nicaragua a la propuesta de Costa Rica.

"Hasta ahora Nicaragua había ofrecido un respaldo total al documento, pero sus observaciones ratifican que hay que dedicarle tiempo al Plan para discutirlo", subrayó.

Al respecto, y haciendo una defensa de su iniciativa, Arias Sánchez comentó que "el Grupo de Contadora tiene cuatro años de negociaciones sin lograr casi nada".

El Plan Arias fue expuesto por primera vez a mediados de febrero pasado en San José y luego se oficializó como tal en una reunión de todos los presidentes del área, a excepción del nicaragüense, desarrollada también en la capital costarricense.

El gobernante admitió que las dudas y observaciones no son exclusivas de un determinado país y reconoció que Estados Unidos tiene sus propios criterios y preocupaciones.

Todas esas opiniones disidentes fueron consideradas como importantes por Arias Sánchez, argumentando que "nuestra propuesta no fue expuesta simplemente para su aprobación o rechazo, sino para que se discuta".

Anticipando posibles resoluciones, dijo que, si en la Cumbre de Guatemala se firmara un acuerdo aceptando un cese al fuego, "ello sería incompatible con la ayuda a los contras".

Añadió que, si los mandatarios mostraran una plena disposición en favor de la paz, él iniciaría diálogos con las fuerzas insurgentes del área para saber si están dispuestas a renunciar a la lucha armada.

"Se que los contras estarían dispuestos a renunciar, pero no sé si la guerrilla salvadoreña adoptaría igual posición", puntualizó.

Por su parte, Azcona Hoyo se limitó a plantear que Honduras mantiene su preocupación por lo que considera la secuencia de acontecimientos en favor de la paz que tiene el Plan Arias.

Pero, aclaró que Arias Sánchez le indicó que la secuencia como tal no existe, lo que puso en evidencia cierta flexibilidad en la propuesta.

Argumentando que el gobernante costarricense se encontraba cansado, Azcona Hoyo dio por concluida la conferencia de prensa al cabo de aproximadamente veinte minutos de diálogo. Sin embargo, en la agenda proseguía una cena protocolar.

Arias Sánchez partirá a las ocho de la mañana de hoy rumbo a San Salvador y por la tarde estará en Guatemala. El itinerario de su gira, según algunos de sus acompañantes, no es fortuito y responde al análisis que ha hecho la Cancillería tica de las posiciones que con respecto a la propuesta tienen los países de la región.

El Heraldo/27 de julio de 1987

ORTEGA: PLAN NO DEBE MODIFICARSE

MANAGUA. (ACANEFE). - El presidente de Costa Rica, Oscar Arias, aseguró ayer aquí que si los gobernantes centroamericanos llegan a un acuerdo "se acabó la guerra y tanto la guerrilla salvadoreña como los "contras" nicaragüenses se acogerán a las reglas del juego y depondrán las armas".

En una conferencia de prensa conjunta con el presidente nicaragüense Daniel Ortega, Arias agregó que, posteriormente, sería el Grupo de Contadora el encargado de verificar el cumplimiento de esos acuerdos y de poner a prueba la buena fe de los mandatarios centroamericanos.

Arias dijo que el propósito de la gira iniciada ayer a esta capital era, precisamente, sondear la posibilidad de lograr ese acuerdo y añadió que tenía la obligación de "ser optimista".

Afirmó rotundamente que no tiene intención alguna de retirar su iniciativa de paz e insistió en la necesidad de democracia, elecciones libres y respeto a las libertades individuales en los países centroamericanos.

Los presidentes centroamericanos se reunirán el 6 y 7 de agosto en la capital de Guatemala para analizar el Plan de Paz propuesto en febrero pasado por Oscar Arias.

La "cumbre" de gobernantes centroamericanos se realizará con posterioridad a dos reuniones de cancilleres de la zona, cuyo propósito es ultimar detalles de la misma.

Daniel Ortega, que en todo momento intentó subrayar coincidencias, defendió el contenido del Plan de Paz costarricense tal y como está y señaló que "es necesario mantenerlo en todos sus puntos, pues no debe ser modificado, ni variado en su substancia".

Ortega dijo que las vías a la democracia son diferentes en cada país y también aseguró que, en el momento que cese la agresión, se levantará automáticamente el estado de emergencia en Nicaragua y tendrá plena vigencia la Constitución.

El Heraldo/27 de julio de 1987

MAÑANA ARRIBAN AZCONA Y ARIAS, PERO DIALOGARÁN HASTA EL LUNES

Los presidentes de Costa Rica y Honduras, Oscar Arias Sánchez y José Azcona Hoyo, respectivamente, ingresarán mañana por la tarde al país, pero su entrevista para analizar la situación centroamericana fue pospuesta para el lunes, se informó oficialmente ayer.

El vocero de la Casa de Gobierno, Marco Tulio Romero, dijo que el arribo de Arias está previsto para las dos y 30 minutos de la tarde mientras que Azcona llegará dos horas después, procedente de Nueva Orleáns.

El mandatario costarricense ingresará en un vuelo privado y será recibido en las instalaciones de la Base Aérea Hernán Acosta Mejía por el canciller Carlos López Contreras. El arribo de Azcona se producirá en el aeropuerto Toncontín.

Romero señaló que el diálogo presidencial, previsto inicialmente para mañana, se llevará a cabo el lunes en la Casa de Gobierno y posteriormente ambos dignatarios ofrecerán una conferencia de prensa.

El presidente de Costa Rica visita a sus colegas de Nicaragua, Honduras, El Salvador y Guatemala para conocer sus puntos de vista en relación al Plan de Paz para la región, propuesto por su gobierno.

Los cinco presidentes se reunirán conjuntamente los días seis y siete de agosto en la capital guatemalteca para procurar un arreglo a la crisis centroamericana, especialmente a los problemas internos que padecen Nicaragua y El Salvador.

Los presidentes de Honduras y Costa Rica, José Azcona y Oscar Arias, respectivamente, volverán a reunirse hasta el lunes próximo para dialogar sobre el tan llevado y traído plan de paz presentado por el gobernante tico. (*Archivo*).

*El Heraldo/*25 de julio de 1987

ASPIRINAS RECETARON AL PRESIDENTE EN USA

TEGUCIGALPA. - El presidente José Azcona Hoyo regresó ayer en la tarde al país, después de permanecer una semana en los Estados Unidos, donde se hizo un chequeo médico en el famoso Hospital de Rochester, Estado de Minnesota.

El mandatario se hizo acompañar de su señora esposa, Mirian Bocock, y del designado presidencial ingeniero Jaime Rosenthal Oliva.

Azcona llegó al aeropuerto de Toncontín a las cinco de la tarde en un avión comercial, y fue recibido por miembros del Gabinete de Gobierno y funcionarios de instituciones del Estado.

En el aeropuerto de Toncontín el presidente Azcona decidió recibir al mandatario costarricense, Oscar Arias Sánchez, quien tenía programada su llegada a Honduras a las tres de la tarde, pero fue retrasada porque en Nicaragua aprovechó para reunirse con la oposición del gobierno sandinista.

Azcona Hoyo dijo que en Rochester se hizo un chequeo médico porque "tenía una pequeña molestia en los pies, un ardor", pero que no era de mucha importancia.

Indicó que en Rochester los médicos le dijeron que los medicamentos que le habían prescrito en Honduras e Israel tenía que bajar la dosis "un poquito y que lo sustituya por unas aspirinas y eso es lo que vamos a hacer". (TDG).

Tiempo/27 de julio de 1987

Azcona: El acuerdo de paz no se logrará de la noche a la mañana

Honduras no va a ser obstáculo para que se logren los objetivos de paz del Plan del Presidente de Costa Rica, Oscar Arias Sánchez, pues este país no tiene ningún problema interno, aseveró ayer el presidente José Azcona, poco antes de reunirse con su homólogo costarricense.

Azcona regresó a las 5:00 de la tarde de Rochester, Minnesota, en donde fue sometido a un reconocimiento médico rutinario y afirmó que "nosotros estamos empeñados en que en los países donde existan problemas internos haya un entendimiento".

Recalcó que Honduras no tiene ese tipo de problemas, ya que nadie le está tirando tiros a nadie, hay una oposición, pero es una oposición cívica y está funcionando la democracia con sus problemas característicos".

Por esta razón, sostiene el mandatario hondureño "no tenemos por qué estar en contra de una solución política al problema de Centroamérica".

Azcona reiteró que mantenía su pesimismo en torno a los resultados de la reunión cumbre, que realizarán los presidentes de Guatemala, El Salvador, Honduras, Nicaragua y Costa Rica, en Esquipulas.

Sin embargo, manifestó su creencia de que si en esa reunión no se logra una solución "habrá que tener otras reuniones y sobre todo Nicaragua tendrá que ir entendiendo que su problema interno debe ser solucionado en forma política".

Azcona se reunió ayer con su homólogo costarricense, Oscar Arias, para analizar su plan de paz y después de sostener charlas privadas los dos mandatarios acordaron emitir un pronunciamiento conjunto.

Empero, en sus declaraciones preliminares el presidente hondureño consideró que el primer obstáculo para lograr un acuerdo en la reunión cumbre de Esquipulas, Guatemala, sería la no aceptación de Nicaragua de una reconciliación interna.

El presidente José Azcona y su esposa, Miriam de Azcona, al momento de arribar ayer a Tegucigalpa. (*Foto de Aquiles Andino*).

Azcona sostiene que la no participación de Nicaragua en la reunión de cancilleres podría también ser impedimento para concretar un acuerdo de paz y consideró que "sería muy lamentable que no estuviera presente el canciller nicaragüense en la reunión".

Más adelante el mandatario hondureño reiteró su creencia en que un acuerdo de paz no "se va a lograr de la noche a la mañana".

Puede haber una reanudación de la búsqueda de esa tranquilidad, subrayó, pero un acuerdo de paz, en forma inmediata, es algo muy difícil.

Presidente costarricense:

EN 4 AÑOS NO LOGRÓ CASI NADA CONTADORA

Por LUDOVICO SÁNCHEZ TURCIOS

"Sin paz no hay desarrollo económico para Centroamérica, pero Costa Rica cree que la paz no es posible obtenerla si no hay democracia", afirmó el presidente Oscar Arias Sánchez, al término de una reunión que por espacio de dos horas sostuvo con su homólogo hondureño, José Azcona.

Arias Sánchez, quien inició un periplo por Centroamérica en Nicaragua, donde ayer por la mañana se reunió con el presidente Daniel Ortega, manifestó su satisfacción por la pronta reunión de cancilleres que tendrá lugar en Tegucigalpa con la participación de los cancilleres del Grupo de Contadora el próximo fin de semana.

Arias Sánchez reiteró que sin paz no hay posibilidades de desarrollo para la región, "pero la paz no es posible obtenerla si no hay democracia como requisito indispensable para obtener una paz duradera".

El mandatario costarricense afirmó que para sorpresa suya "encontré varias observaciones a mi propuesta de paz y digo que para mi sorpresa, pues hasta el día de hoy lo que hemos oído del gobierno de Nicaragua es un respaldo general a la propuesta de paz".

Al ahondar en los puntos que comprende nuestra iniciativa de paz, agregó: "nos hemos dado cuenta de que también el gobierno de Managua tiene algunas preocupaciones y observaciones".

Arias Sánchez insistió en la necesidad de una reunión, lo más pronto posible, de los cancilleres "porque hay que dedicarle tiempo al análisis de este plan de paz.

La verdad, subrayó, es que Contadora se ha tomado más de cuatro años sin lograr completar casi nada y pienso que (su plan de paz) por ser una iniciativa centroamericana, tenemos una obligación mayor de poner nuestra mejor voluntad para ver si logramos obtener un acuerdo.

La verdad, recalcó, es que nadie conoce mejor los problemas de Centroamérica que los propios centroamericanos, de manera que vamos a enfrentar la reunión con gran responsabilidad y estoy seguro de que habrá voluntad para buscar los acuerdos lo más pronto posible.

Arias Sánchez reconoció que los norteamericanos tienen observaciones también a su plan de paz, "dudas de que hay algunos puntos que deben cerrarse si es que queremos contar con un acuerdo que nos garantice una paz verdadera".

"Si llegamos a un acuerdo, recalcó, necesariamente la ayuda a la contra y a la guerrilla salvadoreña tendría que ser suspendida y lo que viene como un gran reto para nosotros es la verificación de que esto se cumpla".

Tras terminar la declaración del visitante costarricense, el mandatario hondureño, José Azcona, manifestó que él apoyaba en todo la posición de Arias Sánchez y que estaría dispuesto a poner su esfuerzo en el logro de un acuerdo de paz entre los gobiernos centroamericanos.

El presidente José Azcona se lleva la mano a la cabeza tras concluir anoche su reunión, en su residencia, con su homólogo Oscar Arias, de Costa Rica. (*Foto Orlando Sierra*).

NO SIGAMOS MATÁNDONOS ENTRE HERMANOS: ARIAS

El presidente de Costa Rica, Oscar Arias Sánchez, inició ayer una gira de dos días por Nicaragua, Honduras, El Salvador y Guatemala, en un esfuerzo urgente para salvar la conferencia cumbre de mandatarios centroamericanos, evitar el agravamiento bélico de la crisis regional e impedir que "sigamos matándonos entre hermanos".

Arias, quien es acompañado por su ministro de Relaciones Exteriores, Rodrigo Madrigal Nieto advirtió que si en la reunión de presidentes, programada para el 6 y 7 de agosto en la capital guatemalteca, "se falla y no se lograra consenso nos damos cuenta de que no va a privar la sensatez, la cordura y la racionalidad, sino que seguiremos matándonos entre hermanos".

Explicó que el propósito fundamental de su recorrido por el istmo nunca antes realizado por presidente alguno del área en la historia reciente de Centroamérica es analizar con cada mandatario cuál es su criterio sobre su plan de paz y que será el tema de la cumbre.

Dijo que "depende de la voluntad y el ánimo que yo vea en cada presidente centroamericano, para ver si Costa Rica debe continuar viva la propuesta de paz o se retira como tal".

Con respecto al futuro de su plan y ante la posibilidad de regresar al proceso de Contadora, paralizado desde junio de 1986, el presidente costarricense sentenció:

"Si somos incapaces de ponernos de acuerdo en una propuesta de un par de páginas, cómo nos vamos a poner de acuerdo en la iniciativa de Contadora que es como una enciclopedia, que quiere cubrir todo y cuando se quiere abarcar todo con el mejor de los ánimos no se cubre lo esencial, que es la democracia, el cese al fuego, la amnistía y sentarse a negociar".

Editorial

LA CRISIS POLITICA

Sin lugar a dudas, en Honduras hay una crisis política, en la que campea un cúmulo de intereses personales que han aflorado con la misma fuerza de las ambiciones desbocadas de los presidenciables.

Un pacto entre los movimientos mayoritarios de los partidos tradicionales, propició la integración política en el gobierno, misma que ahora nos tiene embarcados en una lucha abierta, sin tregua y sofocante.

A estas alturas el ingeniero José Azcona tiene que haberse dado cuenta que por todo lo malo que se haga en su administración, el único responsable ante la historia será él. Nadie le regateará ese juicio implacable de la historia, ni sus amigos que a él le merecen tanta estima y tanto valor como para haber dicho que en cualquier momento podía abandonar ese alto cargo, si se le exigía la destitución de un funcionario. Serían capaces cuando usted deje la casa de gobierno, de salir a defenderlo por la radio, la prensa o la televisión.

De Suazo Córdova se dijo con certeza que se metió en política hasta el último momento de su mandato. Intentó armar un rompecabezas que le hubiera permitido proseguir por dos años en la presidencia, hasta totalizar seis de un período constitucional de cuatro. No le bastó proclamar candidatos presidenciales en su partido para luego quitarlos, sino que intervino abusivamente en los asuntos internos del Partido Nacional, sujetando por el cuello a quienes fungían como dirigentes en aquel octubre tenebroso que pudo sellar el destino de Honduras, con crespones de luto y de dolor.

Nosotros no queremos que usted descienda de su alto sitial para andar embarrándose entre las miasmas de los pantanos. Lo que deseamos es que haga valer su voz mesurada y de dirigente nacional, a fin de atemperar los ánimos de sus correligionarios que están por entrar en arena movediza y donde el peligro acecha.

No todos los aspirantes a la candidatura presidencial del Partido Liberal, estaban de acuerdo con la fecha escogida para los comicios internos -6 de septiembre de 1987-, como ocurrió con Ramón Villeda Bermúdez y Enrique Ortez Colindres, porque consideraron fundamentalmente que el tiempo era muy corto. Frente a esa posición, Montoya, Maradiaga y Flores Facussé han afirmado que apoyan los comicios en la fecha apuntada.

Aunque parezca increíble, este acuerdo es el segundo logrado entre los precandidatos liberales que han venido utilizando todo su tiempo en tirar lanzas a los techos vecinos, en una pugna violenta y a veces grosera.

Frente a los intereses de la nación no pueden sobreponerse los intereses de personas o grupos de personas, porque de permitirlo por acción u omisión, no sería más que el inicio de una cruenta batalla en la que el Partido Liberal y el Partido Nacional serían los perdedores.

En ambos partidos políticos tradicionales se puede observar agrietamientos que demandan acciones rápidas que prevengan daños mayores, siendo en el Partido Liberal en donde más se profundizan las diferencias, tanto por la ambición desmedida que se ha apoderado de los seis o siete precandidatos presidenciales como por el dinero que se está invirtiendo en una campaña presidencialista que tiene a media población en tensión.

Un pueblo tan pobre como el nuestro, no puede continuar despilfarrando sus recursos económicos y un ejemplo diáfano, elocuente y aplastante lo tenemos en el propio Tribunal Nacional de Elecciones, en donde, como consecuencia de las obligaciones que tiene que asumir frente a los comicios liberales, se ha hecho del conocimiento público que de las miles de urnas que se adquirieron con dinero del pueblo para las elecciones del 24 de noviembre de 1985, solamente quedan unas dos mil y unos 400 botecitos de tinta indeleble.

Como en este país a nadie se captura y se mete a la cárcel por malversar los dineros del pueblo hondureño, ni por robar millones en transacciones dolosas, pues también en el Tribunal Nacional de Elecciones no se dan explicaciones sobre el destino de las urnas y de la tinta. Habrá, eso sí, que comprar urnas y tinta para que sea este pueblo nuestro que no tarda en andar en purititos caites, si es que antes no dispone Hacienda y Economía hacer algo para que los talleres de zapatería no cierren sus puertas ante el desmesurado incremento de los impuestos que afectan los productos que se utilizan para la fabricación de zapatos.

Nosotros creemos que los propios partidos involucrados en el evento comicial pudieran contribuir al financiamiento de los comicios, cuyo costo, según los estimados hechos, puede alcanzar los 300 mil lempiras, cifra que no la consideramos exorbitante, si tomamos en cuenta los costos de la propaganda radial y televisada contratada por los protagonistas de un evento comicial partidario.

Si el Señor Presidente de la República no cree que hay una crisis política en el país, la situación se volverá extremadamente delicada, porque nadie más en este momento -el único de que se dispone- podría movilizar la influencia personal en busca de la concordia y de la amistad entre los dirigentes liberales.

Nos preocupa la descarnada campaña que se viene haciendo y los tambores de guerra que llevan el mensaje de odio y de lucha entre enemigos irreconciliables.

Una vez más EL HERALDO se dirige al Señor Presidente de la República, para ponerlo sobre aviso de lo que pudiera ocurrir en Honduras a corto plazo, si él no atiende esta solicitud que le formulamos ante el pueblo todo de esta Patria de Morazán, Ramón Rosa, Valle, Cabañas y tantos otros hombres que le dieron gloria y validez en el concierto de naciones centroamericanas.

Que los ánimos se atemperen y que la paz vuelva a todos los grupos sociales y políticos.

*El Heraldo/*27 de julio de 1987

[En Tela]

SUBSIDIO DE LPS. 4 MIL RECIBIÓ LOS LAURELES

TELA, ATLANTIDA. - El presidente de la república ingeniero José Azcona Hoyo, envió un subsidio por la cantidad de cuatro mil lempiras, a la comunidad de Los Laureles, para ser empleados en la construcción de un aula escolar.

La entrega la realizó el diputado Jorge Chavarría, en representación del mandatario hondureño, al presidente del patronato de esa localidad.

Los vecinos de las diferentes comunidades de este importante sector poblacional, han manifestado públicamente su agradecimiento al presidente José Azcona y al diputado Jorge Chavarría, éste último, por gestionar ayuda para beneficiar a las comunidades más necesitadas, porque hasta este momento ha sido considerado como el mejor diputado que ha tenido el puerto de Tela.

Diputado Jorge Chavarría. (Foto de SAR)

*La Prensa/*28 de Julio de 1987

HONDURAS NO TORPEDEA NI SERÁ
OBSTÁCULO AL PLAN DE PAZ ARIAS

TEGUCIGALPA. - El presidente José Azcona Hoyo y su homólogo de Costa Rica, Oscar Arias Sánchez, se reunieron anoche para intercambiar impresiones sobre la reunión cumbre de mandatarios centroamericanos que se llevará a cabo en Guatemala la próxima semana, en la cual se discutirá el Plan Arias.

El presidente costarricense llegó a las 6:10 de la tarde, y fue recibido por Azcona en la base militar de la Fuerza Aérea Hondureña "Hernán Acosta Mejía", donde no se permitió el acceso de los periodistas.

Arias Sánchez llegó a Tegucigalpa con tres horas de retraso procedente de Nicaragua, porque en ese país además de entrevistarse con el presidente Daniel Ortega, se reunió con los líderes de la oposición del gobierno sandinista, según trascendió ayer en el aeropuerto de Toncontín.

El mandatario costarricense se hace acompañar por el canciller Rodrigo Madrigal Nieto y alrededor de 15 periodistas, y hoy en la mañana saldrá para El Salvador para entrevistarse con su homólogo Napoleón Duarte, y en la tarde visitará Guatemala para hacer consultas también con el presidente Vinicio Cerezo Arévalo.

En la reunión de anoche, realizada en la residencia del presidente Azcona, los mandatarios hondureño y costarricense discutieron el Plan Arias y la necesidad de las reuniones de cancilleres previas a la cumbre de Guatemala, y en la misma se daría a conocer una declaración conjunta.

El presidente Azcona, en declaraciones que dio en el aeropuerto de Toncontín, dijo que "Honduras no va a ser obstáculo para que se logren los objetivos del Plan Arias. Nosotros no tenemos ningún problema interno y lo principal de ese plan es, precisamente, la reconciliación de las familias donde haya problemas internos".

Insistió que en Honduras "no tenemos problemas internos, nadie está tirándole tiros a nadie, hay una oposición, pero una oposición cívica. Está funcionando la democracia con sus problemas, como en toda democracia incipiente, pero todo está caminando, por lo tanto, nosotros no tenemos por qué, bajo ningún punto, estar en contra de una solución política al problema centroamericano".

Azcona expresó que sigue siendo "un poco pesimista" de que en la cumbre de mandatarios en Guatemala se logre un acuerdo de paz, "pero también tengo la creencia de que si en esa reunión no se logra, pues habrá que tener más reuniones y, sobre todo, tendrá que ir entendiendo, poco a poco, el gobierno sandinista que tiene que ir haciendo apertura política en su país, para que haya una mayor posibilidad de reconciliación interna en Nicaragua y, de allí, pueda salir en realidad la paz en Centro América".

Agregó que el gobierno hondureño de ninguna manera ha tratado de torpedear las reuniones de presidentes centroamericanos, y sostuvo que el principal obstáculo para lograr un acuerdo de paz "sería la no aceptación del gobierno de Nicaragua de una reconciliación interna".

Asimismo, señaló que la no realización de las reuniones previas de cancilleres puede retrasar un acuerdo de paz, "yo creo que sería muy conveniente que haya reuniones previas de cancilleres, y me parece que sería muy lamentable que en la reunión de cancilleres no participe el canciller de Nicaragua", añadió.

En cuanto a la propuesta del gobierno de Nicaragua de que en las reuniones previas de cancilleres centroamericanos deben participar los cancilleres de los países que integran el Grupo de Contadora, el presidente Azcona manifestó que "yo creo que podrían participar como observadores, nosotros no estamos en contra de nadie que pueda coadyuvar a una solución".

Finalmente, dijo que la solución a la crisis centroamericana no se puede lograr de "la noche a la mañana", pero que en la reunión de presidentes que se llevará a cabo en Guatemala los días 6 y 7 de agosto próximo, "puede haber una reiniciación en la búsqueda de esa tranquilidad". (TDG).

Tiempo/27 de julio de 1987

AZCONA OFRECE RESPALDO A MUNÍCIPES DE ROATÁN

El presidente José Azcona ofreció ayudar a la realización de varios proyectos que ha programado la Corporación Municipal de Roatán.

Lo anterior lo confirmó el alcalde isleño Marlon Bodden, quien se reunió con el mandatario en compañía del diputado Salomón Glen Randal.

Los proyectos a realizarse son un mercado y escuelas en Roatán, así como la reparación del edificio en donde funciona el instituto "Santos Guardiola".

Bodden dijo que para realizar estos proyectos la Municipalidad necesita aproximadamente 500 mil lempiras.

El alcalde isleño dijo que se había reunido con el ministro de Turismo para hablar del desarrollo turístico de Roatán, en donde el gobierno está realizando una buena inversión que va a beneficiar a Honduras.

Bodden reveló que a Roatán como Municipalidad porteña se le está dando un total de 150 mil lempiras, correspondientes al cuatro por ciento de las recaudaciones tributarias, pero "esto no es suficiente para cubrir las necesidades que afrontamos", subrayó.

La Tribuna/28 de julio de 1987

ARIAS: CASI NADA LOGRÓ CONTADORA

El presidente de Costa Rica, Oscar Arias Sánchez, quien inició ayer una gira por los países centroamericanos, sostuvo anoche tras entrevistarse con su homólogo hondureño, José Azcona, que el Grupo Contadora "se ha llevado más de cuatro años sin lograr casi nada" y si en la cumbre de Esquipulas no se lograra un consenso, "nos damos cuenta que seguiremos matándonos entre hermanos". Por su parte, el mandatario hondureño, José Azcona, dijo tras retornar ayer de Estados Unidos, que "un acuerdo de paz no se va a lograr de la noche a la mañana". (Foto de Aquiles Andino).

La Tribuna/27 de julio de 1987

CONSTRUIRÁN INSTITUTO EN SAN FCO. DE LA PAZ

- *Y en todo Olancho, 150 salones de clases*

El Ministerio de Educación Pública, con apoyo de la Agencia para el Desarrollo Internacional, construirá 150 aulas en Olancho, así como un instituto en San Francisco de la Paz, con un monto total superior a los 3.4 millones de lempiras.

El diputado Gustavo Gómez Santos declaró que la edificación de los salones de clase está programada desde principios de año y su realización constituye todo un acontecimiento histórico, porque se construirán en conjunto en distintos puntos de ese departamento.

Los trabajos, que se iniciarán a finales de este mes, implican le erogación de tres millones aportados por AID y de alrededor de mil lempiras, como contraparte por Educación Pública. Las obras se ejecutarán por etapas.

La Tribuna/28 de julio de 1987

En su gira:
PRESIDENTE ARIAS BUSCA MAYOR CONSENSO
PARA PAZ EN Centro América

SAN JOSE. - El presidente de Costa Rica, Oscar Arias, inició ayer una gira por los países centroamericanos, para buscar un mayor consenso a su plan de paz, presentado en febrero pasado.

Managua fue su primera escala y allí le brindaron una calurosa bienvenida. Arias no había visitado Nicaragua; su antecesor, Luis Alberto Monge, no lo hizo durante toda su gestión presidencial.

Arias Sánchez viajó en un vuelo privado acompañado de su canciller, Rodrigo Madrigal Nieto, y de la jefa de prensa de la presidencia, entre otros representantes de los más importantes medios de comunicación de este país.

Arias Sánchez viaja, en un vuelo privado acompañado de su canciller, Rodrigo Madrigal Nieto, y de la jefa de prensa de la presidencia, entre otros representantes de los más importantes medios de comunicación de este país.

El jefe de Estado costarricense se reunió con Daniel Ortega, con representantes de la Iglesia Católica, del Consejo Superior de la Empresa Privada (COSEP) y con líderes de la oposición interna, según se informó.

Por la noche Arias llegó a Tegucigalpa y se reunió con el presidente José Azcona Hoyo, y hoy continuará su gira por El Salvador y Guatemala, donde dialogará con los mandatarios de estas naciones, José Napoleón Duarte y Vinicio Cerezo, respectivamente.

Arias Sánchez, que regresará el martes a Costa Rica, intenta buscar áreas de consenso para su plan de paz para Centroamérica, con miras a la "cumbre" de los cinco presidentes de la región, programada para el 6 y 7 de agosto en la capital de Guatemala.

Esta iniciativa propone un alto al fuego, elecciones libres, suspensión de la ayuda extrarregional a grupos rebeldes del Istmo, amnistía general y diálogo con la oposición interna, pero desconoce, en el caso de Nicaragua, conversaciones entre la "contra" y el gobierno sandinista.

El canciller de Costa Rica Rodrigo Madrigal, declaró antes de viajar a Managua, que con esta gira no se pretende alcanzar ningún acuerdo con sus colegas centroamericanos, sino "fortalecer la voluntad de diálogo, analizar y disipar diferencias".

"Debemos hacer todo lo que esté a nuestro alcance para que los países centroamericanos lleguemos a un entendimiento", agregó.

La gira del presidente Arias se produce tras seis años de tensiones diplomáticas entre estos dos países, salpicadas de múltiples incidentes fronterizos, de acusaciones por parte de Costa Rica ante la Organización de Estados Americanos (OEA) y una demanda sandinista ante la Corte Internacional de Justicia, con sede en La Haya por presunto apoyo a la "contra" por parte del gobierno de San José.

El último presidente costarricense que viajó a Nicaragua, fue Rodrigo Carazo Odio, presidente de Costa Rica, cuando triunfó la revolución sandinista, y que asistió a los actos de clausura de una campaña de alfabetización, el 22 de agosto de 1980.

A partir de mayo de 1982, tras el período presidencial de Carazo, las relaciones bilaterales entraron en un proceso de deterioro, en el que abundaron las acusaciones de Nicaragua, sobre el empleo del suelo costarricense por parte de la "contra".

El momento más crítico se produjo en mayo de 1985, cuando dos miembros de la Guardia Civil costarricense murieron y otros nueve resultaron heridos por disparos desde el territorio nicaragüense que, según Costa Rica, fueron hechos por efectivos del ejército sandinista.

Los presidentes Azcona y Arias, dialogan en Casa Presidencial, en compañía de los cancilleres de ambas naciones.

La Prensa/27 de julio de 1987

PRESIDENTE AZCONA NOMBRA COMISIÓN PARA ESTUDIAR SITUACIÓN DE REOS

TEGUCIGALPA. - El presidente de la República José Azcona Hoyo nombrará una comisión para estudiar el caso de centenares de hondureños que guardan prisión por diferentes delitos quienes pese a que han sido procesados no han recibido sentencia alguna.

El abogado Armando Blanco Paniagua, tras reunirse con el mandatario, dijo que éste se encuentra preocupado ya que muchos compatriotas no han podido salir de las cárceles a raíz de su poca capacidad económica, en tal virtud está dispuesto a gestionar su libertad o agilizar los juicios.

Por otro lado, el profesional del Derecho nombrado por el gobierno en la Comisión Agraria para que gestionara la libertad de campesinos presos, dijo que 50 de éstos se encuentran aún prófugos y que se está buscando la manera para que se entreguen a la justicia y proceder a defenderlos.

De los 450 labriegos que fueron acusados por los terratenientes alrededor del 90 por ciento ya recobró su libertad, pero para cumplir las funciones encomendadas por Azcona Hoyo, Blanco Paniagua tratará de hacer que los que huyen de la justicia se acerquen a los tribunales para saber si en realidad la acusación tiene o no méritos.

En relación a los reos sin sentencia el asesor del gobernante dijo que Azcona "está muy interesado en obtener más información acerca de ellos, especialmente los que no tienen abogado defensor para ver de qué forma se les puede ayudar". La investigación será canalizada a través del Ministerio de Gobernación.

Blanco Paniagua dijo que los terratenientes están facultados para procesar a los campesinos toda vez que la ley se los permita, pero si las acusaciones no son apoyadas con las pruebas no hay otra opción que declararla sin méritos que permite la libertad del acusado.

La Prensa/28 de julio de 1987

COMPLETA GIRA PRESIDENTE ARIAS

GUATEMALA, 27 DE JULIO (DPA). - El presidente de Costa Rica, Oscar Arias Sánchez, llegó esta tarde a Guatemala, completando su gira de dos días por las capitales centroamericanas en promoción de su plan de paz para el área y de la reunión cumbre de gobernantes convocada por el presidente guatemalteco, Vinicio Cerezo Arévalo.

Al llegar al aeropuerto militar de la capital guatemalteca, Arias se manifestó optimista por las conversaciones sostenidas ayer y hoy con los presidentes Daniel Ortega (Nicaragua), José Azcona (Honduras) y José Napoleón Duarte (El Salvador), ya que los tres gobernadores reiteraron su decisión de acudir a la ciudad de Guatemala los días 6 y 7 de agosto, fijados para la cumbre.

Arias fue recibido por el vicepresidente de Guatemala, Roberto Carpio Nicolle, y por el canciller Mario Quiñónez Amézquita, quien lo acompañó a la finca Santo Tomás, a unos 45 kilómetros al sur de la capital, donde se encuentra Cerezo Arévalo y donde ambos presidentes analizaron esta tarde y noche la situación centroamericana, esperándose un comunicado conjunto o declaraciones de los dos presidentes.

El presidente José Azcona Hoyo con un fuerte apretón de manos despide a su colega costarricense Oscar Arias tras su corta visita en Tegucigalpa. (Foto Aulberto Salinas).

La Prensa/28 de julio de 1987

ÓSCAR ARIAS ADMITE DIFICULTADES
PARA PLASMAR SU PLAN DE PAZ

- *Luego de reunirse con Azcona, Ortega y Duarte.*

SAN SALVADOR–: (ACAN-EFE). - El presidente costarricense, Oscar Arias Sánchez, está dispuesto a ocupar "todos los medios" posibles para que los gobernantes centroamericanos se reúnan el 6 y 7 de agosto en Guatemala y "dialoguen" sobre la paz.

Tal es la idea que dejó sentada con bastante claridad Arias Sánchez, después de visitar por seis horas la capital salvadoreña y entrevistarse con su colega salvadoreño, José Napoleón Duarte.

Sin embargo, Arias ha mostrado que alcanzar la paz en Centroamérica "es una tarea ineludible y nada fácil".

El presidente Arias emprendió el domingo pasado la gira por la zona en Nicaragua, donde fue recibido por Daniel Ortega, luego se trasladó a Honduras y se entrevistó con José Azcona, y llegó a El Salvador.

Según el embajador de Costa Rica en El Salvador, Manuel Fernández, la visita de Arias por Centroamérica es "el último intento para que no se posponga una vez más la cumbre presidencial".

Arias, momentos antes de partir hacia Guatemala ayer mismo, última escala en su viaje, dejó entrever las dificultades que existen en el área para alcanzar la paz, pero también expresó que la "cumbre" presidencial y las reuniones previas de cancilleres se "realizarán".

Arias manifestó que "fue una sorpresa" las objeciones que presentó a su plan el presidente nicaragüense Daniel Ortega, no por las modificaciones que propone sino porque "es la primera ocasión que las conocemos".

El mandatario costarricense, sin embargo, no especificó cuáles eran esas objeciones.

De igual manera, expresó en conferencia de prensa, ofrecida ayer tarde junto con el presidente Duarte, que le "encantaría" reunirse con los rebeldes salvadoreños del Frente "Farabundo Martí" para la Liberación Nacional (FMLN) y "conocer su posición".

El canciller costarricense Rodrigo Madrigal y el presidente Azcona señalan un punto en el aeropuerto Toncontín ayer, luego que el mandatario tico Oscar Arias Sánchez (al lado de Azcona) abandonara el país rumbo a El Salvador y Guatemala. (Foto Serrano).

*El Heraldo/*28 de julio de 1987

Acusa Díaz Arrivillaga:
AZCONA, TEMEROSO Y VACILANTE ANTE EL CASO DE TEMÍSTOCLES

SAN PEDRO SULA. - Virulentas críticas contra el gobierno actual profirieron los líderes del Partido Demócrata Cristiano de Honduras, en una cena-política celebrada el sábado anterior en un conocido restaurante de esta ciudad.

El acto, que tuvo como fin promover la candidatura presidencial del diputado Efraín Díaz Arrivillaga, contó con la presencia de gran cantidad de líderes de la zona noroccidental. Aunque oficialmente no se lanzó la candidatura de Díaz, se aprovechó la oportunidad para lanzar al licenciado Eliseo Vallecillo Reyes, como primer diputado del departamento de Cortés en las elecciones de 1989.

Promueven ambas candidaturas el bloque popular socialcristiano surgido en esta ciudad.

Díaz Arrivillaga se preguntó en su exposición que cómo es posible que un solo ciudadano norteamericano, Temístocles Ramírez, mantenga de rodillas al gobierno hondureño, igual que, a principio de siglo, cuando llegaron las compañías norteamericanas, transnacionales bananeras.

Sobre ese particular sostuvo que José Azcona se mantiene "vacilante y temeroso", cuando debiera tener una posición firme y clara ya que Honduras no ha necesitado para vivir esos 20 millones de ayuda norteamericana que se está negando, mientras no se pague al puertorriqueño.

Señaló que Honduras ni siquiera una libre política económica puede mantener debido a la terrible dependencia económica que la mantiene con las manos atadas.

El Heraldo/28 de julio de 1987

Al estrecharse las relaciones diplomáticas con Oriente:

NACEN LOS VÍNCULOS CULTURALES ENTRE PALESTINA Y HONDURAS

SAN PEDRO SULA.- En la reciente visita diplomática que realizara a medio oriente el presidente de Honduras, Ing. José Simón Azcona Hoyo en compañía del jefe de las Fuerzas Armadas Gral. Humberto Regalado H. y demás miembros del gabinete, se estrechó en forma positiva y se han hecho sentir el apoyo de la colonia Árabe-Hondureña residente en Palestina, de donde ha llegado a esta ciudad el artista Laurence Hananía, quien después que ambas naciones han compartido la tradición del "pan con sal", manifestó su oportuna inquietud de crear un nuevo centro de arte que reforzará los vínculos culturales nacidos como resultado de estas relaciones.

Aprovechando la coyuntura de esta relación internacional Laurence Hananía considera de importancia hablar de su proyecto como es el crear la primera escuela de escultura en madreperla de San Pedro Sula, para que en ella ingresen los sampedranos que tengan afinidad artística y especialmente aquellos que comparten sus admiraciones desde que él hizo su primera visita a esta ciudad.

El maestro Hananía es un gran genio oriental y es sorprendente el deseo de transmitir su don entre gente en la que ha descubierto mucha habilidad y que poseen el grado de talento requerido para trabajar un arte exclusivo en el que se pone de manifiesto el manejo de colores y tonalidades para configurar líneas y diseños perfectos en escultura, jarrones, cofres y otros objetos personales.

El origen ancestral de la escuela que pretende fundar Laurence Hananía, se remonta a los anales de la era cristiana, donde una generación de privilegiados empleó el nácar o concha de madreperla adhiriéndola estéticamente a diversos objetos, que hicieron la gran tradición artística logrando que, en la época de los emires, tales trabajos adquirieran carácter de presentes de aristocracia, belleza y prominente valor que se acentúa hasta nuestros días.

Reconoce el escultor sentir mucho orgullo de que hondureños importantes como el presidente de la república y el jefe de las Fuerzas Armadas del país, hayan recibido el modelo de artesanía palestina que por poseer exclusividad en el mundo -y siendo yo su creador- pienso que es justo que todos conozcan mi propósito de ponerme a las órdenes en exquisitas decoraciones orientales y trabajos de restauración.

Argumenta Laurence Hananía que después que el gobierno hondureño reafirmase su compromiso con las naciones árabes "es buena oportunidad para que se haga público mi proyecto artístico, que viene a favorecer la cultura nacional y en particular del pueblo sampedrano". Al informar Laurence sobre si piensa fundar otras escuelas de este género en otros deptos. del país, este se refirió diciendo: "estoy de acuerdo en crear una sola escuela, porque mi trabajo es de un solo maestro y parece sencillo al adherir madreperla en superficies y contornos, pero mi satisfacción personal será que mis futuros discípulos sean auténticos en su mundo de arte", de aquí parte una de las premisas filosóficas en los que se apoyará la escuela de Laurence Hananía. Las creaciones artísticas de Laurence hablan por sí solas de su gran ingenio, el que han dado a conocer ya algunos medios y revistas de la esfera artística europea y oriental especialmente. (Por Carlos Meza).

*La Prensa/*28 de julio de 1987

SUAZO CÓRDOVA: NO HE DICHO "BARBARIDADES" DE AZCONA

El expresidente Roberto Suazo Córdova aclaró que en ningún momento se ha referido en forma despectiva al actual gobierno de José Azcona ni ha hecho declaraciones públicas en tal sentido, tal como lo afirma el columnista Arnaldo Villanueva Chinchilla.

Dicho escritor publicó un artículo titulado "El Gobierno Liberal", en uno de cuyos párrafos dice textualmente: "en una reciente reunión donde estaba presente el ex presidente de la República, Roberto Suazo Córdova, hablando en su forma folklórica y de perfil hacia la derecha, en forma eufórica dijo que "yo cometí errores, pero mandé, en cambio Azcona comete errores, pero no manda nada"".

Suazo Córdova dijo que él jamás ha vertido ese tipo de expresiones, las que califica de tendenciosas. Además, que en ningún momento ha estado en reuniones en donde haya expresado eso y emplazó a Villanueva Chinchilla para que diga el nombre, lugar y día que se celebró esa reunión, así como las personas que estaban presentes y pruebas de que él dijo "semejante barbaridad".

La Tribuna/28 de julio de 1987

Carta de un liberal para el Presidente

San Pedro Sula 27 de Julio, 1987.

Ingeniero:
José Simón Azcona
Presente.

Excelentísimo Sr. Presidente:

Disculpe que lo distraiga de sus delicadas funciones para saludarlo y desearle que el divino creador del cielo lo tenga bien de salud al lado de sus seres queridos después paso a decirle lo siguiente.

El que le escribe es un correligionario que tiene 30 años de militancia en nuestro Partido Liberal y denigrado político con el Dr. Modesto Rodas Alvarado y el Dr. Villeda Morales Q.D.D.G. que fuimos a parar a Nicaragua donde nos acogió a todo el grupo el abogado Ramón Valladares Soto, quien pidió ayuda al gobierno de Somoza donde nos concedió asilo político. Hablé con la esposa del Dr. Rodas Alvarado y con doña Alejandrina y me dijeron que usted era un hombre bueno y que mejor me dirigiera a usted para plantearle mi problema, pedí 15 audiencias ni una me fue concedida, he sido visitado por un gran número de liberales y se encuentran apesarados por mi situación. Ingeniero yo ganaba L.450.00 y el Director del Servicio Civil, dice Igna Laboriel, me rebajó el sueldo a L.285.00 por no llenar los requisitos y yo trabajo las 12 horas del día y parte de la noche, tengo 5 hijos de pan en mano y es una injusticia lo que este Sr. ha hecho conmigo. Él gana L.5.000.00 y no le importa que uno gane una miseria. Me deben 7 meses me pagaron sólo 3 meses por L.450.00 y el resto ya vienen rebajados los 4 meses. Soy pobre, pero regáleselos a él que talvez le sirven a su familia, porque no los voy a recibir sino me pagan los L.450.00 que yo devengo que por Ley me corresponden. Le pido a usted que me destituya. Ingeniero para llevarlo a usted a la presidencia mi casa valía L.12.500.00 y la empeñé en L.5.000.00, donde quedé en la miseria, ahora le mando la minuta de la madera para que me ayude o me dé algo de lo que gasté, yo y mi esposa para su campaña política en canal 6 y 7 T.V. Está pendiente de su resolución al ayudarme. Yo mismo le agradeceré públicamente ya que me regalaron un solar para hacer nuestra casa. Por televisión uno de mis hijos, de 8 años de edad, me reclamó que los había dejado en la calle y que sólo se habían quedado con la fotografía.

Ingeniero a los genuinos Liberales usted no los toma en cuenta y somos los que dimos alma, vida y corazón para que usted fuera presidente. Esperando su resolución y que comprenda mi situación, quiero que disculpe, pero este gabinete suyo es peor que el de Suazo Córdova; no le cobro ingeniero, pero la obligación suya es devolverme una parte de lo que gasté, que, aunque usted no me lo pidió, pero era mi obligación y quiero que usted comprenda.
Jorge Alberto García, Orador y Activista Liberal Costeño

*Tiempo/*28 de julio de 1987

HONDURAS CON MODERADO OPTIMISMO SOBRE PLAN

- *Avión presidencial a punto de sufrir percance en Toncontín*

ARMANDO MAYORGA
Enviado de La Nación

Tegucigalpa. Honduras no hizo observaciones al documento de paz de Costa Rica, aunque sigue siendo "pesimista" sobre el logro de una solución, de acuerdo con lo que afirmó el mandatario de ese país, Ing. José Azcona Hoyo, luego de un encuentro con el Presidente de la República, Dr. Oscar Arias.

La reunión la efectuaron en la residencia particular del primero, quien aclaró que su país "no va a ser obstáculo" para lograr los objetivos del plan Arias. Agregó que la única propuesta que plantearon es que se desarrollen más algunos de sus conceptos y que se modifique la secuencia de varios puntos, los cuales no especificó.

El Jefe de Estado costarricense llegó antenoche a Tegucigalpa, en la segunda escala de su gira por las capitales del istmo para promover su iniciativa de paz.

Al aterrizar en el aeropuerto Toncontín, procedente de Managua, el pequeño "jet" ejecutivo que lo traslada, junto con su comitiva, estuvo a punto de sufrir un percance. La nave, un birreactor propiedad del inversionista mexicano Roberto González, llegó al final de la pista con bastante velocidad, lo que obligó al piloto a virar. Trascendió que los pasajeros, incluso el mandatario, se alarmaron por el hecho. En tierra, el incidente fue tema de comentario del presidente Azcona.

ENCUENTRO
Al concluir la entrevista con Azcona, el Dr. Arias advirtió que no sólo los gobiernos de la región deben dar muestras de que desean llegar a un acuerdo de paz, sino que también deben hacerlo los grupos insurgentes. Aseguró tener informes de que los rebeldes nicaragüenses están dispuestos a "renunciar" a la lucha armada en caso de lograrse algún acuerdo en la conferencia de

Guatemala. "No sé si la guerrilla salvadoreña está dispuesta a hacerlo". Reiteró, asimismo, que la paz en la región no es posible si no hay democracia.

Don José Azcona Hoyo, mandatario hondureño, y el presidente Arias, se reunieron en la residencia particular del primero, en Tegucigalpa.

En tanto, el presidente Azcona manifestó: "Nosotros no tenemos mayores discrepancias" con respecto del plan, y éste "puede ser el vehículo idóneo para lograr la paz".

Fuentes diplomáticas, sin embargo, precisaron que el Gobierno hondureño teme por su seguridad nacional (su vecino del sur es Nicaragua) en caso de que se llegue a suscribir un arreglo de paz, por lo exige el establecimiento de "rigurosos" mecanismos de verificación y control por parte de Contadora, la OEA y la ONU, los cuales están contemplados en el plan de Arias.

Ayer por la mañana, luego de hablar con el presidente del Congreso hondureño, Carlos Montoya, el Dr. Arias y su comitiva continuaron viaje hacia San Salvador y Guatemala. (TOMADO DE LA NACION DE COSTA RICA).

*Tiempo/*29 de julio de 1987

NUEVA PLÁTICA CONFIDENCIAL AZCONA-BRIGGS

El embajador de los Estados Unidos, Everett Briggs, se reunió ayer con el presidente José Azcona Hoyo, pero, al término de la entrevista, se negó a informar a los reporteros sobre el motivo de su visita a la Casa de Gobierno.

La entrevista, que duró una hora, se produjo un día después de la visita al país del presidente de Costa Rica, Oscar Arias Sánchez, quien logró el respaldo del gobierno de Honduras para su iniciativa de paz centroamericana.

Los Estados Unidos han insistido en que no estarán de acuerdo con el Plan Arias mientras no contemple mecanismos que garanticen sus "intereses de seguridad en la zona" y dicha iniciativa no contempla aspectos como el desarme y la cooperación militar entre países de la región y extra continentales.

Al parecer, Briggs habría mostrado interés en conocer el fondo de las conversaciones entre los presidentes de Honduras y Costa Rica cuando falta un poco más de una semana para la celebración de la reunión de presidentes centroamericanos en Guatemala.

*El Heraldo/*29 de julio de 1987

SI SE LOGRA UN ACUERDO EN GUATEMALA, CONTRAS SUSPENDEN LA LUCHA: ARIAS S.

TEGUCIGALPA. - El presidente de Costa Rica, Oscar Arias Sánchez, concluyó ayer su visita a Honduras, en la gira que realiza por los demás países centroamericanos, para intercambiar criterios con los mandatarios sobre su iniciativa de paz, que será discutida en la cumbre presidencial que se llevará a cabo en Guatemala los días 6 y 7 de agosto próximo.

Arias Sánchez que llegó a Tegucigalpa el domingo a las 6 de la tarde, partió ayer rumbo a El Salvador a las 9:45 de la mañana, y en la base militar de la Fuerza Aérea Hondureña "Hernán Acosta Mejía" fue despedido por el presidente José Azcona Hoyo y el canciller Carlos López Contreras.

El mandatario costarricense se entrevistó con Azcona en la noche del domingo, y después de su reunión con el presidente de El Salvador, José Napoleón Duarte, ayer mismo partiría para Guatemala para dialogar, con el presidente Vinicio Cerezo Arévalo.

Oscar Arias dijo que se sentía "muy contento" porque previo a la cumbre de presidentes se van a realizar las reuniones de cancilleres centroamericanos conjuntamente con los cancilleres de los países que integran el Grupo de Contadora, para analizar el Plan Arias.

Indicó que las reuniones previas de cancilleres que se llevarán a cabo la primera en Honduras, este fin de semana y, la otra en Guatemala dos días antes de la reunión cumbre de mandatarios, facilitará a los presidentes centroamericanos "avanzar más rápidamente hacia la obtención de la paz que anhelan todos los pueblos centroamericanos con mucha urgencia".

Señaló que en su visita a Nicaragua le causó sorpresa que el presidente Daniel Ortega le expusiera algunas preocupaciones y observaciones al Plan de Paz, porque anteriormente había expresado su decisión de aceptarlo sin ninguna modificación.

El presidente Arias, que también se reunió con los líderes de la oposición del gobierno sandinista, dijo que estaba seguro de que, si en Guatemala se lograba un acuerdo de paz por parte de los presidentes, los contras nicaragüenses suspenderían su lucha armada, pero que no sabía si la guerrilla salvadoreña estaba dispuesta a hacer lo mismo. No obstante, subrayó que tanto los rebeldes de Nicaragua como de El Salvador "tienen que demostrar el interés necesario para alcanzar la paz".

Asimismo, dijo que, de llegarse a un acuerdo, la ayuda a la contra y a la guerrilla salvadoreña tendría que ser suspendida, y que luego de los arreglos, vendría el "gran reto de la verificación", señalando que en una "sociedad abierta es más fácil verificar que en regímenes totalitarios, distintos a las democracias".

Por su parte, el presidente Azcona expresó que su gobierno no ha hecho observaciones a la propuesta de paz del presidente Arias, sin embargo, sostuvo que este plan "debería desarrollarse más en algunos conceptos y tal vez cambiar los eventos que allí se plantean". (TDG).

*Tiempo/*28 de julio de 1987

A iniciativa de Azcona:
GOBIERNO PROVEERÁ DEFENSA LEGAL
PARA REOS QUE ESPERAN SENTENCIA

El presidente José Azcona Hoyo ordenó ayer al Ministerio de Gobernación y Justicia recabar cuanta información haya disponible sobre los presos por delitos comunes que no han sido sentenciados y que carecen de abogados defensores.

Según informó el asesor legal de la Presidencia de la República, Armando Blanco Paniagua, la información que se logre obtener en los diferentes centros penales del país servirá para elaborar un plan de trabajo mediante el cual se les proveerá defensa legal a los reos.

"Es una inquietud muy humanitaria la que ha tenido el señor presidente", comentó Blanco Paniagua.

Añadió que muchos de los detenidos "puede ser que estén en un franco período de defensa porque tienen sus abogados, pero la información que necesitamos recabar es la que se refiere a los que están bajo proceso, presos, sin sentencia ni abogado".

Blanco Paniagua dijo que la tarea de obtener la información será encomendada al Ministerio de Gobernación porque "dispone de todos los elementos para cumplir esa labor".

"Ya hablé con el ministro Romualdo Bueso Peñalba, quien está muy interesado en cooperar con esta causa y ha girado las instrucciones para tener cuanto antes la información necesaria", finalizó.

La Penitenciaría Central alberga a numerosos compatriotas a los que aún no se les dicta sentencia; al parecer, el ingeniero Azcona está interesado en proporcionarles defensa legal.

*El Heraldo/*28 de julio de 1987

Para obtener más información:
COMISIÓN TEMIS SE REÚNE CON AZCONA

TEGUCIGALPA. – Los diputados de la comisión del Congreso Nacional que estudia la indemnización que reclama Temístocles Ramírez de Arellano, se reunieron ayer con el presidente José Azcona Hoyo, para obtener más información y decidir si conviene o no atender ese reclamo.

El presidente de dicha comisión, José Fernández Guzmán, dijo que la Cámara Legislativa discutirá dentro de dos semanas el informe de la comisión, porque todavía "no se nos ha enviado unos documentos que hemos solicitado para ampliar el informe", agregó.

Indicó que la comisión mantiene su posición de que Honduras no debe indemnizar a Temis Ramírez, y que para "cambiar esa posición tendría que ocurrir eventos extraordinarios o una decisión al más alto nivel del Congreso de la República".

El diputado Fernández Guzmán señaló que el presidente Azcona mantiene su criterio de que debe indemnizarse a la Empresa Ganadera Trujillo S.A. de la cual Temístocles Ramírez es el mayor accionista, para no perder los 20 millones de dólares que el Congreso de los Estados Unidos le ha retenido a Honduras de los 60 millones que en ayuda económica le corresponden este año (TDG).

*Tiempo/*31 de julio 1987

196

EL T.N.E. Y EL CHANCHULLO

No hay duda que la elección interna del Partido Liberal reviste todas las características de una elección general. La movilización es tremenda, la actividad es incesante y la ebullición política está como nunca.

En un comienzo era que no se quería fijar la fecha de las elecciones. Tal parece que dentro de los distintos grupos que se disputarán posiciones en el proceso interno del liberalismo, hay uno que otro movimiento que aboga por posponer la fecha para la realización de comicios. Todo bajo la creencia de que con más tiempo lograrán engrosar sus filas de prosélitos.

El país urge se realicen estas elecciones del liberalismo. La gente se levanta y se acuesta con política; desayuna, almuerza y cena política; y en parte, la actividad administrativa se ha visto paralizada porque muchos de los funcionarios públicos que le sirven de ayudantes al presidente de la República, pasan más tiempo dedicados a la actividad sectaria que a administrar el país.

Pero no basta únicamente con concurrir a un proceso eleccionario a como dé lugar. Para que la elección interna del liberalismo pueda calmar los ánimos de los distintos grupos que han entrado en competencia, es necesario que los resultados sean aceptados por todos.

Para que los resultados sean aceptables, el proceso debe revestirse de las mayores garantías. Si, por el contrario, las elecciones son una farsa más, donde sólo se pretende legalizar una imposición, lejos de resolver los problemas internos del Partido Liberal se corre el riesgo que éstos se agudicen. Y en todo ello habría que medir las repercusiones que tendría una crisis de tal naturaleza en la marcha efectiva de toda la nación.

De tal forma que debe dotarse al proceso de elección interna de todas las medidas necesarias para atajar el fraude y la maniobra.

Si por ejemplo ocurre, que militantes del Partido Nacional o de otros partidos decidieran intervenir en los asuntos internos de los liberales, votando a favor de determinados candidatos, obedeciendo a algún compromiso o pacto, o a determinada estrategia política preconcebida, lo que comenzó bien podría terminar en zafarrancho.

Más tarde, los liberales ofendidos tratarían de hacer lo mismo, o sea querer influir con sus votos, volcándose a favor o en contra de determinados grupos nacionalistas. Si para el caso, los callejistas decidieran -como se viene rumorando por mucho tiempo- que le van a prestar sus votos a su compañero de pacto, mañana los liberales agraviados podrían querer desquitarse prestándole votos a los contrarios de los actuales dueños del Partido Nacional.

Eso no conviene a nadie. Quizá por ello es que el presidente del Comité Central del Partido Nacional, públicamente ha manifestado su posición ordenando en forma categórica a sus simpatizantes que no intervengan en el proceso interno de los liberales. Asumiendo que existe sinceridad en esa posición de Callejas, habría que aplaudirle su actitud, y la imagen que proyecta de hombre más sensato y prudente.

Ha sido dentro del liberalismo que algunos han querido abrir las puertas para el fraude. Uno de los mecanismos de control es que se vote con la tarjeta de identidad y que ésta se marque, o se perfore, tal y como lo establece la ley. Así, se sabe quienes votaron en el proceso interno de los liberales y no podrán votar en ninguna otra elección de ningún otro partido. Quienes quieran participar en las elecciones internas de los otros no prestarán votos sabiendo que eso los inhabilitaría para concurrir a sus propias elecciones cuando su tarjeta de identidad ya ha sido perforada.

Por un momento se creyó que se saldrían con la suya quienes querían que se autorizara votar con un tal papelito amarillo que como contraseña extiende el Registro Nacional de las Personas. Ese papelito está sujeto a las mayores manipulaciones, abriendo las puertas al fraude y al chanchullo.

Pero el Tribunal Nacional de Elecciones, con mayor sensatez, y enmarcado dentro de la ley, en una clara conducta de imparcialidad resolvió que únicamente podrá votarse con la tarjeta de identidad.

Esta posición del Tribunal hace que la fe que tanto se ha perdido en ese tipo de instituciones, poco a poco se vaya restituyendo.

La Tribuna/29 de julio de 1987

Editorial
PLAN NACIONAL DE DESARROLLO 1987 - 1990

En varias oportunidades hemos destacado en estas páginas editoriales la necesidad de programas y políticas de desarrollo que permitan mejorar la actual coyuntura económica por la que atraviesa el país, mediante la participación activa y el esfuerzo conjunto de todos los sectores nacionales.

Dentro de ese contexto, el Plan Nacional de Desarrollo 1987-1990 identificando los problemas económicos y sociales del país define una política económica de Honduras, que comprende una evaluación de los logros obtenidos hasta la fecha y una estrategia a seguir durante el resto del período constitucional del gobierno que preside don José Azcona del Hoyo.

El diagnóstico del Plan 1975-1985 y la evaluación de los logros obtenidos destaca que, a pesar de las dificultades que ha tenido que afrontar el país, como consecuencia de la crisis económica internacional y los problemas financieros heredados de períodos anteriores, la política de estabilización económica ha permitido atenuar los efectos de la crisis y establecer bases para la reactivación de la economía nacional.

Según los fundamentos del plan y el modelo de desarrollo que se adoptará como forma de concretar los grandes objetivos nacionales se requiere trabajo, honestidad, responsabilidad y dedicación para coordinar el esfuerzo nacional de todos los sectores económicos, sociales, políticos y militares que participan en el Consejo Nacional de Planificación (CONAPLAN).

Considerando que la crisis económica por la que atraviesa Honduras no ha sido superada y que una solución definitiva de la misma sólo podrá alcanzarse a través del fortalecimiento de la producción y las exportaciones del país. La estrategia de las metas, políticas y medidas del Plan tienden a la estabilidad económica y financiera, la promoción de la inversión privada, el crecimiento económico sostenido, la generación de empleo, la satisfacción de las necesidades vitales de la población y el desarrollo regional integrado.

En el contexto de la Ley de Planificación, decreto No. 179-86 del Congreso Nacional, las principales políticas y medidas globales definen una estrategia para reducir los actuales niveles de desempleo y reforzar la reactivación de la economía, dentro de un marco de estabilidad financiera. Para ello es necesario incrementar el rol del sector privado dentro de la economía, creando las condiciones propicias para el desarrollo y ejecutando el Programa de Inversiones Públicas que contiene el tomo 11 del Plan.

La estrategia que se formula en el Plan pretende restituir en la generalidad de los hondureños la confianza en los valores permanentes del hombre y en la economía de mercado como sistema económico que proporciona libertad.

El plan contempla medidas y acciones de política económica encaminadas a fomentar el aumento y diversificación de las exportaciones, inducir la creación de nuevas fuentes de trabajo a fin de reducir el actual nivel de desempleo y continuar promoviendo la estabilidad financiera de la economía.

Esta política económica implica una nueva actitud mental del empresario y el reconocimiento del valor de su acción en la prosperidad del medio social en que se desenvuelve, para una mejor coordinación de las partes normativas y programáticas de la planificación.

La organización y desarrollo del país deben ser responsabilidad general, tarea compartida del sector público y el sector privado en beneficio de todos como lo establece el Plan Nacional de Desarrollo 1987-1990.

La Prensa/30 de julio de 1987

VERDADERA DEMOSTRACION DE ENTUSIASMO EN EXPOSICION TURISTICA

La Primera Exposición de Turismo denominada "El Turismo como Industria de Exportación y Pilar del futuro desarrollo de Honduras" que se llevó a cabo el pasado viernes 10 de Julio de 1987 en el local que ocupa SECTUR, fue una verdadera demostración de entusiasmo por la decidida participación de los integrantes de la Empresa Privada Turística, así como de la Dirección General de Turismo.

Esa noche, el local de SECTUR se vio colmado de personas pertenecientes no sólo al gremio turístico, sino también al gubernamental y diplomático. Fueron también invitados los Directores de Turismo del Área y personalidades extranjeras, quienes compartieron lo mejor de nuestra música y nuestros platillos.

Sumamente admirados fueron los Stands organizados por los diferentes hoteles de la capital quienes pusieron todo su empeño en ofrecer a los asistentes, los mejores bocadillos y refrescos naturales y típicos del país.

La muestra cultural propiamente dicha la obtuvo el público, mediante una exposición en la planta alta del edificio, de renombrados pintores hondureños.

La música llenó el ambiente de alegría a través de la Marimba Alma de Honduras y del Ballet Garífuna que fue sumamente aplaudido.

La exposición contó con la asistencia del Sr. Presidente de la República Ing. José Azcona Hoyo, acompañado de su estimada esposa, quienes recorrieron los diversos stands de la exposición habiéndose mostrado gratamente impresionados por la misma.

El Ing. Azcona ha prometido brindar durante su gobierno, toda su colaboración porque se mejoren las condiciones en las que se ha mantenido al Ministerio de Cultura y Turismo, hasta ahora.

El Presidente Azcona Hoyo, cuando saluda al Sr. Pat Donohue, Gerente General del casino Royale, durante su recorrido por la Exposición de Turismo.

*El Heraldo/*30 de julio de 1987

PARA FIRMAR CONVENIOS, PRESIDENTE AZCONA DEBERÍA VIAJAR A ITALIA

TEGUCIGALPA. - El ministro de Economía, Reginaldo Panting, quien ayer regresó de Italia, considera justificado y oportuno un viaje del presidente de la República para aprovechar la ayuda técnica y económica que por varios millones de lempiras está dispuesto a otorgar el gobierno italiano.

El funcionario manifestó que infortunadamente su viaje no pudo formalizar esos acuerdos, debido a que a estas alturas todavía no ha sido conformado el gobierno, luego de las últimas elecciones practicadas en ese país.

Pero las posibilidades han sido auscultadas a nivel de varios importantes funcionarios, políticos y empresarios privados italianos, mostrándose estos últimos interesados en la compra de varios productos hondureños, incluyendo el mármol.

Italia es un país que durante mucho tiempo se ha caracterizado por la producción de ese valioso material, especialmente el famoso Carrara, pero las vetas se han agotado por lo que deberán depender en el futuro del mármol importado.

Hay ambiente propicio para que el presidente Azcona visite Italia, como lo han hecho los mandatarios de Guatemala, Vinicio Cerezo Arévalo, y de El Salvador, José Napoleón Duarte, explicó el funcionario.

Indicó que no podía establecer el monto a que ascenderían los convenios de asistencia, pero se sabe que Italia dispone de mil millones de lempiras, de los cuales otorgó a El Salvador 320 millones y a Guatemala 260 millones de lempiras.

El ministro Panting informó que no hay fecha prevista para la firma de los convenios, pero remarcó "que un viaje del presidente Azcona sería lo más apropiado para llegar a formalizar tales compromisos".

Comentando la decisión costarricense de abandonar la Cámara de Compensación Centroamericana, Reginaldo Panting dijo estar sorprendido, pues las negociaciones emprendidas por ambos gobiernos aparentemente van por buen rumbo.

"Esa determinación se nos debió comunicar no porque nos perjudica, sino porque no es lo que se acostumbra en estos casos, ante lo cual he solicitado, una entrevista con funcionarios del Banco Central de Honduras, para conocer más a fondo el asunto", informó.

"Podíamos continuar con el mismo estado de cosas que privan hasta el momento que no haya tratado bilateral, negociar la deuda que mantenemos con ellos, gran parte de la cual está documentada o que no hay ningún tipo de negociación comercial", dijo en tono firme el ministro de Economía.

Finalmente, Panting dijo que hablará inmediatamente con su colega de Costa Rica sobre la situación para tener elementos de juicio en la reunión del Comité Nacional de Tratados Bilaterales convocada para hoy jueves, durante la cual se analizará el problema.

La Prensa/30 de julio de 1987

GIRA POR ITALIA RECOMIENDAN AL PRESIDENTE AZCONA HOYO

El ministro de Economía, Reginaldo Panting le recomendó ayer tarde al presidente José Azcona realizar un viaje a Italia con el fin de posibilitar la firma de un convenio millonario.

El funcionario recientemente visitó Italia, donde sostuvo pláticas con funcionarios, políticos y empresarios con el fin de iniciar las negociaciones de la firma de un convenio de asistencia técnica y financiera por más de cien millones de dólares.

Sin embargo, no logró mayores acuerdos en vista de que en Italia no se ha integrado en nuevo gobierno, pero el senador de apellido Pedrini, quien estuvo en esta capital hace varios meses, le indicó que hay alto interés en poder ayudarle a Honduras en proyectos diversos de desarrollo.

Italia mantiene fondos por más de 500 millones de dólares para ayuda a países de menor desarrollo, de los cuales le ha proporcionado a El Salvador 160 millones y a Guatemala (ambos con gobiernos democristianos) 130.- Honduras procura que la ayuda que reciba sea similar a la percibida por los países vecinos, según indicó el titular de Economía.

Reginaldo Panting estima que la visita efectuada por los presidentes de los países vecinos, Vinicio Cerezo de Guatemala y José Napoleón Duarte, permitió agilizar la firma de los convenios respectivos.

De manera que una visita a Italia por parte del mandatario hondureño, José Azcona posibilitará la captación de recursos monetarios que permitan la ejecución de diversos programas de desarrollo diverso.-"Un viaje de él (José Azcona) sería lo más apropiado para que este convenio pueda ser firmado muy pronto", aseguró el ministro de Economía, quien se muestra optimista por la reacción de funcionarios, dirigentes políticos democristianos y empresarios italianos captada en su reciente visita a Roma.

El Heraldo/30 de julio de 1987

Panting
AZCONA PODRÍA NEGOCIAR ASISTENCIA EN ITALIA

El presidente José Azcona podría viajar en los próximos meses a Italia para negociar el convenio de asistencia que ese país otorgará a Honduras, dijo el titular de Economía, Reginaldo Panting.

Tras una gira por ese país europeo, Panting dijo que los funcionarios públicos y políticos se encuentran interesados en brindar diferentes tipos de ayuda a nuestro país.

Agregó que también dialogó con la empresa privada y sorprendentemente ellos pretenden importar mármol ya que sus vetas se han extinguido y están adquiriéndolo en España.

Panting manifestó que también se habló sobre la posibilidad de exportar hacia Italia café, banano, tabaco y madera, principales productos de exportación nacional.

Añadió que la ayuda que nos puede proporcionar dependerá de lo que ellos justifiquen. Italia tiene en estos momentos 500 millones de dólares disponibles para convenios de ayuda, expresó; a El Salvador le dieron 160 millones y a Guatemala 130, así es que nosotros podríamos aspirar a una cantidad parecida.

El funcionario no precisó una fecha posible para el viaje del presidente, pero indicó que éste sería apropiado para que este convenio se firme.

La Tribuna/31 de julio de 1987

AZCONA PAGARÁ ABOGADOS A RECLUSOS SIN SENTENCIA

TEGUCIGALPA. - El presidente José Azcona Hoyo designará una partida para tramitar la libertad de centenares de personas de escasos recursos económicos que guardan prisión en los distintos centros de reclusión del país, anunció ayer el ministro de Gobernación Rumualdo Bueso Peñalba.

La partida será destinada para el pago de profesionales del Derecho, quienes ventilarán los casos de los reos.

Bueso Peñalba dijo que el propósito de este gesto gubernamental es agilizar la libertad de aquellos reclusos que no tienen dinero para pagar un abogado defensor.

Expresó que hasta cierto punto es injusto que decenas de reos continúen, aunque ya hayan cumplido su condena por falta de "plata" o porque no se les ha sentenciado.

"Un fuerte sector de los reos no ha sido sentenciado y esto también lo vamos a agilizar en forma mancomunada con la Corte Suprema de Justicia" prometió el funcionario.

Citó como ejemplo que en la granja penal de La Ceiba hay 94 internos, pero de este número sólo tres tienen sentencia.

Actualmente manifestó que la institución que él rectora está levantando un listado para saber el dato exacto de la cantidad de reclusos que requieren de un abogado. (FG).

Tiempo/31 de julio de 1987

Pronto comenzarán las construcciones para IV juegos
AZCONA PONDRA LA PRIMERA PIEDRA EN ALDEA DE SUYAPA

El próximo lunes el comité organizador de los IV Juegos Deportivos Centroamericanos que preside el ciudadano presidente constitucional de la república, ingeniero José Azcona Hoyo, colocará la primera piedra de la construcción de los gimnasios de volibol y gimnasia olímpica en los terrenos ubicados en Suyapa.

*La Tribuna/*31 de julio de 1987

PRESIDENTE DE HONDURAS HABLARA EN LA ONU

NUEVA YORK, Julio 29 (UPI)- El presidente de Honduras, José Azcona, hablará ante la asamblea general de las Naciones Unidas durante el debate general, según dijeron hoy medios diplomáticos.

Hasta el momento Azcona es el único mandatario latinoamericano que ha comunicado que asistirá a la reunión y está anotado para hablar el 28 de septiembre.

La reunión de la asamblea general comenzará el 15 de septiembre y el debate se iniciará el 21. Para este año se espera la presencia del presidente de Estados Unidos, Ronald Reagan.

La asamblea general ha mostrado reiterado interés en los problemas de América Central y tiene el tema en su agenda para este año. Además, está incluido otro tema que atrae la atención latinoamericana, la relación entre la deuda externa y el desarrollo.

*Tiempo/*30 de julio de 1987

EN EL CASO TEMÍSTOCLES: NO INDEMNIZACION, RATIFICA COMISION

La comisión del Congreso Nacional, que estudia el caso del norteamericano Temístocles Ramírez de Arellano, se reunió ayer con el presidente José Azcona del Hoyo, a quien los parlamentarios ratificaron mantener su posición que no debe indemnizarse al extranjero. La gráfica de Aulberto Salinas recoge al mandatario (segundo de la izquierda) con los diputados.

La Prensa/31 de julio de 1987

Aclara Fernández Guzmán

AZCONA NO HA DICHO QUE SE INDEMNICE A TEMÍSTOCLES

La comisión legislativa que investiga la demanda de Reclamo del portorriqueño Temístocles Ramírez, reiteró su posición de no pagarle un tan solo centavo, aseveró ayer el diputado José Fernández Guzmán.

Los miembros de la comisión, Salvador Darío Cantarero, Efraín Díaz Arrivillaga y Guzmán - que la preside- se reunieron ayer con el mandatario José Azcona para continuar las investigaciones, recabando informes sobre el caso.

Al término de la misma, Fernández Guzmán dijo que están puliendo el informe que preliminarmente habían presentado al Congreso Nacional, "pero hasta ahora la posición de la comisión no ha cambiado y esta es la de no pagar a Temístocles Ramírez".

Para que esta posición cambie, aclaró, deberían ocurrir acontecimientos excepcionales o que se produzca una decisión al más alto nivel del Congreso Nacional.

Consideró como falsa apreciación la formulada por funcionarios del gobierno estadounidense, en el sentido de que nuestros embajadores en Washington se habían dormido en el Caso Ramírez.

Fernández Guzmán aseguró que el presidente Azcona jamás ha afirmado que hay que indemnizar a Temístocles Ramírez y lo que él ha dicho es que debe sostenerse la posición que originalmente había adoptado el gobierno.

En ese caso, que la demanda se someta a los tribunales hondureños o a arbitraje internacional.

El diputado liberal reveló que el informe final de la comisión investigadora "podría estar concluido en el curso de unas dos semanas y será el pleno de la cámara legislativa el que decida lo más conveniente sobre este caso".

La Tribuna/31 de julio de 1987

CONCLUIDO PLAN EMERGENTE DE AGUA PARA TEGUCIGALPA

El presidente José Azcona Hoyo inauguró ayer la Planta Potabilizadora de Agua "Tiburcio Calderón" y la Línea de Conducción Tatumbla Sabacuante-Miraflores, ubicadas en esta capital. Con esta obra, valorada en casi cuatro millones de lempiras, se concluye el Plan Emergente para Tegucigalpa, por lo que se espera que mejore sustancialmente el abastecimiento de agua para la colonia Kennedy y sus alrededores.

Aconpañado por el gerente del SANAA, Luis Moncada Gross, su esposa Mirian y el ingeniero Tiburcio Calderón, el presidente Azcona ayer inauguró la planta potabilizadora para Tegucigalpa. (Foto de Ángel Espinal).

En la parte medular de su discurso el mandatario manifestó que la inauguración de ese proyecto es una muestra palpable del interés gubernamental por resolver, o tratar de resolver, el difícil problema de suministrar agua a las comunidades.

También expresó que la solución de esta situación requiere de muchos recursos, por lo que su gobierno realiza grandes esfuerzos para hacerlo contando con la ayuda de gobiernos amigos como los de Gran Bretaña, Estados Unidos e Italia.

Por su parte, el gerente de SANAA, Luis Moncada Gross indicó que se escogió el nombre de "Tiburcio Calderón" para la obra, porque "ese distinguido ingeniero ha dedicado la mayor parte de su vida, al desarrollo de proyectos hidráulicos y sanitarios en todo el país".

La Tribuna/1 de agosto de 1987

OPTIMISTA AZCONA CON REUNIÓN DE CANCILLERES

TEGUCIGALPA. - El presidente José Azcona Hoyo, se pronunció optimista con los resultados que arrojará la reunión de cancilleres centroamericanos en esta capital, bajo la consigna de una paz en el área.

Azcona Hoyo, sostuvo que la fe y la esperanza no se deben perder pronosticando que deben celebrarse otras previo a la cita de mandatarios en Guatemala, en un afán de encontrar mecanismos armoniosos entre la población centroamericana.

Aseguró el presidente "no hay guerra en Centroamérica, no tenemos que firmar ninguna paz, lo que se busca son los mecanismos para establecer esa paz", con la anuencia de los presidentes del istmo.

Manifestó que no es obstáculo la renuncia del canciller guatemalteco, Mario Quiñonez, comentando que es una situación interna de la administración de aquel país.

ITALIA APOYA PROYECTOS

Azcona Hoyo, quien participó en la inauguración de una planta potabilizadora de agua para suministrar el líquido a los vecinos de la colonia Kennedy, anunció que el gobierno italiano está interesado en apoyar los proyectos hasta ahora en estudio.

Para el caso mencionó dos principales que al SANAA interesa ejecutar como es el de Concepción y San José, con los cuales se paliará la crisis de agua que se presenta básicamente en el verano.

Existen las probabilidades de que el mandatario viaje a Italia para firmar los convenios de asistencia para las obras arriba citadas.

Finalmente, el mandatario no confirmó su comparecencia ante la organización de las Naciones Unidas, como se informó anteriormente.

La Prensa/1 de agosto de 1987

PARTIDA PARA DEFENDER REOS DESIGNARÁ PRESIDENTE AZCONA

TEGUCIGALPA. - El presidente José Azcona asignará una partida especial para que varios profesionales del derecho agilicen los juicios de la población penal en Honduras, informó el ministro de Gobernación Romualdo Bueso Peñalba.

Añadió que ya se iniciaron las visitas a los centros penales del país, con el fin de estudiar la situación de cada reo y presentar un informe detallado al ciudadano presidente.

Según la dirección de establecimientos penales, en el país hay una población de 3 mil 270 reclusos, de los cuales mil 384 están procesados, sólo 244 sentenciados, el resto está esperando sentencia.

En Honduras existen 26 presidios y cuatro granjas penales. Durante los últimos días las autoridades de Gobernación han visitado las de Danlí, Choluteca, Nacaome, Comayagua, Tela y La Ceiba.

En estas visitas los funcionarios detectaron que cuando los juzgados emiten su fallo, la mayor parte de los reos ya cumplieron con la condena establecida.

Bueso Peñalba expresó que muy pronto el señor presidente designará los abogados encargados de agilizar los juicios de los reclusos.

La Prensa/1 de agosto de 1987

CONGRESISTAS MANTIENEN POSICIÓN
DE NO INDEMNIZAR A TEMÍSTOCLES

TEGUCIGALPA. - (Por Faustino Ordóñez Baca). - La comisión que estudia el caso del norteamericano Temístocles Ramírez, mantiene su posición de que no debe indemnizársele, declaró su presidente José Fernández Guzmán, al término de una reunión con el presidente José Azcona Hoyo.

Los integrantes de la referida comisión se entrevistaron con el mandatario para "platicar con él y recabar más información" sobre este asunto, pero las mismas no fueron reveladas por el parlamentario.

"Es una información adicional que requiere la comisión y la cual no podemos publicar", dijo lacónicamente el diputado liberal quien agregó que aún no han decidido si viajarán a los Estados Unidos a platicar con algunos congresistas y explicarles la verdadera situación que se vive con este ciudadano norteamericano.

Hasta el momento la posición nuestra en no cancelarle a Temístocles no ha cambiado y para que esto se produzca, necesariamente tendrían que "ocurrir eventos extraordinarios o que se efectúe una decisión al más alto nivel en el Congreso de la República", dijo Fernández Guzmán.

"De momento seguimos recabando información y documentos para después de reunirnos y ver qué resolución final adoptamos", informó el político.

El presidente Azcona y el jefe de las Fuerzas Armadas, general Humberto Regalado Hernández, consideran que debe indemnizarse a la Ganadera Trujillo, una empresa de la cual Ramírez era accionista mayoritario.

El experto en asuntos políticos del gobierno norteamericano, Norman Orntein, en conferencia de prensa vía satélite declaró recientemente que mientras Temístocles Ramírez se movilizaba ante los congresistas en búsqueda de ayuda a su problema "las embajadas estaban durmiendo".

Preguntado sobre este particular el presidente de la comisión del congreso dijo "ese es un criterio personal de ese funcionario, pero entendemos que el embajador nuestro, tiene que dedicarle cierto tiempo a estos asuntos".

La comisión del Congreso Nacional que estudia el caso del norteamericano Temístocles Ramírez, se reunió ayer en Casa Presidencial con el gobernante José Azcona Hoyo. (Foto Salinas).

La Prensa/31 de julio de 1987

PRESIDENTE INAUGURA PLANTA DE
AGUA QUE BENEFICIARÁ 40 MIL CAPITALINOS

TEGUCIGALPA. - El presidente José Azcona Hoyo inauguró ayer la planta potabilizadora de agua y líneas de conducción de Tatumbla –Sabacuante – Miraflores, que mejorará sustancialmente el abastecimiento de agua para la colonia Kennedy y alrededores.

La nueva planta de agua potable, que garantiza un caudal para atender aproximadamente a 40 mil personas por día, tiene un costo de casi 4 millones de lempiras, financiados por el gobierno de Gran Bretaña, la Agencia para el Desarrollo Internacional (AID) y el Servicio Autónomo Nacional de Acueductos y Alcantarillados (SANAA).

El gerente del SANAA, ingeniero Armando Moncada Gross, dijo que la sustitución de las líneas de conducción antiguas de Sabacuante-Miraflores, se incrementará el caudal de agua al eliminarse las fugas, y que la nueva planta de tratamiento asegurará que los sufridos habitantes de la colonia Kennedy y alrededores "no vuelvan a recibir jamás el agua del Rio Sabacuante en forma lodosa y tengan agua potable continuamente".

La nueva planta potabilizadora de agua y líneas de conducción Tatumbla-Sabacuante-Miraflores, lleva el nombre del ingeniero Tiburcio Calderón en reconocimiento a su vida dedicada al desarrollo de obras hidráulicas y sanitarias en el país. (TDG).

En la inauguración ocuparon la mesa principal: el presidente de la República José Azcona, el auditor interno del SANAA Germán García, por la alcaldía Luciano Durón, el gerente del SANAA Luis Armando Moncada, el ministro de la Presidencia Céleo Arias Moncada, director de AID John Sambrailo y el homenajeado Tiburcio Calderón.

Una planta potabilizadora de agua y líneas de conducción de Tatumbla-Sabacuante-Miraflores fue inaugurada ayer por el presidente Azcona. Beneficiará diariamente a unas 40 mil personas.

Tiempo/1 de agosto de 1987

PRESIDENTE INAUGURA PROYECTO DE AGUA POTABLE EN LA KENNEDY

TEGUCIGALPA. - El gerente del Servicio Autónomo de Acueductos y Alcantarillado (SANAA) ingeniero Luis Armando Moncada Gross, prometió a los vecinos de la colonia Kennedy, que "jamás volverán a recibir agua lodosa procedente de Zavacuanta" denominada "Tiburcio Calderón Corleto", un veterano conocedor de la red de distribución en la capital fundador de la entidad. Moncada Gross, expresó lo anterior durante la inauguración de una planta potabilizadora del líquido, incluido dentro del ambicioso plan emergente para la capital, con el cual se beneficiará un gran sector de la populosa Colonia Kennedy.

Esta obra fue construida con la colaboración del gobierno de Gran Bretaña, AID, BID y la contraparte nacional, logrando además colocar las líneas de conducción Tatumbla-Empalme, línea de conducción Empalme Miraflores.

Según el funcionario con las nuevas líneas de conducción se limitará el desperdicio de agua mediante las fugas provocadas por la rotura de tubos obsoletos.

La línea Tatumbla-Empalme sirve para incorporar la producción del Río Tatumbla, al acueducto Sabacuante sustituye y aumenta la capacidad del tramo existente desde el Empalme a la planta de tratamiento de Miraflores.

Los actos de inauguración contaron con la presencia del mandatario ingeniero José Azcona Hoyo quien cortó la cinta simbólica, el ministro de la presidencia Céleo Arias, el director del INA, Mario Espinal, el gerente del INVA, Mario Pinto, el director de AID Juan Sambrailo y el representante del BID, entre otros personeros.

El presidente de la República, José Azcona Hoyo, corta la cinta dando por inaugurada la planta potabilizadora que abastecerá de agua a la colonia Kennedy (Foto Daniel Toledo).

La Prensa/1 de agosto de 1987

QUE NO SE DESTRUYA EL DIAMANTE DE GIGANTES PIDE MADRE A JOSÉ AZCONA

TEGUCIGALPA. - Una angustiada madre de familia le solicita a través de LA PRENSA al Presidente de la República, Ing. José Simón Azcona, que no le meta el tractor al diamante de béisbol de Gigantes.

La señora María del Socorro Flores de Reyes, madre del pequeño peloterito César Gustavo Reyes (10), integrante de la organización de béisbol Gigantes, afiliada a la Liga Menor "Horacio Chito Reina" está formulando lo antes apuntado en este rotativo.

Esta madre recalca que este diamante ha sido construido por el esfuerzo tesonero de los padres de familia que tienen a sus hijos jugando en esta organización Gigantes cuyo eslogan es "Gigantes es un ejemplo de voluntad".

"A nosotros nos ha tocado vender carne para poder reunir el dinero que se necesitó para construir esta bonita instalación, la cual hoy quiere ser destruida por el capricho de Dalmiro Caballero, este señor no comprende el esfuerzo y los sacrificios humanos que hemos hecho", dijo Flores de Reyes.

"Yo como madre le pido al Ing. Azcona que no destruya esta instalación, se dice que al hacerlo se construirá otra más moderna, pero a nuestros niños no les prestará ningún beneficio, porque las personas que ocupan estos diamantes son peloteros asalariados", afirmó.

"Al no contarse con instalaciones apropiadas para que los niños capitalinos jueguen al béisbol, hemos sido los padres de familia que hemos dado los pasos y gestiones pertinentes para obtenerlas y no es justo que ahora se nos despoje así por así de nuestra instalación", precisó.

"Como arrendadores de esta instalación que nos alquiló la Federación Deportiva Extraescolar, tenemos el derecho de defenderla a como dé lugar, nosotros somos capaces de irnos a Casa Presidencial para rogarle o mejor dicho suplicarle a Azcona que evite la destrucción de nuestro parquecito de béisbol, mi hijo también se lo está pidiendo porque él quiere jugar el día de mañana en las Grandes Ligas", concluyó doña María del Socorro Flores de Sánchez.

La Prensa/1 de agosto de 1987

PRESIDENTE JURAMENTA DELEGACIÓN QUE VA A INDIANÁPOLIS, EUA

El presidente de la República, José Azcona Hoyo, juramentó ayer a la delegación que representará a nuestro país en los Juegos Panamericanos, a celebrarse en Indianápolis, Estados Unidos. A la izquierda, el mandatario con el atleta Santiago Fonseca, especialista en caminatas de larga distancia, y, abajo, el ingeniero Azcona saluda a la corredora Gina Coello. Honduras tiene esperanzas de hacer un buen papel, sobre todo en boxeo, caminata y carreras de velocidad.

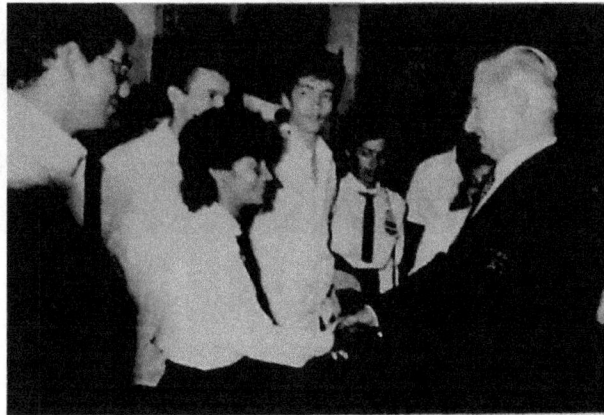

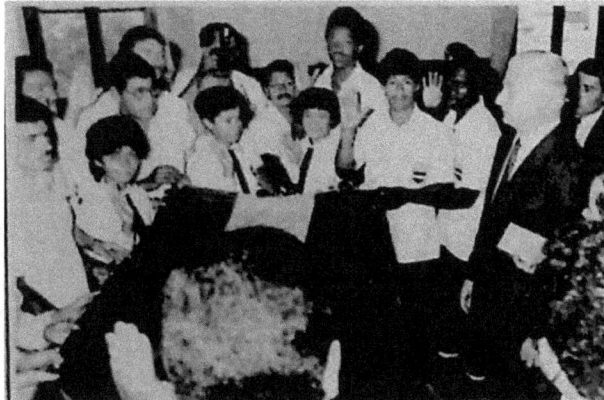

El Heraldo/1 de agosto de 1987

SUBDIRECTOR DE FAO INAUGURARÁ
CÓNCLAVE LATINOAMERICANO

Honduras ha sido elegida por la FAO como sede de una importante Mesa Redonda sobre La Educación Agrícola Superior y las Necesidades de Desarrollo Rural en los Países de América Latina.

Decanos y rectores de las facultades agrarias de Argentina, Brasil, Colombia, Chile, Ecuador, El Salvador, Guatemala, Honduras, México, Nicaragua, Perú, República Dominicana y Venezuela, se darán cita del 3 al 7 de agosto para analizar, junto a observadores de diferentes organismos de desarrollo, la necesidad de actualizar y readecuar la enseñanza agrícola superior de manera que los planificadores y extensionistas resulten ser profesionales que promueven un desarrollo rural centrado en el propio hombre, basado en una mejor utilización de los recursos naturales, técnicos y financieros existentes.

El subdirector general de la FAO y representante regional para América Latina y el Caribe, Mario Jalil, ecuatoriano, graduado en El Zamorano, llegará a Honduras el día domingo 2 de agosto para incorporarse a la mesa redonda, donde compartirá la mesa directiva con el ministro de Recursos Naturales, Rodrigo Castillo; la Universidad Nacional Autónoma de Honduras, Oswaldo Ramos Soto; el decano de la Escuela Agrícola Panamericana Dr. Jorge Román y el representante de la FAO en Honduras, Carlos Bastanchuri.

212

Ingeniero Carlos Bastanchuri, representante de FAO en Honduras; el presidente José Simón Azcona y el subdirector general de FAO, Ing. Mario Jalil. (Foto Salinas).

La Prensa/1 de agosto de 1987

Editorial
PROPUESTAS HONDUREÑAS DE PAZ

Saliendo de su inmovilismo, la cancillería hondureña presentó, en el marco de la reunión de ministros de Relaciones Exteriores de Centro América y Contadora, un documento que contiene propuestas sobre las iniciativas de paz para la región.

En esencia, contienen dichas propuestas lo que había adelantado en diversas ocasiones el presidente Azcona al referirse al Plan Arias, es decir, "una inversión en los términos, dejando en primer lugar el diálogo para luego tratar el tema de la amnistía, que permita a sus ciudadanos su plena reincorporación a la vida política, económica y social". Dicho lo anterior, hay que ver en tales propuestas una serie de pasos que tendrían eventualmente que concretarse hasta lograr una plena democratización allí donde sea necesario aplicar lo que resultare de la firma de este documento, si es que así ocurriera. Básicamente, es una nueva versión de las propuestas que se hicieron en la administración anterior y que ya fueron objeto de estudio y análisis por parte de los países de Contadora, en aquellas interminables reuniones de las que se salía con las manos vacías y con la cabeza caliente.

Obviamente, habrá puntos en los cuales estamos seguros que el gobierno de Nicaragua dirá que son temas estrictamente nacionales en los cuales no tolera injerencia de terceros. El meollo de la cuestión es la democratización tal como se pide por medio de sistemas electorales y ya sabemos lo que ha dicho ese país cuando se le toca este asunto.

Tiene la ventaja esta sugerencia hondureña de que se establecen compromisos en materia de supervisión por medio de un Comité de seguimiento integrado por los Secretarios Generales de la ONU y de la OEA, así como por los cancilleres de América Central, los de Contadora y los de su grupo de apoyo, porque muchas veces se puede llegar a la formalidad de suscribir convenios que jamás serán cumplidos, como ha ocurrido, tantas veces en el mundo.

Ahora bien, será muy ingenuo pensar que habrá una aceptación de buenas a primeras por parte del vecino, país sureño, aunque podría darse una sorpresa, por otra parte, muy difícil a estas alturas, puesto que en reiteradas ocasiones los comandantes han dicho que su revolución no admite eso que denominan "sistemas burgueses" y las elecciones al estilo occidental lo son, de acuerdo a su terminología tan en boga.

Pero, precisamente, el papel de Contadora no se agota en un mero apadrinamiento de estas iniciativas, sin tomar una posición mucho más sólida si es que en realidad quieren hacer intentos serios por la pacificación de América Central. La gran quiebra del famoso cartero ha estado en que se ha limitado a tratar de poner a los países de acuerdo, sin llegar -como bien pueden si así lo deseasen- a insistir en la necesidad de llegar a soluciones válidas.

De la misma manera que cuando se trató de derrocar a Somoza, los del Pacto Andino y otros que no tenían nada que ver con los Andes dejaron de lado Doctrina Estrada y los compromisos de no intervención en asuntos internos de otros Estados, entendemos que Contadora podría hacer otro tanto y llegar hasta conseguirlo porque se eliminen las tentaciones autoritarias.

Pero eso requiere voluntad política, precisa algo más que una retórica con la que se quiere quedar bien con todos y sobre todo se precisa de valor y de sinceridad. Si Contadora y quienes la apoyan creen que son capaces de hacer algo, enhorabuena.

Entre tanto, lo de Honduras es un buen marco de referencia, un buen comienzo, pero que al igual que la propia Acta de Contadora y el Plan Arias, necesitan un impulso decidido, que hasta ahora nadie les ha dado en verdad, aparte, claro está, de esas adhesiones verbales que sirven de muy poco cuando la cosa como es el caso de Centro América se pone cada día más candente y más difícil. Esa es la realidad de las cosas. Podrán venir nuevos planes y nuevas iniciativas, pero si no hay una voluntad efectiva para apoyarlos es, como si no hubiera nada.

La Prensa/1 de agosto de 1987

PRESIDENTE AZCONA JURAMENTÓ A ATLETAS
QUE VIAJARÁN A LOS X JUEGOS PANAMERICANOS

El presidente Azcona juramentó ayer en la Casa de Gobierno, a los atletas que defenderán los colores nacionales en los X Juegos Panamericanos a desarrollarse del 7 al 23 de agosto, en la ciudad de Indianápolis, Estados Unidos. Arriba: Azcona juramentaba a los atletas, delegados y entrenadores que sostienen la bandera azul y blanco de cinco estrellas, y abajo, Azcona dialoga con un miembro del Comité Olímpico Hondureño y Nahún Gabriel Valladares que viaja como periodista invitado.

La Prensa/1 de agosto de 1987

AÚN NO TERMINAN INFORME AGRARIO

La Comisión Nacional Agraria se reunirá hoy para proseguir con la elaboración del informe sobre el problema del agro nacional, para presentárselo a fines de la semana al presidente José Azcona.

Portavoces de la Comisión indicaron que también se está preparando un informe sobre los campesinos que han sido liberados, y los que guardan prisión a consecuencia de procesos incoados tras los operativos de recuperación de tierras.

Alrededor de 50 a 60 campesinos son los que tienen procesos pendientes, afirmaron los portavoces de la Comisión, quienes dijeron que no podían responsabilizar de esta situación a la

FENAGH, porque cualquier persona que se sienta afectada en sus bienes puede proceder judicialmente. Hasta el momento, los procuradores del INA y los de las organizaciones campesinas han podido poner en libertad a unos 163 labriegos, se dijo.

La Tribuna/3 de agosto de 1987

CANCILLERES SE REÚNEN CON PRESIDENTE

TEGUCIGALPA. - Los cancilleres centroamericanos y del Grupo de Contadora visitaron ayer al presidente José Azcona Hoyo, para intercambiar impresiones sobre el Plan de Paz del presidente de Costa Rica, Oscar Arias Sánchez.

La reunión, que inició a las 12:30 p.m. y concluyó 40 minutos después, se llevó a cabo en el salón rosado de la Casa Presidencial, y en la misma no se permitió el acceso a los periodistas. El presidente Azcona no dirigió ningún mensaje a los cancilleres, sino que dialogó con cada uno de ellos, especialmente con el canciller de Nicaragua, Miguel D'Escoto Brockmann, según se informó.

En la discusión del Plan Arias, previa a la cumbre de presidentes en Guatemala, participan los cancilleres Mario Quiñonez Amézquita, de Guatemala; Ricardo Acevedo Peralta, de El Salvador; Carlos López Contreras de Honduras; Miguel D'Escoto Brockman, de Nicaragua; Rodrigo Madrigal Nieto, de Costa Rica; Jorge Abadíe Arias, de Panamá; Bernardo Sepúlveda, de México; Julio Londoño, de Colombia y Simón Alberto Consalvi, de Venezuela. (TDG).

Tiempo/1 de agosto de 1987

AMARGO CAMINO

Todos queríamos que se diera amplia libertad para que el pueblo escogiese las autoridades políticas y gubernamentales.

La libertad ya existe y hay una ley que nos dice cómo hacerlo, y no se puede decir que no ha habido falta de entusiasmo, pues desde que subió al poder el presidente Azcona, su partido se ha mantenido en efervescencia.

Como primer ensayo todo va bien, pero el trajín político deja huellas en la ciudadanía que no encuentra sosiego para pensar en trabajar.

No hablamos solamente del diario quehacer, sino que del trabajo productivo al que todo un pueblo debe concurrir.

Pero aquí, nadie está en misa y todos están repicando las campanas y parece increíble que ya nos adaptamos tanto al papel de pordioseros, que el gobierno y el pueblo está esperando los "desembolsos" de la embajada.

La capacidad embrionaria que tenemos para producir, parece opacada y obliterada por el deseo de los hombres de este país, de buscar el camino de la riqueza por la senda política.

Los años pasan y el país sigue siendo tierra de agricultores empíricos, de poca producción de la misma, de un legendario mal manejo en su riqueza forestal.

Las pequeñas aventuras en la agroindustria son solamente eso, y la famosa ciudad industrial del Norte lo que hace es ensamblar o convertir materia prima importada en algunos productos industriales de baja calidad.

Los egresados de El Zamorano, que se creyó iban a revolucionar la agricultura en Honduras, no tardan en graduarse y ya están buscando la chambita detrás del escritorio.

Hay familias honorables de la capital, en donde todos sus miembros varones son terneros de la ubre nacional.

El espíritu empresarial, que es básico para el desarrollo del capitalismo democrático, sistema político que deseamos tener, no existe, y más bien los jóvenes se han inclinado a las profesiones liberales que les asegura el sustento diario, pero no son más procuradores de servicios y, por lo tanto, menos efectivos para el desarrollo del país.

Una radiografía social de los recursos humanos de un país, nos dice con claridad que la formación del ente productivo empieza en el hogar, se complementa en la escuela y la universidad. Aquí, en ninguno de esos tres niveles se forma conciencia que un país que produce, es un país libre.

Una nación democrática se forma con leyes claras y respetadas por todos y con recursos humanos que puedan por sí mismos sustentar el latido cardíaco de la nación.

Los pueblos en proceso de politización deben acuñar primero su identificación como naciones productoras de bienes y servicios. No se puede descuidar el trabajo diario y substituirlo con la política partidista que obnubila.

El hombre que es económicamente libre es mejor candidato a buscar su libertad política y a contribuir a los procesos democráticos de su conglomerado.

El doloroso calvario de las elecciones a autoridades centrales del Partido Liberal y el proceso de elecciones internas para escoger candidatos el próximo año, seguido de las elecciones generales del 89, nos aseguran desde ya un desbalance en contra del trabajo productivo y a favor del descalabro de nuestra economía.

El camino es amargo, pero si podemos rectificar a tiempo, podríamos salvar a Honduras de la bancarrota económica.

El hombre que produce, ayuda a todo un país; el político que grita, apenas logra resolver la soledad de la bolsa de sus pantalones.

Tegucigalpa D.C. 29 de julio de 1987.

La Tribuna/3 de agosto de 1987

Opinión Editorial
ASI QUE, ¿YA NO HAY PUN?

El Presidente del Comité Central del Partido Nacional ha venido repitiendo en las últimas semanas, con esa insistencia propia de las personas que no están seguras de ser creídas, que ya no hay tal pacto con el sector oficialista del Partido Liberal; que ningún compromiso ata al nacionalismo con el destino que le toque en suerte histórica al gobierno del ingeniero Azcona del Hoyo y que, finalmente, su partido, el Partido Nacional, sólo quiso cumplir limitados propósitos políticos por medio de acuerdos que le favorecieron a él, particularmente como líder y a su partido, como entidad colectiva.

Ahora, el ideólogo del callejismo, el empresario ingeniero Ricardo Maduro, en su comparecencia radial de ayer por H.R.N. acabó de definir esa ruptura del callejismo con el sector minoritario del Partido Liberal que, en nombre de este gran partido, negoció posiciones y cambalaches con el eufemístico nombre de Pacto de Unidad Nacional o Pacto Patriótico. El señor Maduro fue claro:

"El pacto sólo tuvo el propósito de lograr una legislación electoral más democrática; integrar la directiva del Congreso Nacional y …".

O sea que no había tal objetivo de unidad nacional, ni lo patriótico tenía vela en ese "encierro". Simplemente el Partido Nacional accedió a garantizarle a un dirigente azconista la Presidencia del Congreso Nacional, a cambio de: el control de la Corte Suprema de Justicia; el dominio numérico de embajadas y consulados por medio de la Secretaría de Relaciones Exteriores; la colocación de elementos claves en instituciones autónomas del Estado y, lo que es más preocupante: el acuerdo de las bancadas nacionalista y azconista para legislar solidariamente en aquellos asuntos que les fuesen de beneficio común.

Así de fácil se concretó la burla al electorado liberal.

El callejismo, en efecto, cumplió cabalmente con el pacto. Entronizado el aspirante en la Presidencia del Congreso y colocada su gente en los puestos judiciales y burocráticos que se les dio a cambio de ese encumbramiento, ya no hay pacto; lo que había que hacer ya se hizo. Ahora hay que pasar a otra cosa. Que vean los liberales cómo dan la cara por un régimen en el cual las decisiones no están del todo en sus manos y que vean cómo justifican ante la ciudadanía esa cesión de responsabilidades, sólo para que un hombre pudiera hacerse con uno de los poderes del Estado.

Todo esto suena a la más censurable vulgaridad. Ahora que el proceso político hondureño se enfila hacia la sucesión presidencial, precisamente porque el mismo personaje le metió a nuestro sistema esa prisa prematura, los nacionalistas necesitan enfrentarse a su propia gente y explicar cómo es que, siendo integrantes de un gobierno liberal, de repente ya no lo son, y cómo teniendo posiciones claves en dicho gobierno, proclaman su total independencia y, además asumen que son la fuerza opositora.

¿Cómo recibirá el nacionalismo estas dualidades, este doble juego? ¿Y qué pensará el liberalismo de toda la república, ahora que el ideólogo del callejismo ha terminado de desenmascarar el tal pacto y aceptar francamente que no se trató más que de un trinquete para que un solo hombre colmara parte de sus desmedidas ambiciones?

En cuanto a los ministros nacionalistas, esos son "voluntarios"; ni siquiera tuvo que ver uno de ellos con el destino político del mismo personaje en torno al cual se concertó el pacto.

Hay razón para que el electorado, a veces, exprese su repugnancia por nuestros políticos y hable de la actividad pública como algo que produce náuseas.

La Tribuna/4 de agosto de 1987

UN PURGANTE PARA NICARAGUA NUEVO PLAN DE HONDURAS

TEGUCIGALPA. - El presidente de la República, José Azcona Hoyo, recibió ayer en Casa Presidencial a los cancilleres de Centroamérica y del Grupo de Contadora, con quienes intercambió opiniones. La conferencia de ministros de Relaciones Exteriores concluye este día. (Foto TIEMPO Lobo).

Tiempo/1 de agosto de 1987

JOSÉ AZCONA VIAJA MAÑANA A GUATEMALA

TEGUCIGALPA. - El presidente José Azcona Hoyo viajará mañana en la tarde a Guatemala para asistir a la reunión cumbre de mandatarios centroamericanos que se llevará a cabo el jueves y viernes en la capital de ese país.

En tanto, el ministro de Relaciones Exteriores, Carlos López Contreras, viajará hoy a Guatemala, para participar en la segunda reunión de cancilleres centroamericanos y del Grupo de Contadora previa a la cumbre de presidentes de la región.

Durante su permanencia en Guatemala, Azcona dejará al designado presidencial José Pineda Gómez a cargo de la presidencia de la República, según se informó.

El presidente Azcona ha expresado que a esta reunión de mandatarios centroamericanos que se llevará a cabo en Guatemala, habrá de sucederse otras, para encontrarle una solución pacífica a la crisis centroamericana.

Asimismo, señaló que en Guatemala no podría suscribirse un acuerdo de paz porque en Centroamérica no existe guerra entre países, sino conflictos internos en Nicaragua y El Salvador, y mientras en estos países no haya una reconciliación interna, será imposible que en la región se logre la tranquilidad. (TDG).

Tiempo/4 de agosto de 1987

Puso la primera "turunca" ...

AZCONA REAFIRMA SU DESEO QUE SE REALICEN LOS IV JUEGOS

Por ALFREDO VILLATORO

El presidente de la República, Ing. José Simón Azcona, colocó ayer en horas de la mañana la primera piedra de las instalaciones que serán construidas en los predios de la Federación Deportiva Extraescolar, localizados en la aldea de Suyapa, para la realización de los Cuartos Juegos Deportivos Centroamericanos de enero de 1990.

A la ceremonia asistió el mandatario hondureño en su condición de presidente del Comité Organizador de los Juegos Deportivos, en compañía del ministro de la Presidencia, Céleo Arias Moncada, Lisandro Quezada, secretario de Prensa, entre otros funcionarios gubernamentales, quienes insistieron en el propósito de apoyar el desarrollo del evento.

Además, presenciaron los actos, el Ing. José Dalmiro Caballero, Jorge Abudoj Frixione, Hernán Saldívar, Guillermo Sandoval Centeno, en representación del Comité Organizador. Por parte del Comité Olímpico Hondureño, participó Gilberto Ochoa, Rolando Maradiaga y Orlando Aguilar, como el organismo que debe agilizar los planes de trabajo de las federaciones.

El vicepresidente de la FENAFUTH, Jaime Turcios y Alberto Yescas, fueron invitados en representación del fútbol. El Ing. Caballero, como vicepresidente del Comité Organizador, previo a las palabras del presidente Azcona, explicó los adelantos que en materia deportiva se han logrado con la incorporación de instructores internacionales en varias disciplinas.

Luego el arquitecto Alberto Fernández, director general de Urbanismo, expuso sobre los diseños de la infraestructura deportiva, para la construcción de las diferentes instalaciones, que servirán de marco para la realización de los juegos centroamericanos a menos de tres años para que se verifiquen.

Finalmente, el presidente de la República, exteriorizó que "estamos dando inicio a la construcción de las primeras obras adicionales para la celebración de los Cuartos Juegos Deportivos Centroamericanos, en los cuales Honduras y mi gobierno están comprometidos. Lo dijimos cuando asumimos ese compromiso que Honduras no es una potencia deportiva y que los juegos revestirán algún grado de modestia".

"Las instalaciones serán necesarias no sólo para los Cuartos Juegos Deportivos, sino para impulsar en alguna forma el deporte nacional. Todos sabemos que fuera del fútbol y algunos otros deportes en Honduras, estamos casi en cero en lo que se refiere a deportes. Por eso es importante, a pesar de las necesidades económicas que tenemos", agregó, Azcona.

Enseguida reiteró que "los pueblos deben fomentar el deporte para sustraer a la juventud de los vicios. Sustraerlos de otro tipo de actividades que no van en beneficio de ellos mismos y de la patria, para enrumbarlos hacia el deporte. Por eso construiremos esos gimnasios, la cancha de béisbol y un modesto estadio olímpico..." puntualizó el mandatario hondureño.

COCA-COLA PRESENTE

La cervecería hondureña, por medio de sus ejecutivos Roberto Fernández y Oscar Tablas, también presenciaron la ceremonia, como parte interesada en promover los juegos regionales a través de su producto "Coca-Cola". El presidente del Comité Olímpico, Julio C. Villalta, se excusó porque ayer viajó a Estados Unidos a los Juegos Panamericanos de Indianápolis.

Funcionarios gubernamentales y deportivos, asistieron a los actos de la colocación de la primera piedra. (Foto de Orlando Sierra).

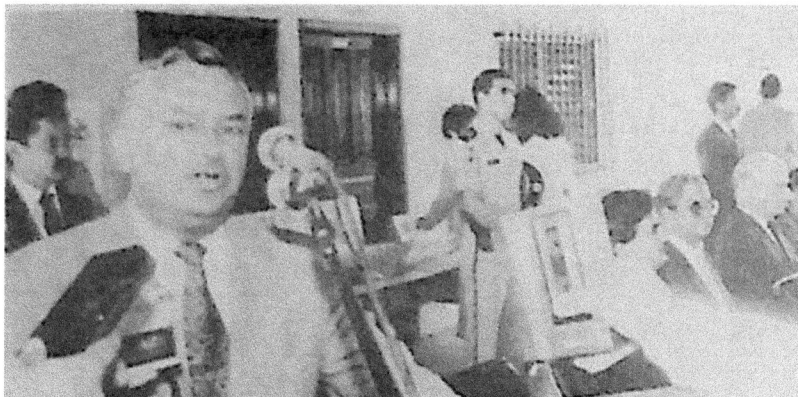

El vicepresidente del Comité Organizador de los Cuartos Juegos Deportivos Centroamericanos, José Dalmiro Caballero, cuando daba la bienvenida a la ceremonia especial. (Foto de Orlando Sierra).

El mandatario Azcona, colocando la primera piedra de lo que serán las instalaciones deportivas en la aldea de Suyapa. (Foto de Orlando Sierra).

El presidente de la República, José Azcona, en los momentos que insistió sobre la importancia que tendrá la realización de los Juegos Centroamericanos. (Foto de Orlando Sierra).

La Tribuna/4 de agosto de 1987

HACIA LA CITA PRESIDENCIAL

Este día, en Guatemala, la cita de los cancilleres centroamericanos se reabre con vistas a la preparación final de la conferencia de presidentes del área a instalarse el seis y siete de los corrientes en la misma ciudad. Esta reunión de los jefes de la diplomacia gubernativa regional, es continuación de la primera celebrada el fin de semana anterior en Tegucigalpa.

La cita presidencial fue prevista en la reunión de mandatarios realizada en San José de Costa Rica el 15 de febrero de este año, cuando el presidente Arias convocó a sus colegas para exponerles los alcances de su Plan de Paz. Sin embargo, los obstáculos encontrados debido a la desconfianza mutua de los Estados centroamericanos tornaron imposible, hasta ahora, la concreción de un avance ordenado hacia el diálogo. En aquella oportunidad, el presidente nicaragüense, Daniel Ortega, no fue invitado, lo que produjo un incremento de la atmósfera de desasosiego que vive Centroamérica.

Pero lo que se veía imposible de realizarse, se presenta en estos momentos como una nueva opción hacia el establecimiento de una paz firme que posibilite la práctica genuina de la democracia en estos pueblos que a través de toda su historia, con la exclusión de Costa Rica, ha estado proscrita por los caudillos de todas las épocas, ya se trate de militares o de civiles iletrados o con títulos universitarios, quienes han levantado cadalsos por donde han rodado las cabezas de los movimientos democráticos surgidos al calor de las aspiraciones populares.

Nuestras luchas, por lo menos estos tipos de luchas tradicionales, han pasado a un segundo plano sin que en verdad se hayan liquidado en forma completa, lo que sí representaría un avance progresista en las vidas de nuestros pueblos. Ahora nuestras naciones se ven compelidas a establecer defensas de orden nacional e institucional en medio de los juegos peligrosos de las potencias mundiales, una de las cuales, la Unión Soviética, ha logrado introducir en la estructura política regional una peligrosa pieza cuyas primeras reacciones fueron expandir su carga política y subvertir a sus vecinos fronterizos.

Gobernarse con estos desequilibrios políticos, económicos y militares que alteraron profundamente la vida de los centroamericanos, ha sido profesión de brujos, constituyéndose en un verdadero fenómeno en las artes del poder político, especialmente para Honduras conmovida por la fragilidad de sus estrategias políticas, la inexistencia de medidas de defensa y conservación institucional, la ausencia de una conciencia política popular determinada por los principios auténticos de una democracia en desarrollo y los eternos antagonismos de los políticos criollos unidos a una infraestructura económica decadente e ineficiente.

Algunos de estos problemas han sido superados y otros en vías de serlo, especialmente en la defensa del país frente a las manifestaciones agresivas de nuestros enemigos del exterior. En estos fundamentales propósitos patrióticos hemos logrado el establecimiento de acuerdos bilaterales con los Estados Unidos de América, que nos han ayudado a alcanzar progresos políticos de inestimable valor histórico como nuestra incorporación al sistema democrático y republicano del mundo libre, lo que a la vez nos ha permitido vincularnos con el proceso democrático centroamericano y aportar con solvencia instrumentos de acercamiento mutuo con vistas al establecimiento de una paz duradera por los principios que la sustenten.

Esta conducta hondureña, adecuada a la visión precisa de los fenómenos políticos que concurren y que vienen concurriendo desde 1979, nos trajo una tempestad de improperios y de atribuciones calumniosas e injuriosas a nivel internacional que por mucho tiempo ocultó la voluntad pacifista de los hondureños y de sus legítimos representantes. Nuestros mensajes de amistad expuestos en todos los estrados, depuraron la imagen que nos habían construido nuestros propios enemigos.

El propio canciller hondureño, López Contreras, recordó en la última reunión de cancilleres centroamericanos con el Grupo de Contadora, actuando como anfitrión, que "en marzo de 1982, en contraste con augurios pesimistas sobre la internacionalización de la violencia, el Gobierno de Honduras expuso ante el Consejo Permanente de la Organización de Estados Americanos, una iniciativa de paz, sobre la base de seis propuestas concretas, relativas a los problemas de armamentismo, asesores extranjeros, tráfico clandestino de armas, supervisión internacional, respeto de fronteras y diálogo multilateral".

Recordó al mismo tiempo que las propuestas hondureñas sirvieron más tarde al propio Grupo de Contadora para elaborar sus programas y las bases de una discusión entre los gobiernos centroamericanos. En ocasión tan propicia, es precisamente Honduras, de nuevo, quien presenta un método para arribar a acuerdos rápidos entre las partes, otorgándole un ordenamiento en tiempo y forma a los puntos compromisorios sin alterar las metas propuestas para las reuniones previas de los cancilleres centroamericanos y de la cita presidencial.

Esta posición de Honduras la encontramos razonablemente justa y oportuna, dado que nuestro país advierte la necesidad de consolidar nuestra actitud nacional frente a los conflictos internacionales, especialmente en condiciones tan rigurosamente duras que se presenta su vida en lo interno y la impostergable solución de esos problemas que gravitan tan sombríamente sobre su presente y su futuro.

EL HERALDO reitera su testimonio de adhesión a estos esfuerzos pacifistas, especialmente cuando tiene en cuenta el fondo de los trabajos valiosos del Grupo de Contadora y la iniciativa del presidente Arias.

El Heraldo/4 de agosto de 1987

En la aldea de Suyapa
AZCONA INAUGURO AYER LA CONSTRUCCION DEL COMPLEJO DEPORTIVO PARA LOS JUEGOS DEL 90

Las obras estarán listas en dos años

Fotos: Hugo Gil
Por: Iván Rodríguez

El presidente José Azcona, colocó ayer en el predio conocido como los campos de la Federación localizados en la aldea de Suyapa, al oriente de esta capital, la primera piedra que marca el despegue de la construcción de los gimnasios para las disciplinas de volibol, artes marciales, cancha olímpica, lucha y gimnasia, así como la villa donde residirán los atletas que asistan a los IV Juegos deportivos centroamericanos de 1990.

En el solemne acto, que era esperado desde inicios del presente año por un gran número de deportistas que aquejaban la necesidad de instalaciones físicas, contó con la presencia del ministro de la presidencia, Céleo Arias, el vice-ministro de Cultura, Jaime Turcios, así como el titular de la dirección de urbanismo, ingeniero Alberto Fernández Paredes y de los embajadores acreditados aquí, Japón, China, República de Corea y República Dominicana, quienes han sido los países que más se han identificado con el deporte hondureño.

La colocación de la primera piedra de las futuras instalaciones deportivas, tuvo un protocolo breve en discursos y fue el vicepresidente del comité organizador de dichos juegos, ingeniero José Dalmiro Caballero, quien se encargó de hacer una breve historia de los trabajos que hasta la fecha se vienen realizando y los planes inmediatos a ejecutar.

"ESTO ES EL INICIO DE UN LARGO SUEÑO QUE SERÁ REALIDAD"

Con frases que denotaban su alegría, Dalmiro Caballero recordó cuando el 18 de agosto de 1986, dicho comité emprendió la labor de planificación y búsqueda de los terrenos idóneos para iniciar la construcción de las obras que el día de ayer y, tras colocar el presidente Azcona, la primera piedra se empezaron a llevar a cabo.

"Ya no habrá excusas para quejarnos que no tenemos atletas, las obras estarán listas en dos años como máximo y con ello, habremos cumplido, a medias el compromiso que el mandatario hondureño adquirió en enero de 1985 a través del presidente del Comité Olímpico Julio C. Villalta. Quiero agradecer, a los embajadores de Japón, China, Corea y República Dominicana, por todo el apoyo que nos están brindando para la ejecución de los juegos."

Por su parte, el director de urbanismo, Alberto Fernández Paredes, explicó en una forma breve el por qué se habían escogido dichos predios para la construcción de la villa olímpica, así como de las diferentes instalaciones deportivas.

"La topografía es idónea, las características urbanas llenan los requisitos, tales como agua potable, redes telefónicas y vías de acceso para todo público y, aunque tengamos limitantes de espacio, ello no impedirá que las obras llenen los requisitos para formar atletas de alto nivel."

"A PESAR DE TODO, ESTAMOS INAUGURANDO LA OBRA": AZCONA.

Muchas fueron las críticas, y sin embargo, nunca aseguramos que Honduras es una potencia deportiva, mucho menos económica, pero ello no era obstáculo para retribuirle a nuestra juventud en obras que los alejen de las drogas y el alcoholismo, que es el fin que perseguimos con la obtención de la sede de los IV Juegos Centroamericanos de 1990."

"Estas obras servirán para las generaciones actuales y las futuras, porque creemos ciegamente que el deporte es parte esencial de la vida humana y como gobernante de un país, es una obligación nuestra retribuirle al pueblo sus aportaciones en obras como estas, que servirán únicamente para que tengamos buenos y grandes ciudadanos."

*LOS TERRENOS. – Esta fotografía nos muestra los terrenos en donde serán construidas las instalaciones para gimnasia olímpica y volibol. Este terreno está ubicado en la villa de Suyapa, contiguo a la piscina olímpica.

PRIMER BLOQUE. - El señor presidente de la República, Ing. José Simón Azcona, en el momento de colocar el primer bloque, en el sitio donde se construirán las instalaciones deportivas para los IV Juegos Deportivos Centroamericanos.

NIVELANDO. - El señor Presidente de la República, Ing. José Simón Azcona, luego de colocar el primer bloque, procedió, como todo buen ingeniero civil, a la nivelación.

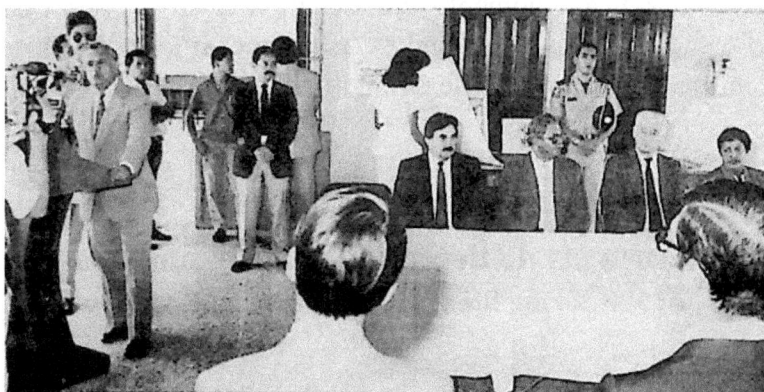

AGRADECIMIENTO. - El ingeniero Dalmiro Caballero, en el instante de su alocución, en la que agradeció a los gobiernos que han ayudado a Honduras, en el montaje de los IV Juegos en el año de 1990.

El Heraldo/4 de agosto de 1987

AZCONA REAFIRMA SU DESEO PARA QUE SE REALICEN LOS IV JUEGOS CENTROAMERICANOS

El presidente de la República y del Comité Organizador de los IV Juegos Deportivos Centroamericanos *90, José Azcona, reafirmó ayer su profundo deseo que se realicen en Honduras estos juegos, aunque por las necesidades económicas serán efectuados dentro de la modestia, aclaró. El ingeniero Azcona es visto al momento de echar mezcla y proceder a colocar, posteriormente, el bloque, iniciándose así lo que en los próximos meses será la Villa Centroamericana. (Foto de Orlando Sierra).

La Tribuna/4 de agosto de 1987

Más de 16 mil manzanas de tierras adjudicó Comisión Nacional Agraria
***Informe fue entregado ayer al Presidente

TEGUCIGALPA. - La Comisión Nacional agraria entregó ayer su informe final al presidente José Azcona Hoyo, destacando que, desde su creación, el 22 de mayo del presente año, logró adjudicar 16,211 manzanas de tierras a 3,158 familias afiliadas a las diferentes organizaciones campesinas del país.

La comisión, integrada por representantes del gobierno, del sector campesino y de las Fuerzas Armadas, fue creada por el presidente Azcona para que le encontrara solución a las ocupaciones masivas de tierras que las organizaciones campesinas llevaron a cabo el 20 de mayo pasado a nivel nacional, en respuesta al estancamiento del proceso de reforma agraria.

En el informe entregado al presidente Azcona, los miembros de la Comisión Nacional Agraria señalan que analizaron 285 casos planteados por las organizaciones campesinas, de los cuales se recomienda al Instituto Nacional Agrario (INA) que dictamine las correspondientes resoluciones en 87 expedientes, por cuanto aparece establecido en los mismos la existencia de causales de afectación y que se agilice los trámites de 144 expedientes, puesto que 54 de los casos resultaron denegados.

Además del análisis de los expedientes de afectación y adjudicación de tierras, la comisión estudió exhaustivamente los diversos problemas que afronta el INA en la aplicación de la ley y sus reglamentos.

En ese sentido recomienda crear en el presupuesto general de la República una partida especial para que el INA pueda adquirir vía negociación las tierras rurales de dominio privado en las cuales no concurran causales de afectación y que son necesarias para los fines de reforma agraria.

Asimismo, gestionar ante el Congreso Nacional la reforma al decreto 149-85 del 29 de agosto de 1985, que a su vez reforma el Artículo 43 de la ley para establecimientos bancarios, en el sentido de que el plazo de cuatro años que pueda retener una institución bancaria los bienes inmuebles adjudicados en remate por créditos destinados a la producción a través de inversiones en los mismos, no sea aplicable al Banco Nacional de Desarrollo Agrícola (BANADESA).

También debe reorientarse la actividad del INA al cumplimiento en forma específica de las distribuciones señaladas en el artículo 135 de la ley de reforma agraria y que las funciones de asistencia técnica, crediticia y capacitación campesina, deben ser asumidas por los organismos competentes del sector público involucrados en el desarrollo agropecuario del país.

Otra de las recomendaciones que propone la comisión es la reglamentación en forma perentoria de las disposiciones de la ley de Reforma Agraria referente a la mensura y delimitación de predios afectables, a la administración de tierras propiedad de aldeas, caseríos y comunidades indígenas, registro agrario nacional y adecuar el reglamento de adjudicación de tierras en la reforma a lo dispuesto por la nueva ley de cooperativas de Honduras.

La comisión recomienda también contemplar a través de la Corporación Hondureña de Desarrollo Forestal (COHDEFOR) alternativas para la explotación de terrenos forestales en los que existen áreas de vocación agrícola, de conformidad a lo establecido en los artículos 8 y 9 de la ley de reforma agraria, en los casos que el INA solicite dictámenes en expedientes de afectación adjudicación de tierras incoados por los grupos campesinos.

Finalmente, que se tome una decisión sobre la ejecución del proyecto siderúrgico de Agalteca, y en caso de no ejecutarse estas tierras deben ser adjudicadas al grupo "Unión Libre Campesina" afiliado a la Asociación de Campesinos Nacionales (ACAN) que desde hace muchos años las viene solicitando (IDG).

Tiempo/5 de agosto de 1987

¿No le gustó la comida?
AZCONA DESPIDE COCINERO QUE SIRVIÓ A SEIS GOBERNANTES

***20 años después le dicen que no sirve

El presidente José Azcona despidió ayer al jefe de la cocina de la Casa de Gobierno, Pedro Arístides Bonilla, quien fue calificado de "mal cocinero" después de 20 años de laborar en ese puesto.

Bonilla informó que Elsa de Mass, la administradora de la cocina de la Casa Presidencial, le dijo que lo despedían por ser un mal cocinero y un irresponsable.

Indicó que si laboró como cocinero de los ex mandatarios Oswaldo López Arellano, Ramón Ernesto Cruz, Juan Alberto Melgar, Policarpo Paz García y Roberto Suazo Córdova "es porque conozco muy bien mi oficio".

Sin embargo, la Casa de Gobierno pagó 5.950 lempiras en prestaciones al antiguo cocinero, quien apenas devengaba un salario mensual de 425 lempiras.

El cocinero despedido reveló que diariamente se sirven en la Casa Presidencial 80 platos de comida en horas del mediodía a altos funcionarios, lo que significa que la misma se ha convertido en un auténtico restaurante.

Se calcula que cada plato tiene un valor promedio de 10 lempiras por lo que diariamente se gastan en la Casa de Gobierno 800 lempiras en comida, que mensualmente suman unos 24 mil lempiras y si el cálculo se hace anual, el gasto supera los 280 mil lempiras.

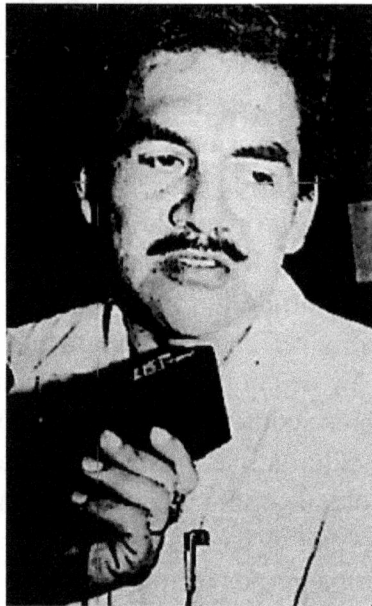

PEDRO ARÍSTIDES

La Tribuna/6 de agosto de 1987

PRESIDENTE CON UNA AGENDA APRETADA

TEGUCIGALPA. – Cinco horas aproximadamente durará la primera sesión de trabajo que tendrán los presidentes de Centro América cuando se reúnan este jueves en la capital guatemalteca.

La casa de Gobierno dio a conocer ayer el programa oficial del encuentro de gobernantes del istmo que discutirán la problemática político-militar basándose, específicamente, en el modificado Plan de Paz del presidente de Costa Rica, Oscar Arias Sánchez.

De acuerdo a la información, los cuatro gobernantes que deben viajar estarán llegando a la capital "chapina" entre las diez de la mañana y las doce del día y serán recibidos en la base de la Fuerza Aérea guatemalteca por el presidente Vinicio Cerezo Arévalo y posteriormente se trasladarán al hotel "Camino Real", lugar que servirá de marco para las deliberaciones.

A las doce con 15 minutos del día se instalará oficialmente la reunión de presidentes en el salón "Los Lagos" del hotel, luego en el salón "Izabal", los gobernantes procederán a tomar sus alimentos previo a la primera reunión de trabajo.

Esta comenzará exactamente a las tres de la tarde con 30 minutos y terminará a las ocho de la noche, o sea que, serán alrededor de cinco horas que los presidentes deliberarán.

Para el viernes, a las nueve de la mañana está programado el desayuno en el mismo salón "Izabal" y a partir de las diez y media de la mañana y hasta las doce con 30 minutos se efectuará la segunda y última reunión.

A la una de la tarde se oficiará, en la Catedral Metropolitana, un Tedeum a cargo del arzobispo Próspero Penados del Barrio y a las dos de la tarde se realizará la clausura y seguidamente una conferencia de prensa en el Palacio Nacional.

A las tres de la tarde el presidente guatemalteco ofrecerá a sus homólogos una recepción en la Casa de Gobierno y a las cuatro de la tarde los visitantes comenzarán a abandonar el país.

La Prensa/5 de agosto de 1987

PRESIDENTE COLOCA LA PRIMERA
PIEDRA DE LA VILLA OLÍMPICA

El presidente José Azcona Hoyo colocó ayer en la aldea Suyapa la primera piedra de lo que será el Complejo Deportivo y la Villa Olímpica en donde se desarrollarán las competencias de los IV Juegos Deportivos Centroamericanos Honduras-90. (Foto Salinas).

La Prensa/4 de agosto de 1987

INICIAN CONSTRUCCIÓN DE LA VILLA LÍMPICA

***El presidente de la República y del Comité Organizador de los IV Juegos Centroamericanos, Ing. Azcona colocó ayer la primera piedra.

TEGUCIGALPA. - Altas personalidades acompañaron al presidente de la República, Ing. José Azcona en la colocación de la primera piedra del Complejo Deportivo y de la Villa Olímpica de los Cuartos Juegos Deportivos Centroamericanos a celebrarse en nuestro país en 1990.

El primer mandatario de la República y presidente del Comité Organizador de estos Cuartos Juegos, dijo que con este acto daba inicio a la construcción de estas instalaciones que tanto han venido solicitando los deportistas hondureños.

"A nuestros deportistas y al pueblo de Honduras se les construirán unas instalaciones modestas pero dotadas de las comodidades más indispensables para la práctica del deporte", expresó Azcona.

Durante los actos protocolarios que se realizaron la mañana del lunes en las instalaciones de la alberca olímpica de la aldea de Suyapa el vice-presidente del Comité Organizador, Ing. José Dalmiro Caballero dio la bienvenida al cuerpo diplomático que se hizo presente.

Lo mismo hizo con la titular de Educación Pública, Lic. Elisa Valle de Pavetti, con el Ministro de la Presidencia, Celeo Arias Moncada, el vice-Ministro de Cultura y Turismo, Jaime Turcios, quienes acompañaron al Ing. Azcona en la mesa principal.

El periodista Marco Tulio Romero, de la Secretaría de Prensa de Casa Presidencial fue el encargado de conducir este programa alusivo a la colocación de la primera piedra. También comparecieron como invitados la Directora del Departamento de Educación Física y Deportes, Lic. Angélica Suazo de Martínez, el Ministro de Defensa, Luis Alonso Cardona.

Lo más importante de este acto resultó ser el relato que hizo el Director General de Urbanismo, arquitecto Alberto Fernández Paredes, quien mostró la plaqueta del proyecto de estas instalaciones, las cuales se construirán en un predio de 32 manzanas de terreno, 18 de ellas serán ocupadas por los gimnasios y los tres edificios.

Estos tres edificios tendrán un cupo para 1,500 personas y servirán también para los gimnasios bajo techo (volibol, lucha olímpica y boxeo).

Así mismo se construirán el diamante para el béisbol y softbol, el Estadio Olímpico y la plaza de las banderas, la cual tendrá un muro de 50 metros de ancho y 12 de altura, en este muro se dibujarán unos murales alusivos a los próceres hondureños, los símbolos alusivos a los Juegos Deportivos y otros, que serán dibujados por los mejores pintores hondureños.

Ningún miembro del Comité Olímpico Hondureño y la Federación Deportiva estuvieron presentes en estos actos, situación que fue duramente criticada y comentada por los presentes. (Por Alicia Caron).

Distinguidas personalidades del cuerpo diplomático acreditado en Honduras, funcionarios deportivos y gubernamentales y prensa deportiva, hicieron acto de presencia a la colocación de la primera piedra de las Instalaciones Deportivas y de la Villa Olímpica de los Cuartos Juegos Deportivos. (Foto Aulberto Salinas).

*El presidente Azcona y presidente del Comité Organizador de los Cuartos Juegos Deportivos Centroamericanos, colocó la primera piedra del complejo deportivo que se construirá en la aldea de Suyapa.

La Prensa/4 de agosto de 1987

AZCONA ORDENA PAGAR PRESTACIONES
A EMPLEADOS PÚBLICOS CESANTEADOS

TEGUCIGALPA. – La Confederación de Trabajadores de Honduras (CTH) solicitó ayer al presidente José Azcona Hoyo que ordene a los ministros el pago de prestaciones a los trabajadores que han sido despedidos de las diferentes secretarías de Estado durante el presente año.

El secretario general de la CTH, Andrés Víctor Artiles, dijo que esta Central Obrera teme que las prestaciones que no han sido pagadas pasen a formar parte de la deuda pública y "eso no es justo para los trabajadores".

No obstante, señaló que el presidente Azcona prometió ordenar al ministro de Hacienda, Efraín Bú Girón, que emita una partida para el pago de las prestaciones a que tienen derecho los ex-trabajadores públicos.

Artiles indicó que los trabajadores despedidos de los ministerios son "bastantes", y que el Estado debería dar ejemplo de pagar las prestaciones para que la empresa privada haga lo mismo y no entrar en conflictos laborales.

Por otra parte, Víctor Artiles dijo que al presidente Azcona se le solicitó que facilite los permisos a los directivos de sindicatos de instituciones gubernamentales para que puedan dedicarse a las actividades sindicales, como está previsto en la ley.

El mandatario pidió a la CTH que le envíe una lista de los sindicales que desean permiso, para tramitarlo a través de los titulares de los ministerios y demás instituciones públicas (TDG).

VÍCTOR ARTILES

Tiempo/5 de agosto de 1987

AZCONA INFORMANDO SOBRE CONFLICTO EN TEXHONSA

TEGUCIGALPA. –La Confederación de Trabajadores de Honduras (CTH) y la Federación Unitaria de Trabajadores de Honduras (FUTH), solicitaron al presidente José Azcona Hoyo, una audiencia con el propósito de explicarle las violaciones que ha cometido Textiles de Honduras S.A. (TEXHONSA), con el despido de 20 trabajadores.

La petición se conoció ayer a través de un documento que fue enviado al mandatario Azcona Hoyo, en el cual le exponen una serie de violaciones en que ha incurrido la patronal en contra del sindicato.

Una de ellas, cita el documento, es la negativa de la empresa en no reconocer a los despedidos las prestaciones de maternidad, pago incorrecto del tiempo extraordinario laborado y deducciones ilegales sobre el pago del séptimo día.

También denuncian malos tratos de los representantes de Textiles de Honduras, contra los dirigentes sindicales y trabajadores en general, así como las pésimas relaciones obrero-patronales provocadas por la empresa. (FRE)

*Tiempo/*5 de agosto de 1987

Puso primer bloque de los Juegos...
PRESIDENTE AZCONA AYUDARÁ A LOS "GIGANTES" DEL BEISBOL MENOR...

El mandatario hondureño, José Azcona, en conferencia de prensa en los predios de la Federación Deportiva Extraescolar, reaccionó preocupado porque con el balompié hondureño "nosotros llegamos a la cúspide en Centro América y ahora hemos retrocedido, pero eso no debe desalentarnos. Con esfuerzos estaremos en los primeros lugares".

En seguida se quejó que en relación a la compra de los predios donde serán construidas las instalaciones deportivas, en Honduras "todo se hace muy difícil, ya que tuvimos mucho tiempo para comprar el terreno necesario... ahora estamos con la iniciación de los trabajos y pronto abriremos las placas para el edificio que se construirá contiguo al Gimnasio Nacional".

En cuanto al conflicto surgido entre el Comité Organizador de los juegos y los padres de familia de la organización de béisbol "Gigantes", comentó que "ayudaremos a solucionar el problema, para que los niños de los Gigantes, tengan también su cancha, pero tenemos que hacer un estadio de béisbol, porque se necesita uno con las dimensiones reglamentarias", añadió.

Comentó que la colocación de la piedra para la construcción de las instalaciones deportivas "es bastante histórico, porque adicionaremos las instalaciones a las existentes, para que con decoro podamos hacer los cuartos juegos centroamericanos y creo que saldremos bien", vaticinó el presidente de los hondureños.

*La Tribuna/*5 de agosto de 1987

"A PESAR DE LAS CRÍTICAS LAS OBRAS QUE HOY SE INICIAN SERÁN CONCLUIDAS EN 1988": JAH

TEGUCIGALPA. D.C. – Ayer en las horas de la mañana el presidente del IV Comité Organizador de los IV Juegos Centroamericanos -ingeniero Azcona Hoyo- colocó la primera piedra de lo que serán las infraestructuras deportivas, para el Centroamericano de 1990.

Al acto asistieron el P.M Celeo Arias -ministro de la Presidencia-, profesora Elisa Valle de Martínez Paveti -ministra de Educación-, licenciado Jaime Turcios -viceministro de Cultura -, el embajador de la República China, don Oscar Tablas, José Carías y Carlos H. Fernández, ejecutivos de la Cervecería Hondureña.

En la representación deportiva asistió el gerente tesorero de la CONAPID -Rolando Polio Garay-, Dalmiro Caballero, vicepresidente del Comité Organizador, el ministro de Defensa y Prensa Deportiva en general.

Los actos dieron inicio con la entonación del Himno Nacional, luego el ingeniero Dalmiro Caballero hizo una exposición de la labor realizada por el Comité desde su fundación -18 de agosto de 1986- a la fecha en que se coloca la primera piedra.

Dijo que este evento ha contado con la colaboración de los gobiernos amigos de: Japón, China, Corea y la República Dominicana, encontrando en ellos el decidido apoyo a la feliz realización del evento.

Por su parte el ingeniero Alberto Fernández -de la Dirección de Urbanismo- explicó a los invitados y representantes del deporte y gobierno central, cómo se llevarán a cabo la construcción de los gimnasios y la ubicación de los mismos.

La ubicación del gimnasio de boxeo, estadio olímpico, volibol, artes marciales, ocupará un predio de 18 manzanas y las 14 restantes un área de 32.

LOS GIGANTES TENDRÁN NUEVA CANCHA DE BÉISBOL

En relación a la cancha de béisbol de la Asociación Gigantes en la rama del béisbol, se dijo que era necesario ubicar en ella una de las instalaciones, pero que se solventa el problema mandando a esta organización, a un estadio que les será construido por parte del Comité Organizador.

PALABRAS DE AZCONA

"Estamos dando inicio a la construcción de las obras de los IV Juegos, cuya sede será Honduras, es una responsabilidad de mi gobierno", dijo el ingeniero José Azcona Hoyo, presidente de la República y presidente del Comité Organizador de los IV Juegos de 1990.

"Todo esto que hoy iniciamos va con agrado y con la modestia que desde un inicio les dije". "El gobierno impulsa el deporte y estamos seguros que dejaremos algo positivo para las generaciones futuras" dijo el mandatario hondureño.

"A pesar de todo, a pesar de las críticas las obras que hoy se inician serán concluidas a finales de 1988".

También dijo que el edificio para albergar oficinas del comité y deportes como el judo y el tenis de mesa entran en licitación dentro de los próximos días y en dos o tres meses se inicia la construcción de los mismos.

Pidió además comprensión a los padres de familia de gigantes, dijo que les van ayudar en su problema y que el mismo será resuelto. (JAC)

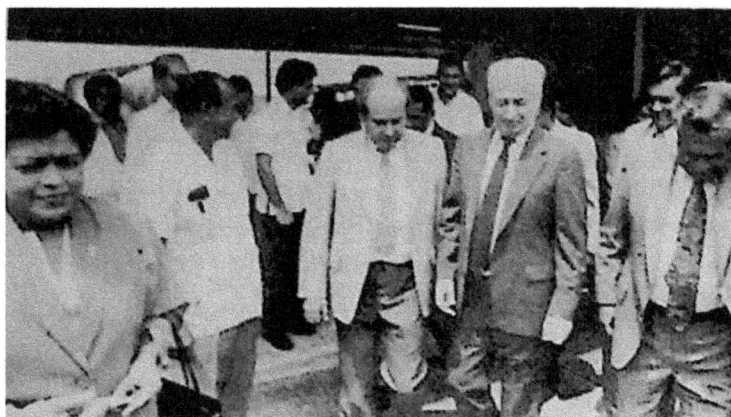

*Momento en que varios funcionarios deportivos, acompañaban al presidente de la República a colocar la primera piedra de lo que serán las instalaciones de los IV Juegos Deportivos Centroamericanos, ayer en horas de la mañana en Tegucigalpa. (FOTO MAJIN).

*El presidente Azcona al momento de colocar la primera piedra de lo que serán las instalaciones deportivas de los IV Juegos Centroamericanos, en 1990. – El solemne acto se celebró ayer en Tegucigalpa en horas de la mañana. (FOTO MAJIN)

Tiempo/4 de agosto de 1987

HOY SALEN RUMBO A GUATEMALA
AZCONA Y REGALADO HERNÁNDEZ

TEGUCIGALPA. – El presidente José Azcona y el jefe de las Fuerzas Armadas, general Humberto Regalado Hernández, parten hoy hacia la capital de Guatemala para participar en la reunión cumbre de mandatarios que iniciará este día.

Según portavoces del mandatario, el viaje al vecino país está programado para las nueve de la mañana en el avión exclusivo del jefe de las Fuerzas Armadas.

Acompañarán a Azcona Hoyo en este encuentro, el secretario de Prensa, Lisandro Quezada y el ministro de Relaciones Exteriores, Carlos López Contreras, quien viajó la tarde del martes para estar presente en la reunión preparatoria de cancilleres que inició ayer por la mañana.

De acuerdo al programa que fue conocido en la Casa Presidencial, los presidentes del área dividirán sus deliberaciones en dos sesiones de trabajo, la primera de las cuales durará casi cinco horas.

Los documentos a tratar son específicamente el Plan Regional de Paz, promovido por el presidente de Costa Rica, Oscar Arias Sánchez, que ha sufrido algunas reformas y el documento del Grupo de Contadora para dar lugar a un documento final y conjunto.

Todos los presidentes estarán llegando a la ciudad de Guatemala, entre las nueve y once de la mañana y será recibidos por el gobernante anfitrión Vinicio Cerezo, y posteriormente se conducirán al Hotel "Camino Real" que servirá de escenario a las discusiones.

La Prensa/6 de agosto de 1987

"AUMENTA LA POSIBILIDAD DE ÉXITO EN CUMBRE": AZCONA

TEGUCIGALPA. – (Por Faustino Ordóñez Baca). – Las posibilidades de que la cumbre de mandatarios de "Esquipulas", tenga un éxito, han aumentado, declaró el presidente de la República José Azcona Hoyo, al ser interrogado sobre los resultados de la reunión de cancilleres centroamericanos y del Grupo de Contadora que finalizó el sábado en esta capital.

Azcona Hoyo entrevistado al momento de colocar la primera piedra de lo será la "Villa Olímpica" a inmediaciones de la universidad, rehusó comentar ampliamente sobre los resultados que arrojó el encuentro de ministros de relaciones exteriores.

"Yo creo que la prensa ha hablado bastante sobre esta situación de los cancilleres y creo que han aumentado las posibilidades de éxito", en la cumbre de presidentes que se desarrollará el seis y siete de agosto próximo en Guatemala, reveló el jefe del ejecutivo.

Dijo concretamente que el único fin del documento que presentó Honduras a consideración de los cancilleres el viernes causando sorpresa entre los presentes, era "ampliar el documento del presidente Arias".

En la cita de ministros de Relaciones Exteriores se declara tanto al "Plan Arias" como la iniciativa del gobierno hondureño, como documentos complementarios que servirán para que el grupo de Contadora retome sus gestiones en pro de la paz en la región.

El jueves seis y el viernes siete de agosto los presidentes del área centroamericana se reunirán por segunda vez en la República de Guatemala para materializar las resoluciones adoptadas por los cancilleres en sus dos previas reuniones.

Azcona Hoyo viajará el jueves de la presente semana en horas de la mañana a la capital guatemalteca donde permanecerá hasta el día viernes se informó en la Casa de Gobierno.

La Prensa/4 de agosto de 1987

A Guatemala:
EL JUEVES VIAJARÁ PRESIDENTE AZCONA

TEGUCIGALPA. – Hasta el jueves en horas de la mañana el presidente de la República, José Azcona Hoyo, viajará a Guatemala en compañía del general Humberto Regalado Hernández jefe de las Fuerzas Armadas, para participar en la cumbre de mandatarios que analizarán el Plan de Paz del gobierno costarricense.

Se había previsto el viaje del gobernante hondureño para mañana miércoles, pero a última hora Azcona Hoyo se puso de acuerdo con el titular del organismo castrense para trasladarse hasta el día jueves seis, fecha fijada para el inicio de las deliberaciones.

Previo del encuentro del presidente habrá una reunión de ministros de Relaciones Exteriores del área que se encargarán de dar los últimos "toques" al "Plan de Paz" del presidente Oscar Arias.

Esta iniciativa, que fue discutida recientemente por los cancilleres del grupo de Contadora y los cancilleres de Centro América, contempla un cese al fuego, elecciones libres y honestas y la suspensión de la ayuda militar extranjera a los grupos alzados en armas.

La Prensa/4 de agosto de 1987

Editorial
La "cumbre" de presidentes empieza hoy en Guatemala

Los presidentes de América Central se reúnen hoy y mañana en Guatemala para tomar decisiones con relación al Plan Arias, destinado a crear los mecanismos iniciales –dentro del proceso de pacificación de Contadora— para establecer la paz y la cooperación en esta convulsionada región.

De acuerdo a las dos reuniones preparatorias de esta "cumbre" presidencial, el Plan Arias es el proyecto central y punto de discusión y resolución.

En la jornada de los cancilleres centroamericanos y los del Grupo de Contadora realizada en Tegucigalpa, así quedó establecido.

En la capital hondureña -una vez que se solicitó a los cancilleres de Contadora su gestión para elaborar el documento único que recoge las sugerencias y comentarios de los demás gobiernos de Centroamérica, con excepción del ponente, Costa Rica- fue elaborado el documento consolidado para la discusión de la segunda jornada de cancilleres, que ayer finalizó en Guatemala.

En aquella oportunidad, el gobierno de Honduras presentó un plan en el que se aparta de los puntos claves de la simultaneidad y de la cesación previa de hostilidades para insertar los mecanismos de democratización y garantías individuales en los países con este tipo de problemas.

Frente a la cerrada frialdad al plan del gobierno hondureño, oficialmente éste fue incluido como observaciones al Plan Arias, quedando así subsumido junto con las de otros gobiernos. Al parecer, así quedaba superado un elemento de confusión que, en un momento, estuvo a punto de echar a pique la reunión de Tegucigalpa.

Sin embargo, pareciera que en la reunión preparatoria de Guatemala –víspera de las de los presidentes— la confusión no ha desaparecido. Un cable de la United Press International (UPI) fechado antier en Washington, indica que el gobierno de los Estados Unidos "se pronunció a favor del plan de paz para la región, impulsado por Honduras, y que será presentado el jueves y viernes, cuando los líderes centroamericanos se reúnan en Guatemala".

239

Para hacer todavía más complicada la escena en Guatemala, el gobierno de los Estados Unidos sorpresivamente ha lanzado un plan bilateral, que pretende obtener el apoyo bipartidista norteamericano, para liquidar la confrontación entre los Estados Unidos y Nicaragua.

Es indudable el efecto confusionista del rápidamente llamado "Plan Reagan", y es muy posible que prácticamente haga de la reunión de presidentes en Guatemala un episodio vacilante, sin mayores concreciones, no obstante ser el marco de esta reunión eminentemente multilateral, mientras la propuesta norteamericana es definidamente bilateral.

De acuerdo con reacciones preliminares en los Estados Unidos, el plan de paz de última hora ha sido recibido en el Congreso de los Estados Unidos con cautela. Algunos congresistas miran esa sorpresiva acción diplomática como una maniobra para conseguir el apoyo a la ayuda económica y militar a los contras, por parte del Congreso, al darse un calculado rechazo al plan por el gobierno sandinista.

El congresista Wright, demócrata, según la agencia UPI indicó: "le dije al presidente (Reagan) que no se apoyaría su plan si es un ardid a ser rechazado, una jugarreta para conseguir más ayuda para los contras. Nosotros queremos conseguir la paz con la misma energía con que se hace la guerra".

El presidente del senado norteamericano, el demócrata Robert Byrd, según la misma fuente ha expresado: "si se concretan las sospechas, entonces la ayuda a los contras se vería dificultada. Lo que quiero que se entienda es que no se nos va a confundir".

El plan de paz del presidente Reagan contiene un ultimátum al régimen sandinista, con fecha fatal del 30 de septiembre, para cumplir con todos los requisitos exigidos en Nicaragua. Si eso no se diera, "las partes interesadas quedarían en libertad de tomar las acciones que consideren necesarias para proteger sus intereses".

Como este es un planteamiento bilateral EE.UU./Nicaragua, nos imaginamos que los demás gobiernos de América Central se abstendrán de participar en su discusión "aunque tampoco es posible ignorarlo, pues es a Nicaragua a quien compete hacerlo, ya que se trata de decisiones que corresponden fundamentalmente a su vida interna.

En tal sentido, los presidentes de América Central tendrían que proseguir la ruta señalada por el Plan Arias, de esencia y sentido multilateral, que de todas maneras comprende la problemática nicaragüense y la salvadoreña en el contexto regional, y tal como, asimismo, queda englobado en el proyecto del Acta de Contadora para la Paz y la Cooperación de América Central, que Honduras viene invocando últimamente con mucha insistencia.

En cualquier caso, serán los acontecimientos del futuro inmediato los que determinarán con precisión si este plan de la administración Reagan sería un complemento al Plan Arias y al proceso de Contadora, o si, por el contrario, es la misma posición del presidente Reagan ante la asamblea de las Naciones Unidas en 1985.

Tiempo/6 de agosto de 1987

EL AEROPUERTO DEL PEDREGAL

Cómo me gusta oír al comentarista y abogado Moisés de Jesús Ulloa Duarte: "Ingeniero Azcona: las generaciones presentes y futuras se lo agradecerán" con la construcción de un aeropuerto para la ciudad capital, ha llegado a mis oídos que ya se han principiado a mover las manos negras para echar abajo los planes para la construcción del aeropuerto en el sitio llamado "EL PEDREGAL".

Como es costumbre en nuestra querida patria, hablamos, hablamos y después todo queda en el olvido. Creí que con la llegada al Ministerio de Comunicaciones y Obras Públicas del ingeniero Juan Fernando López la monumental obra se haría realidad y con ello se vendría a completar la política de cielos abiertos que fue aprobada recientemente por el soberano Congreso Nacional.

Así podrían llegar a nuestro país toda clase de aeronaves, con lo que incrementaría el turismo, ya que serviría de base para recibir a los visitantes que de allí partirían para el otro aeropuerto internacional que se está construyendo en la Isla de Roatán.

Ingeniero Azcona: las generaciones presentes y futuras se lo agradecerán.

Miguel Vijil Vega
Tegucigalpa, D.C.

La Tribuna/6 de agosto de 1987

LA PROMESA DE AZCONA

Es esta la quinta y, posiblemente, la última vez que le recuerdo al ingeniero José Simón Azcona, la promesa que me hizo, sentado en el viejo sofá de la casa que habito, de mandar a arreglar como Dios manda el camino de la pavimentada hacia la aldea de El Jicarito y al municipio de San Antonio de Oriente.

Digo que posiblemente sea la última vez que me refiero a esto en LA TRIBUNA, porque si niega en público una deuda centimillonaria del Estado, con más razón para que nos niegue a los vecinos de este municipio un trabajito de dos semanas, pero no con máquinas que se quiebran en un día y no regresan.

Para hacer la caseta del cobro de peaje trajeron una docena de máquinas nuevas y en un santiamén estuvo todo listo, pero esto es para SACARNOS PISTO.

Los que creen en la conspiración judía o leen las novelas de Ludium, piensan en la posibilidad de que haya en Honduras un presidente de esa raza. Dicen que, en su viaje a Israel, al presidente Azcona pudieron darle una "sopita" radioactiva y producirle una enfermedad y la muerte en unos meses.

Quiera Dios que eso sólo sea una fantasía, pero por las dudas me gustaría que mandara a arreglar esta calle lo más pronto, porque con don Jaime no tengo amistad, más bien le he tirado unas "chinitas" en esta columna.

Apúrese Pepín y nos arregla algo en el pueblo que lo llevó a la convención liberal, como primer peldaño a la presidencia que hoy ocupa y esperamos también que cumpla en ella los cuatro años. Olvide lo de la "sopita", es una fantasía que alguien me dijo y quiero que Ud. la sepa. Cuídese.

Víctor Narváez Bonilla
San Antonio de Oriente

La Tribuna/6 de agosto de 1987

CUARTETA "PL" IMPUGNA REGLAMENTO

Piden al TNE abstenerse de convocar a elecciones

Las cuatro corrientes del Partido Liberal impugnaron ante el INE el Reglamento Electoral presentado por la Comisión Nacional y solicitaron abstenerse de emitir el Decreto de convocatoria a comicios internos.

El documento fue presentado por Enrique Ortez Colindres, William Hall Rivera, Ramón Villeda Bermúdez y Jorge Arturo Reina, alegando que el reglamento Electoral carece de los requisitos formales y de fondo.

Entre las irregularidades que a su juicio contiene mencionaron la modificación de la directiva (con el nombramiento en cargos provisionales), falta de armonía entre la Ley Electoral y el reglamento, violación a la misma Ley, respeto al principio de la integración proporcional y falta de claridad y precisión, entre otras.

En su parte petitorial los movimientos plantean al tribunal Nacional de Elecciones:

"1. – Que rechace de plano el Reglamento Electoral para celebrar las elecciones internas del Partido Liberal de Honduras, que un número minoritario de corrientes de nuestro instituto político, (tres), respaldados por los representantes de ese Tribunal y del Consejo Central Ejecutivo ante la Comisión Nacional Electoral le ha presentado para su consideración.

2. – Como consecuencia del rechazo, ordenar que el mismo sea reelaborado con la participación de los movimientos que representamos y que sea puesto a tono con las disposiciones de la Ley Electoral, previa a la corrección por parte de la autoridad central del Partido Liberal, del Decreto de Convocatoria a los movimientos, corrientes o tendencias para que estos inscriban a sus candidatos en la forma que lo ordena la repetida Ley Electoral.

3. – Que entre tanto este Tribunal Nacional de Elecciones se abstenga de emitir el Decreto de Convocatoria a elecciones internas del Partido Liberal, ya que de hacerlo estaría llamando a un proceso electoral viciado de nulidad absoluta.

4. – Finalmente, que tenga por reservados los derechos y acciones que de conformidad con la ley nos corresponden, hasta agotar todas las instancias".

La "cuarteta" integrada por los movimientos M-LIDER, Villedista, de Enrique Ortez Colindres y de William Hall Rivera impugnó ayer el Reglamento Electoral.

La Tribuna/5 de agosto de 1987

REINA QUIERE A AZCONA DE MEDIADOR

El dirigente del Movimiento Liberal Democrático Revolucionario (M-LIDER), Jorge Arturo Reina, señaló que el Tribunal Nacional de Elecciones (TNE) no puede entrar a conocer de oficio el reglamento de los comicios liberales presentado por las otras corrientes.

Indicó que el mismo violenta la representación proporcional que establecen la Constitución de la República y la Ley Electoral y además se sustituye una elección directa por una indirecta.

También afirmó que el procedimiento que se utilizó para su elaboración es "totalmente irregular, pues no se tuvo reuniones conjuntas".

Reina señaló que lo único que piden en esencia es que el TNE no asuma la responsabilidad de decidir este problema, sino la obligación a que se resuelva dentro del mismo partido, para que al TNE no le llegue un problema planteado sino ya resuelto.

Con relación a las acusaciones de que nada más pretenden prorrogar la fecha de las elecciones, Reina dijo que no va a contestar esos cargos, pues "el hecho fundamental es que se están aplicando las mismas trampas que se pusieron en práctica en el pasado y eso es lo que no vamos a aceptar".

A su criterio, la impugnación no le causa ningún daño al PL y "más bien es para la salud del partido, para que dentro del partido se discuta cómo es que allí se establecen porcentajes que no están en ninguna ley, sino que fueron ya derogados por la Ley Electoral al establecer que todos los organismos del partido deben estar integrados de manera proporcional".

Reina afirmó que mirarían con buenos ojos que el presidente José Azcona asuma una posición de mediador, "porque no queremos llevar al traste a nuestro partido, queremos salvarlo y que vaya realmente unido y así salga de las elecciones internas y en la misma forma vaya a las elecciones generales".

La Tribuna/5 de agosto de 1987

CONVOCAR A ELECCIONES PEDIRÁ HOY COMISIÓN

La Comisión Nacional Electoral del Partido Liberal presentará hoy ante el TNE formal solicitud para que emita el Decreto de Convocatoria a elecciones internas de Partido Liberal el próximo 6 de septiembre.

El TNE podría emitir el Decreto mañana, justamente 30 días antes de la fecha señalada para la celebración de dichos comicios, tal como lo manda la Ley Electoral, una vez que ha sido presentado el Reglamento Electoral.

La petición correspondiente será entregada por la directiva provisional, formada por su presidente Juan René Rivera, representante del Movimiento Maradiaguista y el secretario Horacio Guzmán, delegado suplente del Tribunal Nacional de Elecciones.

La Tribuna/5 de agosto de 1987

EMBAJADORES DE JAPÓN Y GRAN BRETAÑA PRESENTAN CREDENCIALES ANTE AZCONA

Los embajadores de Japón y Gran Bretaña, Kiichi Itabashi y David Joy, respectivamente, presentaron ayer sus cartas credenciales ante el presidente José Azcona Hoyo, que los acreditan como representantes de los soberanos de su imperio y reino. La ceremonia diplomática, con el respectivo protocolo que se practica en estas ocasiones, se realizó en la Casa Presidencial, siendo presididas por el mandatario del país.

Joy es un diplomático de carrera del servicio exterior británico y asignado a misiones latinoamericanas. Su último cargo lo venía desempeñando desde 1984 como jefe del Departamento de México y Centroamérica de la Cancillería inglesa.

Mientras que Itabashi, el nuevo embajador del imperio japonés ha desempeñado su carrera diplomática en diversos países como Perú, Italia, Estados Unidos y últimamente se desempeñaba como cónsul general de Japón en Karachi, Pakistán.

El embajador David Joy cuando entregó al presidente la carta que lo acredita como nuevo embajador inglés. (Foto Alejandro Serrano).

El Heraldo/6 de agosto de 1987

AZCONA ES INFORMADO POR BRIGGS DEL PLAN REAGAN

Por: DANILO D. ANTUNEZ

El presidente José Azcona fue informado ayer ampliamente por el embajador de Estados Unidos, Everett Briggs, sobre la nueva propuesta que la Administración Reagan presentará a Nicaragua como un anexo al Plan de Paz del presidente Oscar Arias.

La propuesta del gobierno norteamericano será comunicada oficialmente hoy a los mandatarios centroamericanos, quienes durante dos días discutirán en Guatemala el plan de Paz elaborado por el presidente costarricense en febrero anterior.

El embajador estadounidense se reunió con el gobernante hondureño en horas del mediodía de ayer para explicarle detalladamente la propuesta de paz del presidente Ronald Reagan para el régimen sandinista.

Oficialmente se desconoce la opinión del presidente Azcona respecto a la nueva propuesta de paz del gobierno norteamericano, pero fuentes de la Casa de Gobierno afirmaron que el mandatario lo apoya totalmente.

El canciller Carlos López Contreras, dijo en Guatemala que la propuesta "es positiva".

Azcona partirá mañana a Guatemala acompañado por el comandante en jefe de las Fuerzas Armadas, general Humberto Regalado Hernández y su secretario de Prensa, Lisandro Quesada.

Antes de reunirse con Briggs, el mandatario dijo ayer que "no creo que en la cumbre se va a arribar a una solución de los problemas rápidamente, porque estos parten de las situaciones internas de los países y mientras no haya una verdadera reconciliación nacional en los países donde hay problemas de lucha armada, entonces no es posible que haya un arreglo entre los presidentes, porque no hay guerra entre países".

"Nosotros no vamos a firmar ningún armisticio porque no estamos en guerra con Nicaragua, ni con nadie, reiteró. El esfuerzo va a ser dirigido a la reconciliación interna de los países que tienen problemas internos", aclaró.

Indicó que los gobiernos, especialmente los de Nicaragua y El Salvador, tienen que tomar decisiones para poder traer paz a Centroamérica.

Azcona sostuvo que tendrán que haber nuevas reuniones de cancilleres y presidentes.

"Estas cosas, comentó, son bastante difíciles para alcanzar un acuerdo definitivo, pero hay buena voluntad, parece, de todas las partes. Los acontecimientos parece que están favoreciendo a la búsqueda de una solución interna en Nicaragua y en El Salvador y de allí se tiene que derivar algo beneficioso para los demás países".

La Tribuna/6 de agosto de 1987

COSTA RICA RESPONSABLE DE CRISIS COMERCIAL: PANTING

El ministro de Economía, Reginaldo Panting, anunció que hoy llegarán a Tegucigalpa del Banco Central de Costa Rica, quienes dialogarán con sus homólogos de Honduras, para ver si encuentran alguna salida al impasse comercial.

"Todo el mundo sabe que le debemos a Costa Rica. No es ningún secreto. Pero Honduras ha documentado su deuda y la está pagando de acuerdo a lo previsto", dijo Panting.

Indicó que la última palabra sobre la reapertura comercial la tiene Costa Rica y ya "los ministros de Economía llegamos a un acuerdo de negociación. Donde ha faltado terminarlas es entre los bancos centrales, principalmente el de Costa Rica".

La ampliación de la lista de productos a ser comercializados ya fue negociada en la forma en que fue presentada, y unos con cuotas y otros no, señaló.

La deuda que tiene Honduras con Costa Rica es superior a los 60 millones de lempiras y para Costa Rica, esto es lo que no ha permitido la reanudación comercial.

La Tribuna/6 de agosto de 1987

AFECTADOS PROGRAMAS DE SALUD: NO HAY VIÁTICOS

El Ministerio de Salud Pública enfrenta serias dificultades debido a que no dispone de fondos para cubrir los viáticos del personal asignado a los diversos programas de servicio al pueblo hondureño.

Esta anómala situación entorpece múltiples actividades, pues el personal administrativo y principalmente de campo no pueden desplazarse a las comunidades, según las fechas previstas.

Para el caso, el Programa de Control de Vectores permanece inactivo debido a esta situación y la población sufrirá sus efectos negativos.

En Salud Pública se desconocen los motivos para que el ministro de Hacienda, Efraín Bu Girón, no apruebe la entrega de las cantidades asignadas en el presupuesto del ramo.

Trascendió que el Ministerio de Salud envió a Bu Girón una solicitud para que autorice el desembolso de los fondos destinados a pagar los viáticos del personal.

La Tribuna/6 de agosto de 1987

NUEVOS EMBAJADORES DE JAPÓN E INGLATERRA

El presidente José Azcona recibió ayer las cartas credenciales de los nuevos embajadores de Gran Bretaña y Japón, en ceremonias separadas efectuadas en el Salón Rosado de la Casa de Gobierno.

El nuevo embajador de Gran Bretaña, David Joy, es un diplomático de carrera que ingresó al Servicio Exterior en 1971 y ha desempeñado diversos cargos en países de América Latina.

Entre los cargos diplomáticos figuran: Primer secretario de la embajada británica en Venezuela, jefe de Intereses Británicos en Argentina. También fungió como jefe del Departamento de México y Centroamérica del Foreign and Commonwealth Office.

Por su parte, el nuevo embajador de Japón, Kiichi Itabashi, entró al servicio diplomático en 1954 y antes de su nombramiento en Honduras fungía como cónsul general en Karachi, Pakistán.

También se desempeñó como consejero en la embajada de Japón en Perú e Italia; fue cónsul en Nueva Orleans y director de la Segunda División de la Cooperación Técnica de la Dirección General de Cooperación Económica del Ministerio de Relaciones Exteriores.

El presidente José Azcona intercambió opiniones con el nuevo embajador de Japón en Honduras, Kiichi Itabashi. (Foto Aquiles Andino).

El nuevo embajador de Gran Bretaña, David Joy, presenta sus cartas credenciales ante el presidente José Azcona. (Foto Aquiles Andino).

La Tribuna/6 de agosto de 1987

CONGRESO PEDIRÁ A AZCONA REUBICACIÓN DE REFUGIADOS

El Congreso Nacional aprobó anoche la moción presentada por Jorge Roberto Maradiaga, vicepresidente del Poder Legislativo, en el sentido de que se excite al presidente de la República para que ordene la reubicación de los refugiados que permanecen en la zona de Jacaleapa, El Paraíso.

La moción fue presentada para que el ingeniero José Azcona actúe en su doble condición de titular del Ejecutivo y comandante en jefe de las Fuerzas Armadas.

También se consigna que el ingeniero Azcona excite a las autoridades del Alto Comisionado de las Naciones Unidas para los Refugiados en el sentido de que se establezca el estatus real de los nicaragüenses que permanecen en los campamentos que atiende el ACNUR, ya que se conoce que muchos de ellos no son ni perseguidos políticos, ni provienen de áreas en conflicto, sino que han ingresado a Honduras para aprovechar la asistencia que se les brinda.

Asimismo, que instruya al jefe de las Fuerzas Armadas, general Humberto Regalado Hernández, para que tome las medidas pertinentes que permitan garantizar la seguridad de la vida y haciendas de los hondureños que residen en las cercanías a los sitios donde están ubicados los distintos campamentos de refugiados en todo el país.

La Tribuna/6 de agosto de 1987

BRIGGS EXPLICA A AZCONA EL PLAN DE PAZ DE REAGAN

TEGUCIGALPA. El embajador de los Estados Unidos, Everett Briggs, se reunió ayer con el presidente José Azcona Hoyo, para informarle con más detalles sobre el nuevo plan de paz de cuatro puntos que la administración de Reagan propone a Nicaragua.

El gobierno de los Estados Unidos propone a Nicaragua el inmediato cese al fuego, la salida de todos los asesores militares, negociaciones bilaterales (en una primera etapa con intervención norteamericana) entre el régimen sandinista y los "contras" y una fecha límite fijada para el 30 de septiembre.

Preguntado el presidente Azcona en la mañana de ayer cuál era su punto de vista en torno a la nueva propuesta de paz norteamericana, dijo que él no conocía a fondo dicha propuesta, pero que se reuniría con el embajador Briggs para que le informara más detalladamente sobre la misma.

El embajador Briggs rehusó dar declaraciones a la prensa después de sostener la entrevista con el presidente Azcona. (TDG)

Tiempo/6 de agosto de 1987

PRESIDENTE AZCONA: NICARAGUA ESTÁ MUY NERVIOSA

TEGUCIGALPA. (Por Faustino Ordóñez Baca). El presidente de la República, José Azcona Hoyo, declaró ayer que Nicaragua "está muy nerviosa" en torno al panorama que se avizora de la cumbre de mandatarios centroamericanos que se inicia hoy en la capital guatemalteca que ha despertado la atención mundial.

En una entrevista concedida en la casa de gobierno, el ejecutivo también se refirió a las fuertes críticas que contra su gobierno ha lanzado últimamente el Partido Nacional, particularmente el

"Callejismo", y dijo que estas cuestiones no le dan "ni frío ni calor", por tal razón "son bienvenidas".

Asimismo, y en relación al conflicto interno que enfrenta el Partido Liberal respecto a la incoherencia que se ha presentado entre las corrientes en el Tribunal Nacional de Elecciones (TNE), el gobernante comentó que esta situación "no conviene a los intereses nacionales" y por ese motivo tratará de reunirse con ellos la próxima semana "si lo estiman conveniente".

CUMBRE

Azcona Hoyo manifestó que se encuentra "preparado" para asistir este día a la reunión de presidentes que tendrá lugar en la capital de Guatemala para analizar la problemática centroamericana en virtud de lo cual viajará por la mañana, acompañado del jefe de las Fuerzas Armadas, general Humberto Regalado Hernández.

En esta cita acompañarán al mandatario, además del alto oficial del organismo castrense, el canciller Carlos López Contreras, quien ya se trasladó al vecino país, y el secretario de Prensa, Lisandro Quezada.

"Ya he dicho que estas cosas son bastante difíciles como para llegar a un acuerdo definitivo, pero parece que hay buena voluntad de todas las partes y da la impresión que los acontecimientos que se han presentado están favoreciendo para que haya un acuerdo interno en las Repúblicas de Nicaragua y El Salvador", dijo el presidente.

En relación a la nueva propuesta que ha surgido a la república patrocinada por el presidente norteamericano, Azcona Hoyo dijo que desconocía en forma detallada el fondo del proyecto de paz de Estados Unidos, razón por la cual se reuniría con el embajador de ese país en Honduras, Everett Briggs, para conseguir mayor información, hecho que sucedió minutos después pero el diplomático no quiso hablar al término de la reunión.

Cables internacionales revelaron ayer que el país del norte propondrá un nuevo plan de paz orientado a que Nicaragua dialogue con los contras para declarar un alto al fuego y luego celebrar elecciones, caso contrario Estados Unidos está dispuesto a mantener la ayuda de los rebeldes.

Preguntado el presidente Azcona sobre el ataque que se denunció fue objeto Honduras por parte de Nicaragua en las últimas horas que no coincidió con la política de paz que esa nación alega realizar, dijo que "esta gente está muy nerviosa y por otro lado un poco soberbia", lo que da lugar a que reaccionen de esa forma".

"El Gobierno de Honduras y las Fuerzas Armadas siempre hemos tenido mucha paciencia y bastante tranquilidad y creo que no vamos a perder la cabeza por estas cosas que lamentamos y que no estamos dispuestos a permitir", subrayó.

Dijo Azcona Hoyo,   que mientras en los países donde se producen luchas armadas internas, como "El Salvador y Nicaragua, no lleguen a una reconciliación nacional, no es posible que ha haya un acuerdo entre todos los presidentes". Los problemas parten de las situaciones internas de estos países, remarcó el jefe del ejecutivo.

El gobernante hondureño es del criterio que la cumbre de "Esquipulas II los presidentes no van a firmar ningún "armisticio" ya que los países centroamericanos "no estamos en guerra entre sí".

O sea, explicó, que "el esfuerzo está orientado que haya una reconciliación interna" entre los gobiernos que tienen problemas con las fuerzas rebeldes.

Azcona Hoyo, sostuvo que el Plan de Paz que Honduras presentó el 31 de julio en la reunión de cancilleres en nuestra capital, en ninguna forma "es una contraposición del Plan Arias, sino más bien una extensión", de esta iniciativa que causó alguna sorpresa entre los asistentes por la forma en que fue presentado.

Honduras, según su presidente, siempre será "amplia, abierta y generosa" con los demás mandatarios de la región en un afán de coadyuvar para que se llegue a un acuerdo de paz mismo que se "ha tergiversado" en su concepto, ya que da la impresión como si los gobiernos están en una guerra declarada.

NI FRÍO, NI CALOR

Las críticas fuertes que ha lanzado últimamente el principal dirigente del nacionalismo y candidato presidencial, Rafael Leonardo Callejas, no le causan a Azcona Hoyo "frío ni calor", según dijo, dando a entender que las mismas no tienen fundamento porque son parte de la campaña política que ya inició el dirigente del partido opositor.

"Ahora bien si ellos van a ir a una oposición irracional a lanzar las acusaciones, los insultos y las irresponsabilidades, como las que se dijeron en Cortés, el domingo pasado, entonces nuestro partido va a responder", anunció, aunque luego agregó que no es un hombre "sectario", "tal vez en Cortés, el domingo se les pasó bastante la mano pues yo tendré muchos defectos en moralidad y honestidad, pero no les voy a ceder ninguna pulgada a los dirigentes nacionalistas sentenció el mandatario.

"A mí me interesa que el partido Nacional tenga responsabilidades históricas conmigo, ya que las organizaciones políticas la tienen, pero con la patria", dijo al responder una interrogante si con su posición se rompía el llamado "Pacto de Unidad Nacional" (PUN).

"La responsabilidad de este gobierno es de José Azcona, por el que voy a responder, y de la cual creo que voy a salir bastante bien librado", estimó.

SE REUNIRÁ CON CANDIDATOS LIBERALES

El presidente de la República anunció que la próxima semana se reunirá con los siete candidatos del Partido Liberal que aspiran a la conducción del Consejo Ejecutivo y que los mantiene "empleitados" al no conciliar sobre la forma en que se desarrollarán los próximos comicios internos programados para el seis de septiembre las cuatro corrientes.

Un grupo de cuatro corrientes (Ortez Colindres, Villeda Bermúdez, M-Líder y William Hall), han impugnado ante el TNE el reglamento electoral, que fue aprobado por mayoría de votos apoyados por las corrientes consideradas mayoritarias (Montoya, Maradiaga y Flores), y que lo consideran contentivo de las irregularidades.

El mandatario reveló que si aceptan estos siete candidatos que él les sirva de mediador, los convocará para que se reúnan y analizar la situación ya que "no conviene a la tranquilidad nacional" que se esté produciendo este tipo de cuestiones al interior de su partido que lo llevó al poder. "El Partido Liberal ha sido muy demócrata y tal vez a causa de ese exceso de democracia es que se ven esas cosas", subrayó.

CONTROLARÁN REFUGIADOS

A una pregunta sobre qué medidas adoptará el gobierno en torno a los problemas que están causando los refugiados nicaragüenses en la zona oriental del país, especialmente contra la población civil, el presidente respondió que "tenemos que controlarlos", pero no expresó en qué forma.

Ellos, los refugiados, tienen que respetar nuestras leyes y nuestro territorio", enfatizó Azcona, agregando que el Alto Comisionado de las Naciones Unidas (ACNUR), sigue brindando apoyo a estos desplazados de guerra, por lo tanto, "están bajo su protección".

JOSÉ AZCONA HOYO

La Prensa/6 de agosto de 1987

Cumbre en Guatemala
Hoy, al reencuentro de la paz

GUATEMALA. (AP). – Los presidentes de América Central iniciarán hoy aquí, bajo estrictas medidas de seguridad, una nueva reunión con miras a lograr una solución pacífica al conflicto regional costarricense, Oscar Arias, y cuya agenda será determinada por los cancilleres de las cinco naciones que ayer finalizaron la reunión preparatoria, se informó.

Los ministros de Relaciones Exteriores, Mario Quiñónez Amézquita, de Guatemala; Ricardo Acevedo, de El Salvador; Rodrigo Madrigal, de Costa Rica; Carlos López Contreras, de Honduras y Miguel Escoto, de Nicaragua, finalizaron una reunión preparatoria en la que aprobaron el documento base para la reunión cumbre de mandatarios que se iniciará mañana aquí.

Los presidentes centroamericanos analizarán en la reunión la propuesta representada en febrero por su colega Oscar Arias, y que en términos generales consiste en diálogos internos en los países en conflicto, la suspensión de ayuda militar extranjera a los grupos insurgentes, un cese el fuego, reducción de armamento y el no uso de los territorios para agredir a otra nación del área.

Julio Santos, vocero del presidente guatemalteco Vinicio Cerezo, dijo a la AP, que la propuesta norteamericana es "interesante" y, que si es presentada oficialmente podría ser considerada por los mandatarios centroamericanos.

"Pero hay que considerar que no es una propuesta de paz para Centroamérica, sino una opción de paz para Nicaragua", señaló Santos.

Por otra parte, centenares de agentes policiales han sido destacados para brindar protección a los mandatarios y comitivas visitantes, mientras que otros han sido destinados para la protección de las sedes diplomáticas de los países de la región de los miembros del Grupo Contadora, integrado por Panamá, Venezuela, México y Colombia.

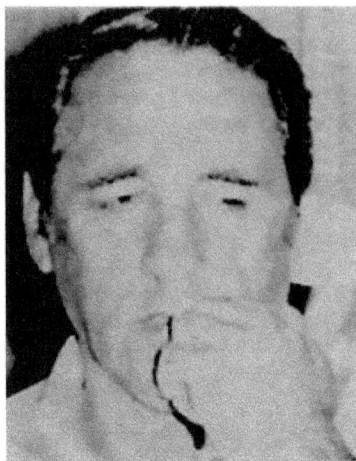

DUARTE

ARIAS SÁNCHEZ

ORTEGA

CEREZO

La Prensa/6 de agosto de 1987

EL PAPA PIDE ORACIONES POR REUNIÓN DE GUATEMALA

CIUDAD DEL VATICANO, (AP). – El papa Juan Pablo II pidió hoy que los católicos oren por el éxito de la reunión de presidentes de América Central, y dijo que la paz debe basarse en la justicia y el respeto a los derechos humanos para todos en la región.

Hablando en su audiencia general, Juan Pablo destacó el hecho de que cinco presidentes centroamericanos iniciarán hoy una reunión cumbre de dos días en Guatemala.

Los cinco ministros de Relaciones Exteriores están reunidos allí tratando de superar las diferencias del plan de paz propuesto por el presidente de Costa Rica, Oscar Arias.

"Pido a todos que recen para que esta nueva iniciativa de paz para esta atormentada región logre resultados concretos y pueda contribuir a superar los antagonismos que trajo el amargo fruto de la violencia y la muerte", dijo el Papa, hablando en italiano.

Juan Pablo no mencionó a ningún plan de paz en particular, pero dijo que la Santa Sede "ve con simpatía", los intentos de llevar una paz duradera y estable basada en las necesidades de justicia y respeto por los derechos humanos para todos los hombres y pueblos de la región.

La Prensa/6 de agosto de 1987

José Azcona
No hay contraposición entre el Plan Reagan y el de Arias

GUATEMALA. La iniciativa del presidente Ronald Reagan es un logro para buscar salida a la situación en Nicaragua y Honduras no tiene nada que ver en este asunto, manifestó el presidente José Azcona al comienzo de una conferencia de prensa que ofreció ayer en esta capital.

El mandatario hondureño expresó asimismo que se suma a las múltiples críticas de sus colegas centroamericanos por la falta de democratización interna en Nicaragua.

"Esta iniciativa del presidente Reagan, dijo, es cierto que tiene una connotación bilateral, pero contempla todos los aspectos que señala el Plan Arias y no veo que exista contraposición entre ambas, porque buscan la pacificación en la zona".

Expresó por otro lado que Honduras sufre los efectos del problema interno del vecino país "y por eso tenemos derecho a reclamar".

"Es como un vecino que esté peleando con sus hijos y su mujer todos los días, comparó. Entonces como vecinos debemos decirles que resuelvan sus problemas para que nos dejen dormir y vivir tranquilos en nuestra casa".

El presidente apuntó que además de los problemas de refugiados, contras y poca credibilidad de inversión extranjera, Honduras sufre los efectos de la subversión y el terrorismo, derivados de Nicaragua "y para evitar esos problemas tenemos que gastar más dinero en seguridad y defensa que deberían destinarse en obras para beneficios de nuestros pueblos".

Azcona admitió ante la prensa internacional que los contras han entrado a Honduras y "negar eso sería caer en el ridículo y no lo vamos a hacer, pero ¿por qué ha habido contras en Honduras?, se preguntó: "pues por la situación interna de Nicaragua", recalcó.

"Se nos podría decir que hay que sacarlos a tiros, indicó, pero entonces yo pregunto: ¿Cómo es posible que los 150,000 hombres del ejército Sandinista no los hayan derrotado, no los hayan eliminado?"

En respuesta a un periodista que Azcona calificó como "vocero del gobierno sandinista", expresó que "lo que sucede es que ustedes quieren que enfrentemos nuestros soldados contra los contrarrevolucionarios y que los muertos sean hondureños, pero en eso no vamos a caer en Honduras, el pleito es entre nicaragüenses".

Inmediatamente después el periodista aclaró a Azcona que él no es vocero nicaragüense y que es originario de Chile y el presidente, respondiéndose, le manifestó: "Pero si lo fuera tampoco es un delito".

Enseguida ante la interrogante de una periodista de España, el presidente hondureño comentó que le agradaba que le hiciera una pregunta para conocer "la situación de que no soy español, como dicen que era".

GUATEMALA. El presidente hondureño José Azcona al momento de ser recibido con todos los honores por su homólogo de Guatemala, Vinicio Cerezo. (AFP)

La Tribuna/7 de agosto de 1987

AZCONA Y CANDIDATOS A NUEVA PLÁTICA

El presidente José Azcona anunció ayer que la próxima semana se reunirá nuevamente con los siete pre-candidatos presidenciales del Partido Liberal para tratar de resolver los problemas internos de ese instituto político.

El mandatario dijo que las discrepancias entre los movimientos del Partido Liberal respecto al Reglamento de las elecciones internas que se efectuarán el próximo 6 de septiembre "no son cosas que no puedan ser superadas".

"Si los pre-candidatos presidenciales de mi partido quieren reunirse, pues nos reuniremos para solucionar ese "impasse", porque yo creo que esa situación no conviene a la tranquilidad nacional", expresó.

Azcona comentó que el exceso de democracia que existe en el Partido Liberal "quizá sea la causa para que se den esos problemas internos que no conviene estar ventilándolos ante la prensa y la radio, sino que resolverlos internamente".

BIENVENIDA LA OPOSICIÓN

Por otro lado, el mandatario dijo que le daba la bienvenida a la oposición anunciada por algunos miembros directivos del Partido Nacional, pero les pidió que no recurran a las acusaciones infundadas y al insulto para atacar a su gobierno.

"No me da frío ni calor que los nacionalistas anuncien que van a la oposición. Bienvenido a la oposición. No les tememos en la oposición, pero si van a ir a una oposición irracional como las irresponsabilidades que lanzaron el domingo anterior en Puerto Cortés, nuestro partido también va a responder", advirtió.

El mandatario negó que su gobierno esté paralizado cómo afirmaron los principales dirigentes nacionalistas la semana anterior y enumeró las obras de desarrollo que se ejecutan a nivel nacional como construcción de carreteras, escuelas, hospitales, electrificación y otros.

Azcona negó una vez más que tenga un pacto secreto con los nacionalistas para gobernar el país y reiteró que la responsabilidad del actual gobierno "solamente es de José Azcona y yo voy a responder por él y creo que voy a salir bien librado de esta responsabilidad".

Reafirmó que los dos ministros nacionalistas que tiene en su gabinete "los nombré yo y ellos aceptaron sin condición alguna y los puse en esos cargos porque creí que eran personas que me convenían en el gobierno".

"Yo no soy sectario, señaló, y por eso no hemos perseguido a los nacionalistas que trabajan en el gobierno y aunque se vayan a la oposición por eso no me voy a convertir en un hombre sectario ni mucho menos, antes bien nos alegra que se vayan a la oposición".

Azcona advirtió que no permitirá que los nacionalistas pongan en tela de duda su moralidad y honestidad. "yo tendré muchos defectos, indicó, pero no le voy a ceder ni una pulgada a los dirigentes nacionalistas respecto a mi honestidad y moralidad", recalcó.

La Tribuna/6 de agosto de 1987

LOS SIETE A REUNIÓN HOY

Los siete precandidatos del Partido Liberal se reunirán esta mañana con los miembros del Consejo Central Ejecutivo (CCEPL) para lograr acuerdos en torno al Reglamento de las elecciones internas previstas para el 6 de septiembre próximo.

El CCEPL, convocó para la reunión anoche, pero debido a la ausencia de algunos aspirantes la misma se pospuso para hoy a las 10:00 a.m., se informó.

No obstante, los asistentes evidenciaron anoche la voluntad de llegar a soluciones en los problemas planteados en los últimos días en torno a la preparación de los comicios internos.

Anoche se reunieron en el CCEPL los candidatos Carlos Roberto Flores, William Hall Rivera, Ramón Villeda Bermúdez y Jorge Arturo Reina. Además, Enrique Ortez Sequeira, en representación de su padre, Enrique Ortez Colindres y León Rojas, por Carlos Montoya.

También, Andrés Alvarado Puerto, representante del TNE en la Comisión Electoral de PL y Romualdo Bueso Peñalba y Pompilio Romero Martínez, presidente y secretario general del CCEPL.

Inicialmente se supuso que a la reunión podían asistir los representantes de las corrientes, pero anoche se aclaró que es a nivel de sus máximos dirigentes.

Enrique Ortez Sequeira, Jorge Arturo Reina, León Rojas Carón, Pompilio Romero Martínez, William Hall Rivera y Carlos Roberto Flores intercambian impresiones. (Foto de Mario Fajardo)

La Tribuna/6 de agosto de 1987

Editorial
LA PAZ CENTROAMERICANA

Después de las conclusiones y acuerdos de la cumbre centroamericana celebrada los días seis y siete de los corrientes, una atmósfera de pública alegría se presenta en los escenarios del poder político latinoamericano y en algunos países europeos. Este ambiente de regocijo es fomentado por las declaraciones de los jefes de la diplomacia hemisférica y de altos dignatarios de la Iglesia Católica centroamericana que ven en la suscripción del convenio una manifestación exacta de la voluntad de los gobernantes para negociar el advenimiento de la paz.

Tal como lo hemos sostenido brevemente en otros comentarios posteriores a la cumbre, estas expresiones halagüeñas sí tienen en verdad fundamentos sólidos. Un acuerdo de paz entre los mandatarios del Istmo era visto por los gobiernos y pueblos amigos solamente como una justa aspiración de los centroamericanos, pero nunca como una disponibilidad cercana de concretarse en forma material.

Incluso, en muchas ocasiones, los centroamericanos hemos estado a punto de convertirnos en motivo de abiertas confrontaciones armadas de carácter internacional entre las grandes potencias del mundo y, al lado de estas, sus respectivos socios conscientes o sus satélites artificiales.

Por esta histórica circunstancia el acuerdo de paz regional sobresale como un motivo de fausto. Pero el solo hecho de su suscripción no garantiza que la paz y el progreso sean posibles dentro de un genuino esquema democrático, meta suprema de los países regionales con gobiernos sancionados por la soberanía popular y de las naciones democráticas de la comunidad internacional que nos han acompañado en este largo peregrinaje.

En Centroamérica se encuentran latentes las causas del conflicto armado y los efectos desastrosos que han complicado las relaciones sociales de miseria, pobreza y dependencia externa de nuestros pueblos. Uno de los mayores problemas del documento presidencial centroamericano es la ausencia de una definición concreta y objetiva de cómo se han de producir y conducir las negociaciones entre el ejército rebelde que lucha por derrocar el régimen sandinista, de corte marxista, y cómo han de evolucionar las pláticas entre las fuerzas marxistas rebeldes que tratan de derrocar al gobierno de Napoleón Duarte en El Salvador, electo por una mayoría de su pueblo en elecciones generales, libres y honestas, que aplastó los intentos de subvertirla.

Por otro lado, nos resistimos a aceptar que la Unión Soviética se encuentre decidida a abrir un proceso de democratización en Nicaragua en estos momentos en que la imagen política de los sandinistas se encuentra completamente desprestigiada, dado que han sido incapaces hasta de sostener los niveles de producción alcanzados por la dictadura somocista.

Hacerlo equivale ceder fácilmente el territorio de una nación centroamericana que, con todas sus estructuras jurídicas y políticas, le sirve a las mil maravillas en sus estrategias de lucha frente a los Estados Unidos de América. Y todos conocemos que el marxismo no renuncia con facilidad a su comportamiento histórico, ni a sus convicciones ideológicas, ni a sus tácticas de conquista. Los ejemplos de la Europa del Este con sus más cercanos testimonios, Hungría, Checoslovaquia y Polonia y más allá Afganistán y más acá la guerra en El Salvador y el terrorismo en Guatemala, nos deben recordar que la paz no se encuentra a la vuelta de la esquina.

A qué nobles procedimientos habrá que recurrir para esperar que los marxistas nicaragüenses en el poder convoquen elecciones libres, respeten un libre y amplio juego de ideas, suspendan las restricciones a la libertad de prensa, entreguen a sus dueños las radios y estaciones de televisión incautadas o las abran a todos los partidos y movimientos políticos con la finalidad de plantear sus ideas y denunciar los actos represivos de los comandantes, tolerar una libre y completa movilización de las fuerzas políticas, económicas y sindicales del país.

Cómo es que se producirá la entrega del poder autoritario de los 9 comandantes sandinistas al gobernante que saldrá electo en los comicios generales, por la voluntad del pueblo nicaragüense. Objetivamente parece imposible una transformación del gobierno sandinista en producto sensible de un proceso democrático y democratizador, en donde el pueblo sea su más legítimo dueño.

Justo es demandar de todos los gobernantes democráticos de la región una vigilancia correcta de los acontecimientos por venir para prevenir dolorosas recaídas. Los pueblos centroamericanos merecen igualmente un ascenso sistemático a sus formas infamantes de vida y un cambio en el curso de su historia política sometida a los designios de las sombras de los imperialismos que se han sucedido en la historia del mundo, lo que también nos exige demandar de los mismos gobernantes, una aplicación heroica a las tareas de restauración y de progreso regional.

En cuanto a Honduras, nos cabe una responsabilidad mayor. Desde que la crisis centroamericana estalló con el triunfo del mando militar comunista sobre el gobierno y las fuerzas rebeldes nicaragüenses de aquella época de 1979, nuestro país fue blanco y objetivo político de los movimientos rebeldes marxistas; frescas están aún las heridas que le produjeron sus enemigos y la campaña difamatoria que le montaron internacionalmente. Las causas de la pretensión de dominio de esas fuerzas sobre Honduras, también están en vigencia, no han proscrito y dudamos que se destierren. Nos sentimos satisfechos de que el Señor Presidente Azcona Hoyo comprenda estos peligros mortales para la Patria y que su comprensión no sea un obstáculo para arribar a un acuerdo decoroso por el establecimiento definitivo de la paz en toda la región centroamericana, tal y como ha sido su actuación.

El Heraldo/10 de agosto de 1987

COMUNIDAD EUROPEA APOYA PLAN ARIAS EN VISPERAS DE CUMBRE

CARACAS, Ago. (REUTER). – La Comunidad Europea pidió hoy a las naciones de América Central y latina que apoyaran el Plan de Paz del presidente costarricense Oscar Arias, dijo aquí la oficina Regional de la CE.

En una aclaración entregada hoy a los cancilleres de los países, la CE dijo que el Plan de Paz de Arias "constituye un aporte constructivo y original, que merece ser apoyado, para alcanzar la paz por medios políticos y consolidar la democracia en América Latina".

Cinco presidentes centroamericanos celebran mañana una cumbre en la ciudad de Guatemala, convocada inicialmente para considerar el Plan Arias.

El plan prevé un cese de fuego en la región, diálogo entre las partes en conflicto y el fin del apoyo extranjero a las fuerzas guerrilleras, incluyendo a los rebeldes nicaragüenses respaldados por los Estados Unidos.

Los Estados Unidos han criticado el Plan Arias porque no prevé una puesta en práctica simultánea del cese de la ayuda estadounidense a los rebeldes antisandinistas y el avance de Nicaragua hacia conversaciones de reconciliación. Elecciones y democracia.

Tiempo/6 de agosto de 1987

No hay arreglo si no hay conciliación: JAH

TEGUCIGALPA. – El presidente José Azcona Hoyo viajará hoy en la mañana a Guatemala, para participar en la reunión cumbre de mandatarios centroamericanos que iniciará este día en la capital de ese país, en la cual se discutirá el Plan de Paz del presidente de Costa Rica, Oscar Arias Sánchez.

Según se informó, el presidente Azcona viajará acompañado por el comandante en jefe de las Fuerzas Armadas de Honduras, general Humberto Regalado Hernández, y el secretario de prensa Lisandro Quesada, y en la reunión se hará acompañar por el canciller Carlos López Contreras, quien desde el martes se encuentra en Guatemala participando en la segunda reunión de cancilleres centroamericanos y del Grupo de Contadora previa a la cumbre presidencial.

El presidente Azcona insistió ayer que mientras no haya una verdadera reconciliación nacional en los países que tienen conflictos internos, "no es posible que haya un arreglo entre los presidentes centroamericanos, porque lo he dicho una y otra vez, nosotros no vamos a firmar ningún armisticio puesto que no estamos en guerra con nadie, o sea, que el esfuerzo va a ser dirigido a la reconciliación interna en los países que tienen problemas".

Sostuvo que se ha "tergiversado un poco eso de la paz, la paz se hace cuando hay una guerra declarada o no declarada, entonces se llega a un armisticio, pero en este caso se trata de realizar las acciones concretas para la reconciliación interna en los países donde existen problemas, y nosotros estamos en la mejor disposición de trabajar en ese sentido, ser amplios y abiertos, generosos y centroamericanos".

No obstante, dijo que hay acontecimientos que están favoreciendo a la búsqueda de una solución interna en Nicaragua y El Salv ador, lo que derivará una cosa beneficiosa para todos los países centroamericanos, "pero creo que no se va a arribar a una solución de los problemas rápidamente".

En cuanto al documento que el gobierno hondureño trató de introducir como una nueva iniciativa de paz, el presidente Azcona expresó que no entorpece al Plan de Paz Arias, porque no está en contra de este plan y "tampoco es un documento que nosotros nos aferramos a él, así como el presidente Arias ha dicho que no se aferra a su documento".

Aseguró que dicho documento no fue propuesto por la presidencia de la República, "sino que es un esfuerzo de la cancillería para unas observaciones sobre el Plan Arias".

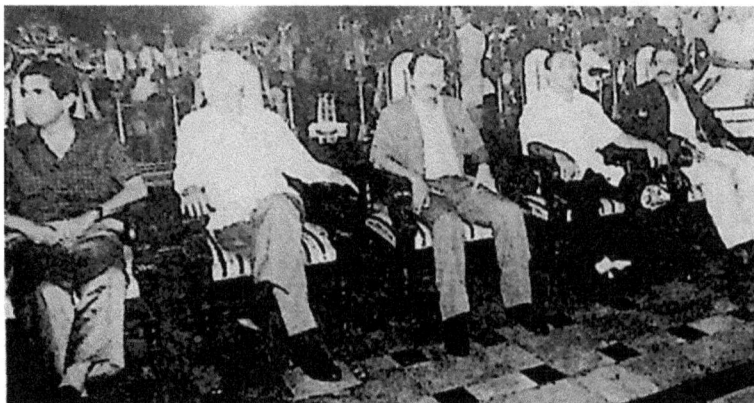

Presidentes de C.A se reunirán nuevamente en Guatemala, hoy.

Sin embargo, dijo que en la cumbre de Guatemala insistirá en que se toma en cuenta el documento hondureño, porque "no está en contraposición al Plan Arias, es más bien una extensión al Plan Arias. Nosotros siempre dijimos que estábamos o estamos de acuerdo con el Plan Arias, pero que teníamos algunas observaciones en relación a las secuencias de los eventos que se estipulan en el plan y también al desarrollo de los eventos".

Azcona puso como ejemplo que en el plan Arias al referirse al cese del fuego, sólo dedica "tres renglones, y yo creo que es un evento que hay que desarrollarlo para ver la forma cómo se llega a ese cese de fuego". (TDG)

Tiempo/6 de agosto de 1987

HONDURAS PROPONE REACTIVAR GESTIÓN DE GRUPO CONTADORA

GUATEMALA/UPI. Honduras propuso que se reactive la sesión de Contadora para encarar algunos problemas difíciles del panorama centroamericano, tales como verificación y control, democratización, reconciliación nacional y reducción de armas, dijo el canciller hondureño Carlos López Contreras.

En declaraciones de la UPI dijo que "Honduras espera lo que espera la mayoría de los países centroamericanos. Aun cuando Honduras no tiene un problema de insurgencia ni sufre los problemas derivados de los conflictos de otros estados, a la cabeza de ellos el problema es centenares de miles de refugiados".

Agregó que en las conversaciones mantenidas la semana pasada en Tegucigalpa y los últimos dos días en Guatemala, los cancilleres de Centroamérica "hemos tratado de estructurar un plan que tenga un mínimo de consenso para presentarlo a los presidentes a fin de facilitar su labor".

López Contreras dijo que a pesar de que hay algunos puntos fundamentales en los que se ha llegado a un acuerdo, uno de ellos, que es propuesta de Honduras, es que el plan del presidente costarricense Oscar Arias "se ligue a la conclusión del acta de Contadora", la reactivación de la gestión de Contadora, que está convenida en principio.

Preguntado sobre los problemas que parecen más difíciles, como hacer verificación y control, democratización, reconciliación nacional y desarme, López Contreras dijo, "sí, hay problemas en relación a ellos".

Sin embargo, la gestión que Honduras ha hecho dentro del Plan Arias recibió el consenso de los cancilleres. Honduras propuso que esos problemas están pendientes dentro del marco de Contadora, se resuelvan y se concluyan mediante negociaciones dentro de Contadora y que tengan una eficacia dentro del programa del cronograma previsto por el presidente Arias".

Tiempo/7 de agosto de 1987

EMBAJADORES DE INGLATERRA Y JAPÓN PRESENTAN CREDENCIALES

TEGUCIGALPA. Los nuevos Embajadores de Japón y Gran Bretaña presentaron ayer sus cartas credenciales al presidente de la República, José Azcona Hoyo.

Inglaterra, ha decidido cambiar a su actual embajador Bryan Oliver, reemplazándolo por David Joy que ha desempeñado múltiples cargos en el Ministerio de Relaciones Exteriores del Reino Unido.

Entre tanto, el nuevo embajador del Japón en Honduras, es el diplomático de carrera que Kiichi Itabashi, quien sustituye a su colega Rikwo Shikama, que abandonó el país hace dos meses, según se informó en la embajada de ese país en Honduras.

Los actos de entrega de credenciales tuvieron lugar en el Salón Rosado de la Casa de Gobierno a los que no pudieron asistir los periodistas en virtud de la decisión adoptada por la seguridad de la Casa de Gobierno lo que causó protestas entre los comunicadores tomando en cuenta que en otras ocasiones no ha habido problema alguno.

El nuevo embajador de Gran Bretaña en nuestro país ha sido jefe del Departamento de "México y Centroamérica" en su país, puesto que ocupó desde 1984, a la fecha.

Además, fue funcionario público en Rodesia del Norte y Zambia, donde formó parte del cuerpo diplomático y primer secretario de la embajada británica en Caracas, Venezuela y consejero de los intereses británicos en Buenos Aires.

Por su lado, el nuevo diplomático de Japón quien nació en 1932, egresó de la Universidad de Tokio de la Facultad de Derecho y fue director de la Segunda División de Cooperación Técnica de la Dirección General de Cooperación Económica.

Itabashi fue, asimismo, consejero de la Embajada de Japón en la República de Italia y cónsul general en New Orleans, Estados Unidos y en Karachi, Pakistán.

El embajador de Gran Bretaña, ayer, al presentar sus cartas credenciales.

La Prensa/6 de agosto de 1987

HONDURAS NO ES UN PROBLEMA MILITAR
PARA NINGÚN PAÍS DE LA REGIÓN: AZCONA

GUATEMALA. – (Por Luis Alfredo Martínez enviado especial). Honduras no es un peligro militar para ningún país de Centroamérica, aseguró ayer aquí el presidente José Azcona del Hoyo en una conferencia luego de instalarse la cumbre de mandatarios de la región.

La cita, que finalizará hoy por la tarde fue inaugurada poco antes de las 12.30 del mediodía en uno de los salones del Hotel Camino Real de esta capital.

Antes de la instalación oficial los presidentes de Nicaragua, y Costa Rica Daniel Ortega y Oscar Arias Sánchez, ofrecieron sendas conferencias de prensa, y posteriormente, por la tarde hicieron lo mismo su colega salvadoreño y hondureño, José Napoleón Duarte y José Azcona del Hoyo.

Más de 600 periodistas cubren la cita presidencial realizada bajo las expectativas más serias, hasta ahora, de que se logren bases sustanciales para la solución de la crisis política y militar centroamericana.

Azcona Hoyo, Duarte, Ortega y Arias Sánchez, fueron declarados visitantes distinguidos por el alcalde de esta capital, Álvaro Arzú Irigoye.

Cerezo Arévalo, al instalar la reunión destacó la urgencia de "crear el clima adecuado que permita a los más altos dirigentes centroamericanos construir las bases necesarias para convivir y estabilizar nuestra situación política".

Hay que "resolver las diferencias por las vías del diálogo y en algo concreto para evitar el enfrentamiento entre países de la región" destacó el mandatario.

Azcona Hoyo afirmó "Estamos de acuerdo con todos los puntos del Plan Arias", que es el centro de las discusiones entre los presidentes del área, y dijo que "no tenemos derecho para exigir democratización, pero venimos a pedir que Nicaragua se democratice".

Recordó que "hace más de 40 años sufrimos las consecuencias de los problemas de Nicaragua", para luego agregar que "sería ridículo negar que a Honduras han entrado contras, pero estos son productos de los problemas internos nicaragüenses" y además la política oficial de Honduras es que no se les apoye".

"Nosotros no vamos a ser gendarmes niñeros de los sandinistas", reiteró Azcona Hoyo, quien aseguró que la reforma agraria de Honduras ha tenido mayor éxito que la aplicada a Nicaragua.

Si se aprueba el Plan Arias o cualquier otro documento que se determine los asesores militares norteamericanos que hay en Honduras "en 24 horas no estarán allí", aseveró el mandatario. Honduras no ha creado desequilibrio militar en Centroamérica, sostuvo "no es un problema militar para ningún país de la región".

El presidente Azcona recibe los honores de ordenanza a su arribo al aeropuerto Internacional La Aurora. A su lado, el presidente guatemalteco Vinicio Cerezo. (Foto Aulberto Salinas López).

La Prensa/7 de agosto de 1987

Cuatro planes, un solo fin	PLAN ARIAS 15 de febrero de 1987	PLAN REAGAN 5 de agosto de 1987	PLAN CONTADO-RA 2 de agosto de 1987	PLAN HONDURAS 1 de agosto de 1987
Reconciliación nacional	Se centra en amnistía y diálogo. Propone que en 60 días los gobiernos decreten una amnistía general, y a seis meses dicho decreto esté cumplido. Dispone que del diálogo participen todos los grupos desarmados de oposición política.	Se convendrá un plan de reconciliación nacional y diálogo en Nicaragua y una amnistía para los ex combatientes. Habrá desmovilización de las fuerzas sandinistas y de las de la resistencia. Simultáneamen-te EE.UU. cesará todo reabastecimien-to de las fuerzas de resistencia. Nicaragua y EE.UU. alentarán y apoyarán la reintegración de las fuerzas desmovilizadas en la sociedad política y civil. La ley de emergencia (impuesta en Nicaragua) será inmediatamente suspendida y todos los derechos y	Decretar una amnistía general en los 60 días siguientes a la firma. Y en 30 días de iniciar el diálogo con todos los grupos opositores desarmados dispuestos a dejar la lucha armada, y lograr la reconciliación con procesos políticos democráticos.	Poner a funcionar en los 60 días posteriores a la firma, una amplia amnistía. En seis meses debe ser cumplida. Realizar en 30 días diálogo con todos los grupos armados de oposición política interna y con los dispuestos a renunciar a la lucha armada. Crear a 15 días de la firma una Comisión Nacional encargada.

		libertades civiles serán restaurados. Dado lo anterior, Nicaragua podrá recibir programas de asistencia norteamerica-nos.		
Cese del fuego	Simultánea- mente con el punto anterior, las partes beligerantes de cada país suspenderán las acciones militares.	Negociación inmediata de un alto al fuego, sujeto la verificación de la OEA o un grupo internacional de observadores. El proceso de negociación (de todos los puntos) debe comenzar inmediatamente y completarse el 30 de septiembre de 1987. Si la resistencia nicaragüense se negara u obstruyera el progreso, o violara sus términos, EE.UU. le suspendería inmediatamente toda asistencia. Si debido a acciones del Gobierno nicaragüense, el proceso no avanzara o su término, condiciones y plazos no fuesen cumplidos, las partes quedarían libres para proseguir las acciones que consideres necesarias a fin de	Simultánea-mente al diálogo, guerrilleros e insurrectos deberán suspender acciones y decretar un cese al fuego.	Concertación del cese de hostilidades en 60 días. Las partes se obligan a concluir, en cuatro meses, cuestiones pendientes del Acta de Contadora: limitación, reducción y control de armamentos y efectivos militares; reducción de asesores militares internacionales, reducción de asesores extranjeros y verificación y control internacionales en materia política y de seguridad.

proteger su interés nacional.

Democratización	Con la firma se iniciarán procesos democráticos pluralistas. Para verificarlos, se fija que a 60 días deberá existir completa libertad para los medios de comunicación sin censura previa. En igual período deberá existir pluralismo político partidista total. Tendrá que haber elecciones para el Parlamento Centroamerica-no. Serán simultáneas en el istmo durante el primer semestre de 1988 y con supervisión de la OEA. Luego, en cada país se efectuarán comicios libres y democráticos para municipios, Congreso y la Presidencia de la República. Los presidentes del área se reunirán en febrero de 1988, para evaluar los avances de los compromisos adquiridos.	Se establecerá una comisión electoral multipartidaria independiente, para asegurar regularmente elecciones abiertas. En 60 días se establecerá un calendario y procedimientos para todas las elecciones, incluidas las supervisadas y garantizadas por un cuerpo internacional previamente acordado, como la OEA.	Iniciar un auténtico proceso democrático, pluralista y participativo. Aplicar, asimismo, medidas para lograr una completa libertad de prensa. Los gobiernos se comprome-ten a perfeccionar sus sistemas electorales a seis meses plazo, para elegir un Parlamento Centroamerica-no con asistencia de observadores internacional-les.	Pleno ejercicio de libertades y derechos en el plazo de 60 días. Perfeccionar sistemas electorales en seis meses y constitución de un comité de seguimiento, que verá el cumplimiento de los compromisos contraídos en todos los capítulos. A seis meses de la firma, los presidentes del istmo se reunirán para evaluar el proceso de pacificación. Si hay satisfacción, acordarán institucionali-zar la reunión periódica de cancilleres del istmo, limitar el número de tropas en zonas fronterizas conflictivas, y exhortar a otros gobiernos a cesar toda intervención en asuntos regionales.
Suspensión de la ayuda militar y Reducción	Con la suscripción se pedirá a los gobiernos extrarregiona-les que suspendan toda ayuda militar, directa o velada, a	Con el alto al fuego establecido se negociará con los gobiernos del istmo la retirada	Los gobiernos pedirán a Estados Unidos y la Unión Soviética el cese	También deberán determinar cómo evitar el uso de los territorios para agredir a

de armamento insurgentes o fuerzas irregulares.

En 60 días los gobiernos negociarán el control y reducción del inventario de armamentos y sobre los efectivos en armas, así como sobre el desarme de las fuerzas irregulares.

A 30 días de la firma, deberá instalarse un comité de seguimiento, supervisión y verificación del cumplimiento de los compromisos suscritos, conformado por los secretarios generales de la OEA, el Grupo de Contadora y el de Apoyo.

A 6 meses de la suscripción los presidentes se reunirán en Esquipulas, para evaluar los avances de los compromisos.

del personal y asesores militares de Nicaragua y sus vecinos inmediatos, que excedan las necesidades normales de la región. Asimismo, EE.UU. suspenderá maniobras de combate en Honduras como demostración de su buena fe. EE.UU. y todos los gobiernos centroamericanos negociarán la reducción de los ejércitos actuales de la región, retirada del personal militar extranjero, restauración del equilibrio militar regional, garantías de seguridad contra apoyo externo a fuerzas insurgentes, la verificación y el control.

Un acuerdo regional de seguridad deberá ser negociado en 60 días.

de la ayuda militar y logística a las fuerzas irregulares de la zona. También se comprometen a eliminar el tráfico de armas.

otros estados y el tráfico de armas. Pedirán al comité de seguimiento que los gobiernos de EE.UU. y Nicaragua reinicien el diálogo bilateral.

La Tribuna/7 de agosto de 1987

UN PARTO DIFICIL

A pesar de que los presidentes de Guatemala, Honduras, El Salvador, Nicaragua y Costa Rica, estamparon en Guatemala sus firmas a un documento que busca la paz en la región, todavía siguen existiendo una serie de enormes dificultades que serán bastante difíciles de solventar, y de cuya solución, consistirá la prueba definitiva si se va a poner alto a la terrible crisis que abate a Centroamérica.

Oscar Arias Sánchez merece un enorme aplauso por su gestión infatigable desde que lanzó su proyecto de paz en el mes de enero. Igual aplauso caluroso merecen Azcona, Cerezo, Duarte y Ortega por haberse finalmente puesto de acuerdo. Es imposible que la América Central siga empantanada en una situación política, económica y social que la condene a la inestabilidad, a la confusión y el retroceso.

El plan firmado en Guatemala mucho de ser perfecto. Definitivamente, ha sido un parto difícil de lograr y todos bien sabemos que el bebé está en la cámara de oxígeno y que hay que cuidarlo muchísimo para que sobreviva. El plan de paz tiene grandes lagunas y un enorme trecho por recorrer. Costa Rica ha salido beneficiada y si el proyecto sale avante Arias Sánchez bien puede ganar el Premio Nóbel de la Paz. Nicaragua también sale favorecida con haber firmado, y ahora tenemos que ver si echa a andar las reformas necesarias para democratizar su régimen.

Azcona y Duarte, aunque tienen fuertes reservas, también salen ganando al haber puesto su firma, pues nadie podrá acusarlos de seguir ni las órdenes de Estados Unidos ni de bloquear un pacto regional. Guatemala, el país que ha sido más neutral de todos los países involucrados también sale triunfador, pues Cerezo sale de esto como un buen anfitrión y feliz componedor.

En Estados Unidos, hay mucha gente a favor, otro tanto en contra, unos dispuestos a ver, otros resignados a tener un compás de espera. El presidente de la Cámara de Representantes, Jim Wright, está sumamente optimista. La Casa Blanca ha sido más cautelosa, pero se ha expresado a favor del acuerdo y está como esperando y viendo.

Los días venideros serán cruciales. Le toca ahora actuar a los cancilleres López Contreras, D'Escoto, Madrigal Nieto, Acevedo Peralta y Quiñónez Amézquita. Ellos tendrán que darle forma y buscar hacer efectivo el acuerdo logrado por los presidentes. Ahora, todos quedamos pendientes. Todos quedamos a la expectativa. Dios quiera que no se pierda el envión que se le dio a la paz cuando se firmó el acuerdo en ciudad Guatemala.

La Tribuna/11 de agosto de 1987

AZCONA INCUMPLE A ENFERMERAS

***En su día, les ofreció aumentos salariales, pero hasta ahora no hay nada.*

En "puros estudios" ha quedado la propuesta formulada por el presidente José Azcona Hoyo a las enfermeras auxiliares de Honduras, orientada a concederles un sustancial aumento a sus salarios, razón por la cual no descartan la realización de una huelga.

El anuncio anterior lo hizo ayer Elda Azucena Ávila, presidenta de la Asociación Nacional de Enfermeras Auxiliares (ANEAH), luego de acusar a dirigentes del Sindicato de Trabajadores de la Medicina y Similares (SITRAMEDHYS), de montar una campaña contra ellas, con el objetivo de evitar que el gobierno central les apruebe el aumento salarial.

Las mujeres de blanco celebraron su aniversario el pasado 12 de mayo, fecha en la cual el mandatario hondureño giró instrucciones al ministro de Salud Rubén Villeda Bermúdez para que procediera a cumplir las demandas salariales de las enfermeras.

Sin embargo, Ávila dijo que hasta el momento la determinación de Azcona Hoyo no se ha concretado dado que las autoridades de Salud Pública ni siquiera las han llamado para deliberar sobre los alcances que tendría el incremento salarial.

Las demandantes presentaron en junio de 1986 un pliego de peticiones al titular del ramo, el cual contenía 19 puntos y de éstos hasta la fecha no han cumplido ninguno, se lamentó la dirigente.

Precisó que la apatía gubernamental para cumplir sus demandas es apoyada por el SITRAMEDHYS, quienes siempre se han opuesto a que "recibamos un aumento" aun cuando todos somos trabajadores de Salud Pública, dijo Ávila.

El Heraldo/12 de agosto de 1987

Con los sandinistas
EE.UU. rechaza negociaciones directas

WASHINGTON, 6 AGO (EFE). - Estados Unidos rechazó hoy la propuesta del presidente nicaragüense, Daniel Ortega, para que los dos países mantengan negociaciones directas e incondicionales.

El secretario de Estado norteamericano, George Shultz, dijo en una rueda de prensa que bajo ninguna manera Estados Unidos querrá sentarse en la mesa de negociaciones con Nicaragua para decidir lo que sea apropiado para Centroamérica.

"Eso tiene que ser discutido por todos los países centroamericanos. Estamos preparados para hablar con todos sobre la paz en esa región, pero tiene que ser siempre dentro de un contexto regional", agregó Shultz.

El alto funcionario recordó que actualmente se celebra en Guatemala una cumbre presidencial centroamericana y que pensaba que una salida a esta crisis tiene que ser siempre regional.

La propuesta de Ortega fue hecha horas después de conocerse el nuevo plan de Estados Unidos sobre Centroamérica por el cual Estados Unidos dejaría de ayudar a los "contras" si en 60 días Nicaragua emprende reformas democráticas y deja de recibir ayuda al bloque soviético.

Ortega invitó a Estados Unidos de mantener con Nicaragua un "diálogo incondicional" sobre el conflicto, ya sea en Managua, Washington o en otro país.

El presidente nicaragüense señaló que una negativa a su propuesta sería una indicación que la administración Reagan, con su nueva iniciativa, sólo quiere boicotear los esfuerzos regionales de paz.

La Prensa/7 de agosto de 1987

Esquipulas II
MUCHOS PLANES E INCIERTOS RESULTADOS

GUATEMALA, 6 AGO (ACAN-EFE). - Los cinco presidentes de Centroamérica se reunieron hoy aquí para dialogar sobre la paz, en un clima de moderado optimismo, con interferencias directas de la administración estadounidense y pocas perspectivas de resultados espectaculares.

Sobre su mesa tienen como documento central para la discusión el plan de paz presentado en febrero por el gobernante de Costa Rica, Oscar Arias, junto con propuestas elaboradas por el Grupo de Contadora y Honduras, y otro plan divulgado en vísperas de la reunión por Estados Unidos.

Tras dos encuentros de cancilleres convocados para lograr acuerdos mínimos y fórmulas de consenso, el ministro de Relaciones Exteriores de Guatemala, Mario Quiñónez, informó anoche de que había "un 60 por ciento de coincidencias y un 40 por ciento de discrepancias".

No obstante, otras fuentes diplomáticas con acceso a las discusiones dijeron a ACAN-EFE que esas coincidencias eran "puramente conceptuales y poco probables en el terreno de la práctica".

Las perspectivas de la "cumbre" las definió el presidente de Guatemala y anfitrión, Vinicio Cerezo, al advertir que "este plan (Arias) no es un drama en un solo acto puede tener muchos más en un futuro inmediato".

Oscar Arias, autor del plan en discusión, dijo esta mañana en conferencia de prensa, que la reunión "constituye un reto y una prueba para ver si somos capaces de encontrar la vía de la paz entre tanta violencia".

Puntualizó que los presidentes deberían discutir sobre la base de las concordancias "dejando para otras reuniones los puntos de diferencia".

Pese a que el Plan de Reagan cayó como una bomba, la mayoría de los mandatarios minimizaron su impacto, considerándolo como una propuesta más, con aspectos interesantes y positivos, que representa el punto de vista de Estados Unidos.

La iniciativa estadounidense va dirigida, sobre todo, a Nicaragua y abre la posibilidad de un diálogo bilateral entre el gobierno de Managua y el de Washington, algo que los sandinistas han estado reclamando desde febrero de 1985, cuando Ronald Reagan suspendió las conversaciones en Manzanillo (México).

Por eso, Daniel Ortega, en la conferencia de prensa celebrada esta mañana, se refirió casi exclusivamente a este punto e insistió en que esas negociaciones debían ser reanudadas con la presencia de congresistas demócratas y republicanos y de una representación del Grupo de Contadora.

Después de su primera sesión de trabajo, los mandatarios disfrutaron de un suculento almuerzo. (Foto Salinas López).

*La Prensa/*7 de agosto de 1987

GINA COELLO INSCRITA EN MARATHÓN

INDIANAPOLIS (AP). - Los brasileños Joaquín Cruz y Alberto Guimaraes, el dominicano Juan Núñez, el cubano Andrés Simón, la paraguaya Ingrid Melicke y la colombiana Amparo Caicedo competirán el domingo en la primera jornada del atletismo de los Décimos Juegos Panamericanos.

El atletismo se iniciará con el marathón masculino y femenino, cuatro pruebas del heptatlón, eliminatorias de 100 metros en las dos ramas y clasificación en los 400 metros con vallas y 1500 metros planos.

Estados Unidos es considerado favorito de los técnicos para alzarse con el mayor número de medallas de Cuba, Brasil y Canadá.

Se espera que México gané oro en marcha olímpica de 20 y 50 kilómetros, que Colombia se destaque en fondismo y Puerto Rico en el marathón masculino.

Las latinoamericanas inscritas en el heptatlón son la brasileña Orlane Santos, la cubana Hidlisa Despaigne, la chilena Carmen Bezanilla y la paraguaya Ingrid Melicke.

El brasileño Joaquín Cruz, campeón olímpico en 800 metros, sólo competirá en 1.500 y su adversario más fuerte debe ser su compatriota Alberto Guimaraes, quién ganó oro en esta prueba en los Panamericanos en Caracas en 1983.

Están inscritos también el colombiano Jacinto Naverrete, los chilenos Manuel Balmaceda y Emilio Ulloa, los argentinos Luis Migueles, Antonio Silio, los mexicanos Rafael Martínez y Mauricio González, el puertorriqueño Carlos Quiñónez, el paraguayo Figueredo y los venezolanos José López y Germán Beltrán.

El brasileño Robson da Silva, con registro de 10.08, encabeza los participantes en las eliminatorias de los 100 metros y es candidato a medalla.

Otros latinoamericanos en la prueba son los dominicanos Juan Núñez, Gerardo Suerto y Osvaldo Aquino, los cubanos Osvaldo Lara, Ricardo Chacón y Roberto Simón, quien tiene un registro de 10.18, el brasileño Arnaldo Silva, el mexicano Eduardo Nava, los puertorriqueños Luis Morales y Edgardo Guilbe, el salvadoreño Mauricio Carranza y los chilenos Carlos Moreno y Javier Widoycovich.

En los 100 metros mujeres, participará la colombiana Amparo Caicedo, posible ganadora de medalla; la Argentina Deborah Bell, las brasileñas Sheila Santos e Inés Ribeiro, las cubanas Eusebia Riquelme y Liliana Allen, las mexicanas Sandra Tavarez, Alejandra Flores y Rosa García, la costarricense Zoila Rosa Stewart, la uruguaya Claudia Acerenza y la guatemalteca Christa Schumann.

En los 400 metros con vallas los estadounidenses David Patrick y Kevin Young, son favoritos y enfrentarán a los brasileños Pedro Chiamulera y Antonio Ferreira, el mexicano Efraín Pedroza, los puertorriqueños Efraín Williams y Domingo Cordero, los venezolanos Charles Bodington y Wilfredo Ferrer y el chileno Pablo Sequella.

Las cuatro pruebas de heptatlón son 100 metros con vallas, salto alto, lanzamiento de la bala y 200 metros lisos.

En el marathón se inscribieron 17 hombres y 11 mujeres, la carrera la encabeza el medallista de oro de los pasados Panamericanos, el puertorriqueño Jorge Luis González y figuran los colombianos Domingo Tibaduiza y Víctor Mora. el costarricense Ronald Lanzoni y los venezolanos José Zapata y Armando Azocar.

En mujeres estarán la peruana Ena Guevara, la puertorriqueña Trinidad Rodríguez, la cubana Maribel Durruty, las mexicanas Maricarmen Cárdenas y Margarita Galicia, la hondureña Gina Coello y la guatemalteca Esperanza Melville.

INSCRITA. – La atleta nacional Gina Coello, a quien vemos saludando al Presidente José Azcona, ha sido inscrita en el marathón femenino de los X Juegos Panamericanos.

El Heraldo/8 de agosto de 1987

"ESTADIO OLÍMPICO NO SERÁ DE LA UNIVERSIDAD, SERÁ PROPIEDAD DEL GOBIERNO" M. CABALLERO

TEGUCIGALPA. – El vice-presidente de los IV Juegos, ingeniero Dalmiro Caballero, dijo ayer, después de inaugurar las nuevas oficinas de dicho comité, situadas en el boulevar los Próceres, que el estadio Olímpico que se construirá en los predios de la Universidad, no será propiedad exclusiva de ese centro de estudios como se ha informado erróneamente.

La obra que ascenderá según los cálculos preliminares a tres millones de lempiras y tendrá una capacidad de 35 mil personas, será según Milo Caballero propiedad del gobierno de la república, quién será encargado de otorgar la ayuda económica para el levantamiento del estadio en mención.

Los planos y estudios de factibilidad de la construcción, fueron elaborados por estudiantes de la carrera de arquitectura de la Universidad y presentados a la vez al señor presidente de la república en ceremonia especial hace un mes.

Según Caballero, este detalle pudo hacer creer que la obra por ser construida en los predios de la U.N.A.H, iba a ser propiedad del club que lleva el mismo nombre o del Alma Mater, que resulta una verdadera equivocación.

Los terrenos son propiedad del estado y no en forma particular de la U.N.A.H., por lo tanto, el hecho que la construcción se lleve a cabo en dicho lugar no implica que ellos eran los dueños", explicó Caballero.

El vice-presidente del Comité Organizador de los IV Juegos, dijo que hasta la vez no hay una fecha exacta para iniciar la construcción del mismo, pero suponemos que será en la brevedad del caso porque el presidente Azcona ya aprobó el presupuesto para el levantamiento de varias obras y entre ellas está dicho estadio".

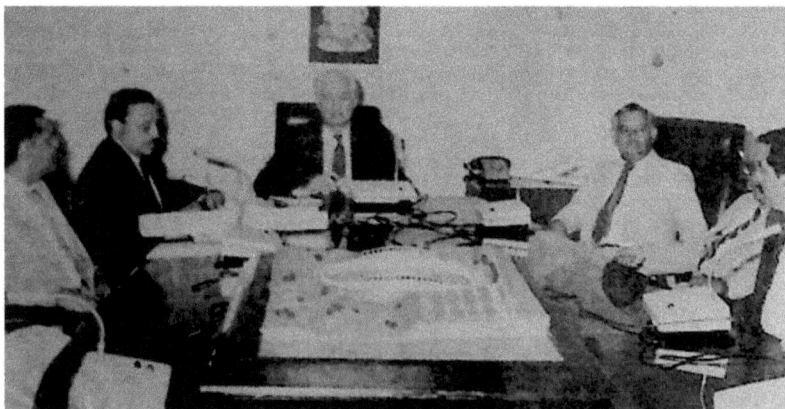

La foto muestra una maqueta del estadio Olímpico, que antes del inicio de su construcción ya forma parte de una polémica.

*El Heraldo/*12 de agosto de 1987

AZCONA: "LOS DOS JUGARON MUY BIEN"

TEGUCIGALPA. – "Yo siempre he venido al estadio, dejé de venir algún tiempo por las actividades políticas, pero siempre he venido a ver los partidos", dijo el presidente de la República, ingeniero José Azcona cuando fue entrevistado por radio América.

"Estuve apoyando el certamen de la CONCACAF" explicó el mandatario, "y puedo decir que estamos apoyando al deporte, máxime ahora que nos estamos preparando para construir las instalaciones de los IV Juegos Centroamericanos de 1990".

Luego agregó: "considero que el deporte es una atracción y venir al estadio a ver sus partidos como el de hoy (ayer) y el cual fue muy disputado y de mucha fuerza, es agradable".

En relación a qué equipo apoya directamente, el ingeniero Azcona respondió: "yo siempre apoyo a los equipos de mi pueblo -Victoria y Vida- y siempre voy a estar con ellos".

"Desde luego puedo decir que me gusta verlos jugar a todos, ver al que mejor juega, hoy fue un partido muy disputado, creo que los dos jugaron bien. El España tuvo oportunidad de hacer un gol, de igualar el marcador, pero Olimpia también jugó bien después de ese extraordinario gol anotado por el uruguayo Viera", finalizó diciendo el presidente Azcona.

*Tiempo/*10 de agosto de 1987

Dice que Azcona está consciente de ello:
YO NOMBRO EL PERSONAL DE LA PC: MENDIETA S.

TEGUCIGALPA. "Estoy seguro que el presidente José Azcona Hoyo firma acuerdos de buena fe, pero está consciente que soy quien nombra el personal", manifestó ayer el licenciado y mayor (r) Marco Tulio Mendieta Suazo, director de la Penitenciaría Central (PC).

Según se informó ayer, un hombre identificado como José Adolfo Hernández se quejó ante los medios de comunicación porque no se le nombró en un puesto en la Penitenciaría a pesar de que llevaba un acuerdo del Ejecutivo firmado por el propio ingeniero Azcona Hoyo.

Dijo el licenciado Marco Tulio Mendieta que el señor José Alfonso Hernández "dio esa noticia sin ajustarse a la verdad", pues se le ofreció un trabajo para que desde abajo fuera ganando méritos al igual que el restante personal penitenciario.

Indicó que Hernández llegó con un acuerdo firmado por el presidente de la República Azcona Hoyo, pero que de ninguna manera el mandatario "mandaba" que se le nombrara obligatoriamente porque él está consciente que quien elige sus subalternos es Mendieta Suazo, en la PC.

Relató que lo que sucedió con el señor José Alfonso Hernández es que fue nombrado "por alguien" y que el presidente Azcona firmó su acuerdo.

Cuando Hernández llegó a la Penitenciaría se le dijo que como oficial comprador se había nombrado a Marco Tulio Durón, un empleado del penal con varios años de laborar en la institución y que "necesita un estímulo" por sus servicios.

Sin embargo, se le dijo que podía quedarse en el puesto dejado Durón en la sección de dactiloscopía, pero José Hernández no aceptó y se fue a quejar.

Finalmente señaló que por lo que sabe el presidente firma acuerdos de trabajo, pero en ninguna oportunidad ha conocido sobre que "imponga" personal en ninguna institución gubernamental (PB).

*Tiempo/*12 de agosto de 1987

INTRIGA AUSENCIA DE JERARCAS
MILITARES EN CITA PRESIDENCIAL

La ausencia de los jerarcas militares de Centroamérica en la reunión presidencial de la semana anterior suscitó diversos comentarios entre los políticos, diplomáticos y periodistas asistentes al evento.

La inquietud era aún mayor porque se sabía de antemano que algunos ministros de Defensa o comandantes de Fuerzas Armadas habían confirmado su asistencia al diálogo.

Para el caso el comandante en jefe de las Fuerzas Armadas de Honduras, general Humberto Regalado Hernández, había anunciado que viaja0ría Guatemala en el mismo avión en que lo hizo el presidente José Azcona Hoyo, e incluso su cuerpo personal de seguridad llegó a la capital guatemalteca el miércoles.

Sin, embargo, Regalado no llegó con el presidente Azcona.

En las reuniones técnicas que se desarrollaban paralelas a la cita cumbre estaban presentes los oficiales hondureños, coroneles Leonel Gutiérrez Minera y Wilfredo Sánchez, jefe del Estado Mayor del Ejército y Jefe de Operaciones de las Fuerzas Armadas, respectivamente.

Sin embargo, Gutiérrez Minera aclaró que su presencia en Guatemala se debía a su responsabilidad como asesor de la Cancillería y no como representante del general Regalado.

Gutiérrez Minera explicó que Regalado no había viajado a Guatemala porque tampoco lo haría el ministro de Defensa del El Salvador, general Carlos Eugenio Vides Casanova, y además porque el ministro de Defensa de Guatemala, Héctor Gramajo, no había estado participando en las discusiones.

Gramajo dijo, al término de las negociaciones en su país, que el documento aprobado "no se aplica a Guatemala" y añadió que el ejército de su país analizaría cuidadosamente el documento antes de emitir su criterio.

Con ello dio a entender que las Fuerzas Armadas de su país desconocían el contenido del documento negociado, situación que podría estar ocurriendo en otros países de la región.

Por ello, muchos de los asistentes a Guatemala se preguntaban si las Fuerzas Armadas del área respaldan el documento suscrito o, por el contrario, no están de acuerdo con lo pactado.

Constitucionalmente, las Fuerzas Armadas dependen de los poderes ejecutivos de cada Estado y por ello deberían de estar de acuerdo con el documento pues el mismo fue suscrito por los presidentes o sea los jefes de los Poderes Ejecutivos.

El Heraldo/10 de agosto de 1987

Dice Rodrigo Castillo:
ESTOY DE ACUERDO QUE AZCONA
ACEPTE RENUNCIA DE SEGOVIA

TEGUCIGALPA. (Por Faustino Ordóñez Baca). – El presidente del Comité Ejecutivo de la Corporación Hondureña de Desarrollo Forestal (COHDEFOR), Rodrigo Castillo Aguilar, tras reunirse ayer con el mandatario José Azcona, dijo que éste aún no ha aceptado la renuncia de la gerente José Segovia Inestroza.

Segovia, quien se encuentra de viaje por Alemania, presentó su renuncia recientemente al presidente de la República, ignorándose las razones, pero se presume que fue producto de las constantes denuncias que en su contra hizo la Asociación de Madereros de Honduras (AMADHO) y el procedimiento que siguió en la venta de la Forestal Agua Fría (FIAFSA).

El ministro de Recursos Naturales, dijo que personalmente está de acuerdo en que el jefe del Ejecutivo acepte la dimisión del gerente de COHDEFOR, quien ha tenido "muchas fallas" al frente de esta importante entidad estatal.

Fuentes confiables indicaron que el actual subgerente, Juan Blas Zapata, se perfila como virtual candidato para ocupar la gerencia de esta institución, pero Castillo Aguilar dijo lacónicamente que no sabía nada al respecto.

"La realidad es que no habido armonía entre los miembros del Comité Ejecutivo y la Corporación, a pesar de que nosotros tenemos instrucciones del señor presidente en que se les debe regular el gasto a instituciones como COHDEFOR", comentó el funcionario dando entender de que Segovia se extralimitó en los gastos.

"Ha habido muchas fallas, pero no las puede precisar", dijo Castillo Aguilar, citando como ejemplo que, si a un funcionario se le dice que sólo debe gastar diez centavos, pero si gasta 15, quiere decir que hay una falla.

La Prensa/12 de agosto de 1987

CAMPO PAGADO

CARTA PÚBLICA

**SEÑOR PRESIDENTE DE LA REPÚBLICA: INGENIERO JOSÉ SIMÓN AZCONA HOYO.
SEÑOR JEFE DE LAS FUERZAS ARMADAS: GENERAL HUMBERTO REGALADO HERNÁNDEZ.
SEÑOR PRESIDENTE DE LA CORTE SUPREMA DE JUSTICIA: ABOGADO SALOMÓN JIMÉNEZ CASTRO.
SEÑOR PRESIDENTE DEL CONGRESO NACIONAL: LICENCIADO CARLOS MONTOYA.**

Honorables Señores:

Nos dirigimos respetuosamente a Ustedes en nombre del Comité Coordinador de Organizaciones Populares (CCOP) a fin de apelar a vuestra conciencia de Representantes de los más altos poderes y organismos del Estado según lo establecido por la Constitución de la República de Honduras. - Apelamos también al derecho que tienen todos los hondureños al goce pleno de las garantías individuales consignadas en la Carta Magna de la Nación.

Contrastando con estos principios Constitucionales y con el Acuerdo de Paz que se celebró en la Reunión Cumbre de Presidentes en la Ciudad de Guatemala el 6 y 7 de agosto de 1987, se cometía un acto inconstitucional y violatorio al derecho a la vida y a la dignidad humana en contra de un joven hondureño quien fue detenido arbitrariamente por las autoridades de Migración en el Aeropuerto Internacional de Toncontín en la Capital de Honduras.

Se presentan a continuación los hechos siguientes:

1.- Según declaraciones radiales de **ROSARIO ROIZ, MADRE** de Ezra Honan Roiz, su hijo ingresó a Honduras con el nombre de **JOSÉ HERNÁN PÉREZ** el 31 de julio de 1987, (Radio América, Noticiero el Minuto 10 de agosto de 1987)

2.- Se constató que José Hernán Pérez ingresó al país el viernes 31 de julio de 1987, en el vuelo de TAN - SAHSA - 414 procedente de Nicaragua y que aparece registrado en la lista de pasajeros bajo el número 28.

3.- Existen testigos que observaron que Ezra Honan Roiz (José Hernán Pérez) bajó el avión TAN - SAHSA - 414 e ingresó a las oficinas de Migración del Aeropuerto Internacional de Toncontín.

4.- En las horas del mediodía del 31 de julio de 1987 la Presidente del Comité Coordinador de Organizaciones Populares (CCOP) presentó un recurso de exhibición personal a favor de José Hernán Pérez y en contra de la Dirección de Política Migratoria. Hasta el día lunes 3 de agosto de 1987 por la mañana se procedió a la ejecución de dicho recurso.

El Juez Ejecutor Lic. Carlos R. Flores informó que le entregarían a José Hernán Pérez ese día 3 de agosto de 1987 a las 2:00 p.m.

Al presentarse el Juez Ejecutor por la tarde (2:00 p.m.) cambiaron la opinión y le manifestaron que no habían capturado al joven Pérez.

5.- Con fecha 4 de agosto se presentó ante la Corte Suprema de Justicia un nuevo recurso de exhibición personal contra el jefe del G-2 nombrándose Juez Ejecutor al Lic. Marco Tulio Ruiz, sin conocerse resultados hasta la fecha actual.

6.- En vista de las declaraciones de la Sra. Rosario Roiz que el verdadero nombre de su hijo, es Ezra Honan Roiz, familiares han procedido a presentar un recurso de exhibición personal.

7.- A pesar de que el joven Ezra Honan Roiz fue detenido el 31 de julio pasan diez días sin que se conozca el lugar de su confinamiento y sin que haya sido trasladado su caso a los Tribunales competentes del Estado para seguir el curso de las leyes de la República.

En base a lo anterior y apegados a los principios Constitucionales el Comité Coordinador de Organizaciones Populares exige el respeto a la vida y dignidad humana de **EZRA HONAN ROIZ** y hacemos un llamado a todo el pueblo hondureño, a las organizaciones cívicas, sindicales, religiosas, estudiantiles, a los partidos políticos, colegios profesionales para que tomemos conciencia y exijamos el respeto a la vida de nuestros hijos y el cumplimiento de las normas Constitucionales.

Con el espíritu de que prevalezca la Justicia y el respeto irrestricto a los derechos civiles de todos los ciudadanos tal como aparece en el **ACUERDO DE PAZ**, que se firmó en la **REUNIÓN CUMBRE DE PRESIDENTES** de Centroamérica y del cual nuestro país es signatario se suscriben de Ustedes.

Atentamente,

POR EL COMITÉ COORDINADOR DE ORGANIZACIONES POPULARES (CCOP).

GLADIS LANZA   **JUAN ALMENDARES**

Tegucigalpa, D.C., 10 de agosto de 1987

Tiempo/11 de agosto de 1987

278

PRESIDENTE MEDIARÁ EN CONFLICTO DEL PL

*Dice que no le da ni frío ni calor la oposición del PN
* "Yo voy a responder por este gobierno"

TEGUCIGALPA. - El presidente José Azcona Hoyo dijo ayer que la oposición del Partido Nacional no le da "ni frío ni calor", y que lejos de preocuparse más bien se alegra y le da la bienvenida.

Indicó que los nacionalistas como oposición tienen que criticar a este gobierno de que no está haciendo nada, pero "el pueblo hondureño sabe que sí que estamos haciendo mucho, por ejemplo, las carreteras que se están construyendo y pavimentando, las electrificaciones a nivel nacional, la terminación de hospitales, la construcción de escuelas, el aumento de las plazas para maestros, etcétera".

"A nosotros no nos preocupa que (los nacionalistas) estén en la oposición, bienvenidos a la oposición, nos alegra más bien, porque yo nunca he tenido pactos con nadie. Los dos ministros nacionalistas que hay en el gobierno (los de Relaciones Exteriores y Trabajo) los puse yo y ellos aceptaron sin ninguna condición, yo creí que eran personas que me convenía tener en el gobierno" agregó.

Azcona manifestó que "yo no soy sectario, no hemos perseguido a nacionalistas que estén trabajando en el gobierno, pero si ellos se van a una oposición irracional, y lanzar acusaciones e insultos y las responsabilidades que se dijeron en Cortés el domingo pasado, nuestro partido también va a responder y yo voy a estar tranquilo y no me voy a convertir en un hombre sectario".

Añadió que en Puerto Cortés a los dirigentes nacionalistas se les "pasó bastante la mano" al hacer fuertes críticas contra el gobierno liberal, "yo tendré muchos defectos, pero no le voy a ceder ni una pulgada a ninguno de los dirigentes nacionalistas".

"La responsabilidad de este gobierno es de José Azcona y yo voy a responder por él, y creo que voy a salir bastante bien librado de esta responsabilidad" apuntó.

Por otra parte, anunció que la próxima semana se reunirá nuevamente con los precandidatos presidenciales liberales, para "buscar una salida al impasse, porque yo creo que no conviene eso a la tranquilidad nacional, puesto que es el partido que está en el poder y que ha sido muy demócrata"

El presidente Azcona señaló que quizás "a causa del exceso de democracia se ven estas cosas, pero no conviene estar ventilando en la prensa y la radio los asuntos internos del partido, y yo creo que no son cosas que no pueden ser superadas". (TDG)

*Tiempo/*6 de agosto de 1987

FIRMA DE AZCONA SIN VALOR PARA DIRECTOR DE LA PC

TEGUCIGALPA. - "Mientras yo esté como rector de la Penitenciaría Central aquí no valdrá ni la firma del presidente", le dijo Marco Tulio Mendieta a un ciudadano que llegó a tomar posesión de su cargo tras ser nombrado por el mandatario José Azcona como oficial de compras de ese centro de reclusión.

El licenciado "infieri" José Adolfo Hernández llegó a Casa Presidencial a denunciar la actitud asumida por el director de la PC, quien rechazó tajantemente el acuerdo número 493-87 de fecha 9 de julio del corriente año que comprende la firma del presidente de la república y ministro de Gobernación y Justicia, Rumualdo Bueso Peñalba.

El referido acuerdo establece "nombrar a partir del primero de julio del año en curso al ciudadano José Adolfo Hernández, oficial comprador de la Penitenciaría Central en sustitución del ciudadano Marco Sergio Ayala Orellana, quien fue cancelado según acuerdo número 442-87 (clave 00006) actividad 02, programa 1-04 ramo 4-02". El nombrado, dice el acuerdo deberá devengar 735 lempiras a partir de la fecha en la que tome posesión de su cargo.

Asimismo, el denunciante mostró el oficio número 00305 del 29 de julio de este año, del Ministerio de Gobernación y Justicia donde el director general de Establecimientos Penales le insta a que proceda a tomar posesión del empleado.

Según el denunciante, el director del primer centro penitenciario del país, no está dispuesto a recibir ninguna orden del ministro de Gobernación, ni mucho menos del titular de la Dirección de Centros Penales, Salvador Navarrete Melghem.

Con éste ya son varios los casos que se han presentado donde los encargados de instituciones se han negado a darles posesión de los cargos a los nombrados por el mandatario.

La Prensa/11 de agosto de 1987

EN GUATEMALA NO SE FIRMARÁ NINGÚN ARMISTICIO: AZCONA

*Es difícil lograr un acuerdo definitivo, pero hay buena voluntad, apunta.

El presidente José Azcona expresó su optimismo, antes de viajar hoy a Guatemala para asistir a la cita de mandatarios de la región, señalando además estar preparado para participar en esa reunión.

El gobernante reconoció además que "estas cosas son bastante difíciles para llegar a un acuerdo definitivo, pero hay buena voluntad de las partes". Los acontecimientos, agregó, parece que están favoreciendo la búsqueda de una solución interna en Nicaragua y el Salvador.

Al respecto apuntó que no cree que se arribará a una solución de los conflictos rápidamente, "porque, insisto, los problemas parten de las situaciones internas de los países, y mientras no haya una verdadera reconciliación nacional donde hay problemas de lucha armada y confiscación de derechos, entonces no es posible que haya un arreglo entre los presidentes", dijo el gobernante hondureño.

Reveló además que no se firmará ningún armisticio: "no estamos en guerra con Nicaragua ni con nadie; el esfuerzo será dirigido a la reconciliación interna en los países que tienen problemas".

Acerca de la iniciativa de paz presentada por el gobierno hondureño, dijo que la misma no está en contraposición del Plan Arias; "es más bien una extensión del mismo, con el cual hemos dicho que estamos de acuerdo, teniendo algunas observaciones en relación a la secuencia de los eventos que se estipulan en el plan y también al desarrollo del mismo", manifestó el presidente Azcona.

Por ejemplo, expresó, el cese de fuego en el Plan Arias sólo son tres reglones, yo creo que es un evento que hay que desarrollarlo para ver la forma en que se llega a ese suceso.

TERGIVERSAN LA PAZ

A otra interrogante, el mandatario recalcó que hay paz en Centroamérica, "no hay declaración de guerra entre ningún país, se ha tergiversado un poco eso de la paz". Esto, añadió, se hace cuando hay una guerra declarada y entonces se llega a un armisticio.

Pero en este caso, señaló, hay que dualizar las acciones concretas para la reconciliación interna en aquellos países donde hay problemas; en tal sentido, agregó, "nosotros estamos en la mejor disposición de trabajo y ser amplios, abiertos, generosos y centroamericanos".

REFUGIADOS TIENEN QUE RESPETAR LEYES

Sobre la situación presentada con los refugiados nicaragüenses de la zona oriental, el mandatario dijo que habrá que controlarlos, y esto se está haciendo al igual que en Mesa Grande y Colomoncagua.

Apuntó que estos refugiados están en territorio hondureño y aunque ACNUR les esté ayudando, no quiere decir que los campamentos pueden gozar de extraterritorialidad; están en Honduras y tienen que respetar nuestro territorio y a nuestras leyes.

Sobre el último ataque sandinista perpetrado en el sector fronterizo oriental del país, el presidente dijo que estas personas están muy nerviosas y por otro lado un poco soberbias y reaccionan en esa forma; "Honduras, agregó, siempre ha tenido mucha paciencia y tranquilidad, tanto el gobierno como las Fuerzas armadas no vamos a perder la cabeza por esas cosas que las lamentamos y no estamos dispuestos a permitirlas".

BIENVENIDA LA OPOSICIÓN

Referente a aspectos de política interna, el titular del Ejecutivo dijo que la oposición es bienvenida y que no se la teme, "pero que no se está haciendo nada, el pueblo hondureño sabe que sí se está trabajando, las carreteras que se construyen y pavimentan, la electrificación a nivel nacional, la terminación de hospitales, construcción de escuelas, aumentos de plazas a maestros, muestran que sí se está haciendo algo", dijo.

"A nosotros no nos preocupa la oposición, afirmó, bienvenida sea y nos alegra, yo nunca he tenido pacto con nadie, los dos ministros nacionalistas que hay en el gobierno no los puse yo; ellos aceptaron sin ninguna condición ser ministros y creí que eran personas que me convenían. Yo no soy sectario, no persigo nacionalistas que estén trabajando en el gobierno".

Ahora, prosiguió, si ellos van a una oposición irracional, lanzando acusaciones e insultos como los que se dijeron en Cortés el domingo pasado, nuestro partido también va a responder, pero, yo voy a estar tranquilo y no voy a convertirme en un hombre sectario.

Pero, si lo que ellos andan pretendiendo es hacer política, y tal vez en lo del domingo en Cortés se les pasó bastante la mano en lo relativo a moralidad y honestidad, tendré muchos defectos, pero no le voy a ceder ninguna pulgada a ninguno de los dirigentes nacionalistas.

*El Heraldo/*6 de agosto de 1987

AZCONA INAUGURARÁ 18 ACUEDUCTOS RURALES

El presidente José Azcona inaugurará 18 acueductos rurales, construidos en distintos departamentos del país.

Estos proyectos se han edificado como parte del Programa de Acueductos Rurales (PAR), SANAA-BID, que se ha desarrollado en tres etapas y que tiene como propósito fundamental de dotar de agua potable a una población rural de más de 200 mil personas, mediante la construcción de 450 acueductos.

Asimismo, incluye el reforzamiento del SANAA con equipo, materiales, herramientas y vehículos, para que esta institución pueda cumplir con los objetivos para lo que fue creada.

La ejecución del plan se inició en 1986 y tendrá una duración de cuatro años, habiéndose construido en la primera etapa 100 acueductos a un costo de 8,2 millones de lempiras.

La segunda etapa sirvió de marco a la edificación de otros 150 proyectos valorados en 14.6 millones y según Rigoberto Chávez, responsable del programa, en la tercera etapa se edificarán los restantes 200, de los que forman parte los que están por inaugurarse.

El monto total del préstamo del BID asciende a los 54 millones de lempiras, con una contraparte de 6 millones del gobierno central.

El PAR maneja además el Proyecto Cuatro Ciudades (La Paz, Siguatepeque, Tela y Juticalpa), que consiste en el mejoramiento de los sistemas de abastecimiento de agua de las mismas.

La inauguración de los acueductos se hará en la aldea de Potrerillos, departamento de Comayagua, y en ella estarán presentes altos funcionarios del gobierno.

La Tribuna/11 de agosto de 1987

INFLUYENTES DAMAS DE EE. UU DIALOGARON CON AZCONA H.

TEGUCIGALPA. - Una delegación de mujeres representativas de varias entidades de los Estados Unidos y que se declararon "influyentes", se entrevistaron ayer con el presidente José Azcona para conocer personalmente sus puntos de vista sobre el Documento de Paz para Centroamérica.

Las féminas, de acuerdo a lo informado por la vicegobernadora del Estado de Missouri, Harriet Wooads, realizan una gira por los países centroamericanos, donde además de entrevistarse con los gobernantes firmantes del acta, dialogarán con otras instituciones que promueven la paz en la región.

"Tenemos las esperanzas de que este documento va a ser la base para terminar la guerra, para construir un futuro económico y de paz en Centroamérica", opinó la política, miembro del opositor Partido Demócrata de los Estados Unidos.

El presidente José Azcona Hoyo mientras dialoga con los visitantes norteamericanos. (Foto Aulberto Salinas)

A título personal, reveló, "estoy en la oposición al apoyo que el señor Reagan está dando los contras nicaragüenses ", mismos que no constituyen un obstáculo para alcanzar las metas de paz de los pueblos del área.

Afirmó que le externaron al Presidente de la República su preocupación por lo que sucede en Centroamérica y que su deseo es que a cambio de que haya problemas de tipo guerreristas, mejor se "ejecuten prioridades económicas para los países".

Las mujeres visitantes viajarán este día a la capital salvadoreña y al siguiente día estarán presentes en Nicaragua para entrevistarse con los gobernantes de este país.

La Prensa/12 de agosto de 1987

AZCONA INFORMA A CONSEJO NACIONAL DE SEGURIDAD SOBRE PROYECTO DE PAZ

El presidente José Azcona Hoyo convocó ayer al Consejo Nacional de Seguridad para informar a sus miembros sobre los alcances del Procedimiento para la Paz Centroamericana, firmado la semana anterior en Guatemala, según se supo extraoficialmente.

En la reunión participaron los comandantes de las distintas ramas militares, encabezados por el Comandante en Jefe de las Fuerzas Armadas, general Humberto Regalado Hernández.

Además, estuvo presente el canciller Carlos López Contreras, quién habría informado a los jefes militares sobre los acuerdos alcanzados en la reunión cumbre presidencial celebrada los días seis y siete de agosto en Guatemala.

La reunión se llevó a cabo bajo el más completo hermetismo ya que la final de las deliberaciones ninguno de los asistentes accedió a informar sobre los resultados.

El vocero presidencial, Marco Tulio Romero, dijo que la reunión fue convocada por el presidente José Azcona Hoyo y no se debió a una iniciativa de los jefes militares.

El general Regalado formaba parte de la delegación hondureña a las negociaciones en Guatemala, pero a última hora se excusó de asistir sin que trascendieran las razones por las cuales decidió quedarse en Tegucigalpa.

Hasta ayer se desconocía la opinión de las Fuerzas Armadas hondureñas sobre el Procedimiento de Paz suscrito en Guatemala, aunque el presidente Azcona, quien constitucionalmente es el Comandante General del Instituto Armado, lo dijo con anterioridad que su gobierno cumplirá escrupulosamente con el compromiso contraído en Guatemala.

*El Heraldo7*11 de agosto de 1987

ACTÚO COMO VOCERO DE HONDURAS: AZCONA

TEGUCIGALPA. - El presidente José Azcona Hoyo dijo ayer que ha sido "un logro muy positivo que los cancilleres centroamericanos y del Grupo de Contadora hayan concurrido a la primera cita previa a la cumbre de mandatarios que se llevará a cabo en Guatemala.

Azcona indicó que, con el presidente de Guatemala, Vinicio Cerezo Arévalo, "habíamos contraído un compromiso de hacer todos los esfuerzos posibles para que se pudieran realizar las reuniones de cancilleres previas a la reunión de presidentes en Guatemala.

Sostuvo que en los esfuerzos por conseguir una solución pacífica a la crisis centroamericana "la fe y la esperanza no se deben de perder nunca, creemos que la cosa no es fácil y que a estas reuniones de cancilleres deberán sucederse otras reuniones de cancilleres, e incluso a la reunión de presidentes deberán sucederse otras reuniones de presidentes".

"La cosa no es fácil, los gobiernos, especialmente el gobierno de Nicaragua y el gobierno de El Salvador, tienen que tomar decisiones y también nosotros, para que podamos traer tranquilidad a Centro América", agregó.

Preguntado si cree que en la cumbre de Guatemala podría lograrse un acuerdo de paz, el presidente Azcona expresó que no puede haber un acuerdo de paz porque no hay guerra en Centro América, "hay problemas internos en los países, no tenemos que firmar ningún armisticio, nosotros tenemos relaciones con todos los países"

Señaló que lo que se busca son los mecanismos para establecer una verdadera democracia en Centro América y un respeto entre los países, pero esto tendrá que ser producto del "respeto interno dentro de los países".

El mandatario manifestó que está de acuerdo con todos los puntos de la propuesta de paz del presidente de Costa Rica, Oscar Arias Sánchez, pero que los mismos podrían desarrollarse, modificarse u ordenarse en una secuencia más conveniente, para que sea más fácil su aplicación, aunque el presidente Arias quiere que se respete los puntos planteados en esa iniciativa de paz.

"La cosa no es fácil, los gobiernos especialmente el de Nicaragua y El Salvador tienen que tomar decisiones y nosotros también, para que podamos traer tranquilidad a Centroamérica" dijo ayer el presidente José Azcona que aparece en la gráfica junto al canciller mexicano Bernardo Sepúlveda y de Nicaragua Miguel D'Escoto.

Asimismo, dijo que es partidario que exista un diálogo con las guerrillas tanto de El Salvador como de Nicaragua. "Nosotros somos partidarios de la reconciliación de todos los pueblos del mundo, y mucho más de nuestros hermanos vecinos" añadió.

En cuanto a las declaraciones del canciller de Nicaragua, Miguel D'Escoto Brockman, en el sentido de que algunos centroamericanos actúan como voceros del Departamento de Estado de los Estados Unidos, el presidente Azcona expresó que no sabía a que gobernante se refería D'Escoto, indicando que "yo actúo como vocero de Honduras, de nuestro país". (TDG)

Tiempo/1 de agosto de 1987

CONSEJO DE SEGURIDAD NACIONAL
ANALIZA ACUERDO DE GUATEMALA

TEGUCIGALPA. - El Consejo de Seguridad Nacional se reunió por espacio de dos horas ayer en casa presidencial supuestamente para conocer en forma detallada los aspectos contemplados en el acuerdo de paz suscrito por los cinco presidentes centroamericanos el siete de agosto en ciudad Guatemala.

Una vez concluida la reunión tanto los altos oficiales de las Fuerzas Armadas, como el canciller Carlos López Contreras, que ha sido vocero de este órgano rehusaron hablar con la prensa y prefirieron salir por la puerta de atrás de la Casa de Gobierno.

A la reunión que fue presidida por el ingeniero José Azcona, en su calidad de comandante general de las FF.AA. asistieron el general Humberto Regalado Hernández, y los comandantes generales de cada una de las ramas del ejército, coroneles Leonel Aquiles Riera Lunati, Fuerza de Seguridad Pública, Edgardo Mejía Ramírez, Fuerza Aérea Hondureña, Carlos Reyes Barahona, Fuerza Naval y por el Estado Mayor Conjunto, estuvieron presentes los también coroneles Roberto Martínez Ávila, y Leonel Gutiérrez Minera.

El acuerdo firmado el viernes por los presidentes centroamericanos en Guatemala fue analizado ayer por el Consejo de Seguridad Nacional, cuyos miembros se reunieron con el presidente Azcona en Casa de Gobierno. Participaron en la reunión el canciller Carlos López Contreras; el jefe de las FF. AA, general Humberto Regalado Hernández y los comandantes de las distintas ramas del instituto castrense. (Foto Aulberto Salinas).

Como se recordará, previo a la cumbre de presidentes de Centroamérica el General Regalado Hernández se aprestaba a acompañar al gobernante, según trascendió, pero a última hora no viajó a Guatemala, donde se firmó el documento denominado "procedimiento para establecer la paz firme y duradera en Centroamérica".

Dentro de 90 días, según lo acordado, en la región centroamericana se pondrá en vigencia un cese al fuego entre las partes en pugna, elecciones libres, democratización, amnistía general y suspensión de la ayuda externa a los rebeldes.

A pesar de que también son miembros del Consejo Nacional de Seguridad los ministros de Gobernación y Justicia y de la Presidencia Rumualdo Bueso Peñalba y Céleo Arias Moncada, estos no llegaron.

La Prensa/11 de agosto de 1987

ESTUDIAN ALCANCE DE PROPUESTA DE PAZ

La Prensa/11 de agosto de 1987

ACUERDO FIRMADO POR AZCONA NO VALE EN PENITENCIARÍA

TEGUCIGALPA. - El director de la Penitenciaría Central, Marco Tulio Mendieta, rechazó un acuerdo del presidente José Azcona Hoyo para nombrar un nuevo oficial comprador en ese centro penal.

El presidente Azcona propuso a José Alfonso Hernández para que ocupe el cargo de oficial comprador de la Penitenciaría Central en sustitución de Marcos Sergio Ayala Orellana, quién recientemente fue cancelado.

Hernández denunció ayer en la casa presidencial que Marco Tulio Mendieta se opone a darle trámite al acuerdo, diciendo que mientras él esté de director de la Penitenciaría Central, ese acuerdo no tendrá validez.

Adolfo Hernández mostró el acuerdo 493-87 firmado por el presidente Azcona y el ministro de Gobernación Romualdo Bueso Peñalba con fecha 9 de julio del presente año (TDG)

MENDIETA

Tiempo/11 de agosto de 1987

AID aporta 20 millones
LECCIÓN DE DEMOCRACIA DA BRIGGS EN LA PRESIDENCIAL

Una inyección económica de 20 millones de lempiras recibirán las instituciones claves en el mantenimiento y fortalecimiento de la democracia hondureña mediante un convenio suscrito ayer entre los gobiernos de Estados Unidos y Honduras.

Según el convenio, la Agencia para el Desarrollo Internacional (AID) donará 15 millones de lempiras y los cinco millones restantes los aportará el gobierno hondureño como contraparte nacional.

La cooperación económica se distribuirá entre el Poder Judicial, el Congreso Nacional y el Tribunal Nacional de Elecciones (TNE) con el propósito de mejorar los procesos legislativos, electorales y la administración de la justicia.

Los fondos que reciba el TNE, serán invertidos en un proyecto para actualizar, microfilmar y computarizar los documentos del Registro Civil y fortalecer la administración del Registro Nacional de las Personas (RNP).

El Poder Judicial recibirá recursos que facilitarán la implementación de un sistema de carrera judicial y la capacitación de jueces, defensores públicos y administradores de las cortes.

El Congreso Nacional invertirá la donación en el establecimiento de un centro de Servicios de Apoyo Legislativo, perfeccionar los sistemas administrativos y proporcionar técnicos hondureños que asesoren a las comisiones en sus trabajos de legislación.

El convenio también asigna fondos para llevar a cabo programas de educación pública, a fin de proporcionar una mejor orientación a los ciudadanos hondureños acerca de sus derechos y responsabilidades dentro de una democracia.

Luego de la firma del convenio, el embajador de Estados Unidos, Everett Briggs, pidió permiso al presidente José Azcona para expresar conceptos referentes al significado de la democracia.

"Es indudable, comentó, que nuestros pueblos creen en el gobierno libre, en la economía libre y en la sociedad libre. Para ellos, el gobierno libre significa que el pueblo tiene la habilidad de gobernarse a sí mismo, que todo el poder pertenece al pueblo y procede del pueblo, que los funcionarios públicos son responsables de sus actos ante el pueblo y que nadie puede ser privado de la libertad sin el debido procedimiento de la Ley."

Agregó que la mejor defensa de la democracia es la fiel observancia de todos los preceptos, especialmente aquellos que se refieren a la justicia y a la vida.

"Nuestros gobiernos están obligados a defender la democracia de enemigos internos y externos, especialmente hoy que algunos proclaman que las desigualdades son necesarias para el proceso" afirmó.

Finalmente dijo que el presidente Reagan ha ratificado "nuestro compromiso con Honduras y en estos momentos me honro al reiterar que nuestro país se enorgullece de tener a Honduras como socio en la promoción del desarrollo, la oportunidad económica y la paz en Centroamérica".

Al acto asistieron los presidentes del Congreso, Carlos Montoya, de la Corte Suprema de Justicia, Salomón Jiménez Castro y del Tribunal Nacional de Elecciones (TNE), Yolanda de Vargas, el ministro Efraín Bu Girón y el director de AID, John Sanbrailo.

Representantes de los gobiernos de Estados Unidos y Honduras firman el convenio de cooperación económica para las instituciones claves en el mantenimiento y fortalecimiento de la democracia. *(Foto Aquiles Andino).*

La Tribuna/13 de agosto de 1987

Asistieron titulares de los 3 poderes
AID DONA LPS. 15 MILLONES PARA LA PREPARACIÓN DE ELECCIONES EN 1989

TEGUCIGALPA. Un convenio de donación por un monto de 15 millones de lempiras que serán utilizados para preparar al gobierno, en las elecciones que se celebrarán en 1989, se firmó ayer entre los rectores de los tres poderes del Estado, la presidenta del Tribunal Nacional de Elecciones, Yolanda de Vargas con el embajador de los Estados Unidos Everett Briggs y el director de la AID John Sambrailo.

El acto se verificó en Casa de Gobierno, al que acudió el presidente del primer poder del Estado, Carlos Orbin Montoya, el de la Corte Suprema de Justicia, Salomón Jiménez Castro y las autoridades de TNE y del titular de Hacienda, Efraín Bu Girón.

El diseño del proyecto se fundamentó en solicitudes hondureñas presentadas por entidades dedicadas al fortalecimiento del proceso democrático, al monto arriba apuntado se adicionará la contraparte nacional que es de cinco millones de lempiras.

Por medio del proyecto, el TNE recibirá fondos para actualizar, microfilmar y computarizar los documentos del Registro Civil y fortalecer la administración del Registro Nacional de las Personas. También se proporcionarán suministros necesarios para llevar a cabo las elecciones de 1989 y para mejorar los sistemas administrativos y recursos humanos del TNE.

El poder judicial recibirá recursos que facilitarán la implementación de un sistema de carrera judicial y la capacitación de jueces, defensores públicos y administradores de las cortes y, al mismo tiempo, se mejorarán los sistemas de planificación y administración del poder judicial. Este componente ayudará al país a ejecutar las recomendaciones de un diagnóstico de la administración de justicia que fue preparado por la Corte Suprema de Justicia y el Colegio de Abogados de Honduras, en colaboración con el Instituto Latinoamericano de las Naciones Unidas para la Prevención del Delito y Tratamiento del Delincuente (ILANUD)

EL Congreso Nacional recibirá fondos para establecer un nuevo centro de servicios de apoyo legislativo, perfeccionar los sistemas administrativos y proporcionar técnicos hondureños que asesoren a las comisiones en sus trabajos de legislación. Un grupo de diputados dirigió el diseño de este componente del proyecto.

También se han destinado fondos para llevar a cabo programas de educación pública a fin de proporcionar una mejor orientación a los ciudadanos hondureños acerca de sus derechos y responsabilidades en una democracia, así como también para incrementar la participación del pueblo en el proceso democrático. Además, las instalaciones en mención estarán provistas de modernos equipos de computación que agilizarán el manejo de documentos y registros, prestando así un más eficiente servicio al pueblo hondureño.

Este nuevo convenio es una continuación del decidido apoyo de los Estados Unidos al proceso democrático hondureño. En el año de 1985 los Estados Unidos, por medio de la AID, proporcionó recursos para apoyar las elecciones nacionales y para la realización de conferencias de orientación del nuevo Congreso Nacional.

La nueva donación es una expresión fiel del deseo del gobierno y pueblo de los Estados Unidos que anhela solidarizarse con el pueblo y gobierno de Honduras, en sus esfuerzos por fortalecer y consolidar su sistema democrático.

La Prensa/13 de agosto de 1987

EN EL OJO DEL HURACÁN

Acabamos de escuchar una noticia que, si no fuera porque se da en este gobierno, resultaría insólita. El presidente del Congreso Nacional anunció la destitución del Secretario de Prensa de la Casa de Gobierno:

"O usted saca ese Secretario de Prensa- le dijeron al presidente de la República- o yo no vuelvo a poner un pie en Casa Presidencial".

La destitución se la comunicó un periodista al funcionario defenestrado. Este se dio cuenta hasta que escuchó una entrevista del presidente del Congreso que transmitían por la radio. El funcionario de palacio, visiblemente nervioso, confesó que, a él, el presidente de Azcona no le había dicho nada sobre la intención de quitarlo del puesto.

Raro, ¿verdad? Que ahora las destituciones de empleados del Ejecutivo las hagan desde el Congreso Nacional. Desde allá ponen condiciones, que son aceptadas humildemente por el primer inquilino de la casa rosada.

Al Secretario de Prensa la noticia lo agarró de sorpresa. Se le oyó contestar con una vocecita de desconsuelo, de resignación, casi como quien implora misericordia. Dijo él ya días había querido hacer las paces con el presidente del Congreso. Hizo referencia a un disgusto cuando el uno le dijo al otro incompetente y el otro le contestó bolo en un intercambio de piropos que tuvieron.

Pero como ustedes ven, los intentos que tuvo Chandito por ablandarle el corazón a su enemigo, no lograron conmoverlo. Aquel había jurado deshacerse de esos estorbos y estorbitos, de la Casa Presidencial, y así lo hizo…

Consiguió una promesa firme de Azcona que pronto haría rodar la cabeza de su Secretario de Prensa.

No hay duda que existe un grupo de influencia, muy poderoso que tiene al presidente de la República medio azorado. Es un grupo político que está dispuesto a sacudirse a todo aquel que no baila la comparsa que le tocan o que no se identifica con la aspiración sectaria de determinada aspiración presidencial.

Se volaron al gerente de la COHDEFOR. Lo presionaron hasta que lo hicieron renunciar. Ahora se vuelan al Secretario de Prensa. Y por ese mismo camino va el Secretario Privado del presidente que uno de estos días le cantan las golondrinas si no vuelve sumiso al verdadero poder político oficial.

Ya las instituciones autónomas están intervenidas por auditores de la Contraloría que obedecen determinado criterio político. Se sabe quién "jala" los hilos desde atrás. Aun cuando la Constitución le fija a la Contraloría funciones de auditoría a posteriori, en una ley de la Administración Pública -violando la misma Constitución- le dieron a este organismo contralor del Estado funciones de control a priori, y al presidente Azcona no lo dejaron decir ni pío.

¿Qué puede hacer un gerente o director de una institución autónoma sabiendo que tiene al lado un grupo de auditores que le pueden apretar las tuercas si políticamente no se alinea con determinado grupo?

Así recaudan contribuciones "voluntarias". Así presionan para que muchos recursos del gobierno se encarrilen a servir determinado interés político.

Desesperado tienen al gerente de la ENEE con una investigación. Al alcalde de San Pedro Sula lo pusieron en jaque. Aquel terminó, junto con su grupo político, por quedarse independiente. Cuando sintió la mano dura del presidente del Congreso lo fue a buscar un hotel para suavizar las cosas.

Difícil saber si el presidente de la República tiene algún control sobre este poder excesivo que se ejerce en sus propias narices. ¿Será que él lo permite o que ya le agarró temor a quien poquito a poco lo va arrinconando?

Esos poderes excesivos y abusivos son peligrosos. Terminan por romperlo todo, creyendo que lo pueden todo. Y al final, no se dan cuenta que el mismo poder los destruye.

Mientras están en el ojo del huracán, están a salvo, pero en cuanto se enredan un poquito, quedan totalmente expuestos a ser arrestados por los vientos tempestuosos que ellos mismos provocaron.

La Tribuna/13 de agosto de 1987

AYUDARÁ A DEPURAR EL CENSO: PRESIDENTE TNE

TEGUCIGALPA. - La presidente del Tribunal Nacional de Elecciones (TNE), licenciada Yolanda Pineda de Vargas, expresó ayer que el apoyo económico que la Agencia para el Desarrollo Internacional (AID) dará a ese tribunal contribuirá a la depuración del censo para una mayor credibilidad a los procesos electorales.

El TNE recibirá una parte de los fondos del convenio de cooperación económica que el gobierno suscribió ayer con AID, para actualizar, microfilmar y computarizar los documentos del registro civil, y fortalecer la administración del Registro Nacional de las Personas.

Asimismo, para proporcionar suministros necesarios para llevar a cabo las elecciones generales de 1989 y mejorar los sistemas administrativos y recursos humanos del TNE.

La licenciada Pineda dijo que el TNE está interesado en la depuración del censo y hacer que todos los hondureños estén inscritos en el registro civil, para darle mayor credibilidad a los procesos electores. (TDG)

José Azcona Hoyo saluda a la presidenta del TNE, Yolanda Pineda de Vargas. Observan, Salomón Jiménez Castro, E. Briggs y Sambrailo.

Tiempo/13 de agosto de 1987

AID DONA 15 MILLONES DE LEMPIRAS
PARA MEJORAR PROCESO DEMOCRÁTICO

La Agencia para el Desarrollo Internacional (AID), del gobierno de los Estados Unidos, donó ayer al de Honduras la suma de 15 millones de lempiras para el fortalecimiento de las instituciones democráticas del país.

El Convenio de Cooperación bilateral fue suscrito por el presidente José Azcona Hoyo y el embajador de los Estados Unidos, Everett Briggs, en el curso de una sencilla ceremonia llevaba a cabo en la Casa de Gobierno.

Un comunicado de la embajada americana asegura que el convenio no tiene precedentes y que servirá como ejemplo para otras democracias en desarrollo.

El proyecto ayudará, además, a que el país se prepare para las elecciones generales de 1989 a través del fortalecimiento de las acciones que desarrollan los poderes Legislativo y Judicial y el Tribunal Nacional de Elecciones (TNE).

El monto total del proyecto asciende a 20 millones de lempiras, cinco de los cuales serán aportados por el gobierno de Honduras.

"El proyecto será ejecutado durante los años 1987-1991 y constituye otra etapa en pro del fortalecimiento de los procesos legislativos y electorales y del mejoramiento de la administración de la justicia en el país", agrega el comunicado distribuido por la representación diplomática.

Señala que el TNE recibirá fondos para actualizar, microfilmar y computarizar los documentos del Registro Civil y fortalecer la administración del Registro Nacional de las Personas.

Además, el convenio contempla la entrega de los suministros necesarios para llevar a cabo las elecciones de 1989 y para mejorar los sistemas administrativos y recursos humanos del TNE.

Por su parte, el Poder Judicial recibirá recursos para poner en marcha la carrera judicial y la capacitación de los jueces, defensores públicos y administradores de las Cortes y, al mismo tiempo, se mejorarán los sistemas de planificación y administración del Poder Judicial.

También el Congreso Nacional recibirá fondos para establecer un Centro de Servicios de Apoyo Legislativo, perfeccionar los sistemas administrativos y contratar técnicos hondureños que asesoren a las comisiones en sus trabajos de legislación.

El proyecto reserva fondos para programas de educación pública que proporcionen una mejor orientación a los hondureños acerca de sus derechos y responsabilidades dentro de una democracia.

Las instituciones beneficiadas serán provistas de modernos equipos de computación que agilizarán el manejo de documentos y registros.

"La nueva donación es una expresión fiel del deseo del gobierno y pueblo de los Estados Unidos, que anhela solidarizarse con el pueblo y gobierno de Honduras en sus esfuerzos por fortalecer y consolidar su sistema democrático", según la embajada americana.

En la ceremonia de ayer también estuvieron presentes el presidente del Congreso Nacional, Carlos Montoya; el presidente de la Corte Suprema de Justicia, Salomón Jiménez Castro; el ministro de Hacienda, Efraín Bú Girón; la presidenta de TNE, Yolanda de Vargas, y el director de AID, John Sambrailo.

Los presidentes de los tres poderes del Estado, así como la presidenta del TNE, suscriben el convenio de donación por 15 millones de lempiras con el embajador de Estados Unidos y el director aquí de la AID (Foto Alejandro Serrano).

El Heraldo/13 de agosto de 1987

MONTOYA LOGRA SEPARACIÓN DE VOCEROS DEL PRESIDENTE

*Anuncia él mismo que Quezada será nombrado viceministro de Gobernación.

El presidente del Congreso Nacional, Carlos Montoya, volvió ayer a la Casa de Gobierno tras recibir la promesa del presidente José Azcona Hoyo de que separará de sus cargos a sus voceros de prensa.

Montoya no ponía un pie en Casa Presidencial desde junio anterior, cuando se consideró "ofendido" por las declaraciones que los voceros del presidente Azcona, Lisandro Quezada y Marco Tulio Romero, vertieron en su contra en el curso de una conferencia de prensa.

En esa fecha, el presidente se encontraba en visita oficial en Israel.

El diputado presidente dijo en esa ocasión que no volvería a la Presidencial mientras el ingeniero Azcona mantuviera en sus cargos a Quezada y Romero.

Sin embargo, ayer ingresó a la Casa de Gobierno para estar presente en la firma de un Convenio para el Fortalecimiento de las Instituciones Democráticas, y de inmediato anunció a los reporteros que Azcona había decidido nombrar a Quezada como viceministro de Gobernación y que Romero también sería separado de su cargo.

"Consecuentemente, bajo esas condiciones estoy aquí", añadió.

Montoya dijo que, en lo personal, no tiene nada contra ambos periodistas, pero señaló que actuaron irracionalmente en determinado momento y que esa actitud no se justificaba.

Por su parte, Quezada reconoció que la información proporcionada por Montoya le sorprendía porque no tenía conocimiento previo de la decisión del presidente, pero que está dispuesto a aceptar cualquier nueva responsabilidad que le sea asignada.

Romero se limitó a decir que nunca ha sido "chambero" y que seguirá "defendiendo" al presidente Azcona en cualquier lugar.

Al coincidir los tres en los pasillos de la Casa de Gobierno, se saludaron amistosamente y Romero le dijo a Montoya que esperaba que ingresara en 1990 como el nuevo presidente de los hondureños, gesto que Montoya agradeció al igual que el trato que le dispensó el futuro viceministro de Gobernación.

Montoya regresó ayer a la Casa de Gobierno, tal como lo había prometido, hasta que se logró que destituyeran a Quezada y Romero como voceros del presidente Azcona, con quien aparece en la gráfica de Alejandro Serrano.

*El Heraldo/*13 de agosto de 1987

Los dona la AID
10 MILLONES DE DÓLARES PARA PREPARAR ELECCIONES DE 1989

*Democratización de Honduras es prioridad de EE. UU.: Sambrailo

TEGUCIGALPA. - El gobierno suscribió ayer con la Agencia para el Desarrollo Internacional (AID) un convenio de donación por diez millones de dólares, el que "ayudará al país a prepararse para elecciones de 1989".

Conforme al documento suscrito "para el fortalecimiento de las instituciones democráticas de Honduras "el gobierno de Estados Unidos concederá 7.5 millones, y la contraparte hondureña ascenderá a 2.5.

Los fondos serán entregados al Tribunal Nacional de Elecciones (TNE) para "actualizar, microfilmar y computarizar" el registro civil, lo mismo que al Poder Judicial para con el objeto de "mejorar los sistemas de planificación y administración de justicia" y al Congreso Nacional con el fin de establecer un centro de apoyo con servicios computarizados.

El proyecto será ejecutado durante los años 1987-1991 "y constituye otra etapa en pro del fortalecimiento de los procesos legislativos y electores, y del mejoramiento de la administración de justicia en el país" según la AID.

Por el gobierno suscribieron el convenio en casa presidencial, el ingeniero José Azcona, presidente de la República, así como los presidentes de la Corte Suprema, Salomón Jiménez Castro, y Carlos Montoya, líder del Legislativo.

También figura en el documento la firma de la presidenta del TNE, Yolanda de Vargas, y del ministro de Hacienda, Efraín Bú Girón.

Representan al gobierno de Estados Unidos el embajador Everett Ellis Briggs, y el director de AID, John A. Sambrailo.

"La nueva donación es una expresión fiel del deseo del gobierno y pueblo de los Estados Unidos que anhela solidarizarse con el pueblo y gobierno de Honduras en sus esfuerzos por fortalecer y consolidar su sistema democrático" anotó la AID en un informe oficial.

Durante una conferencia de prensa, John Sanbrailo negó que ese tipo de cooperación tenga el propósito de influir en las decisiones del gobierno de Honduras, y aseguró que la firma del convenio es respuesta a solicitud de la actual administración Azcona.

Indicó que su gobierno está apoyando el actual proceso electoral hondureño, tal como en 1985, porque "la democratización de Honduras es prioritaria para Estados Unidos".

Para el presente año, la administración norteamericana tiene un programa total destinando a Honduras por el monto de 195 millones de dólares, sin incluir los 20 que quedaron retenidos aguardando por un arreglo del problema sobre la indemnización que exige Temístocles Ramírez, según explicó.

Al preguntarle, si los acuerdos a que llegaron en Guatemala los presidentes centroamericanos podrían influir para disminuir la ayuda a los aliados de Estados Unidos en la región, manifestó:

Momento en que se firmaba el convenio entre funcionarios de AID y del gobierno de Honduras, presididos por el presidente José Azcona Hoyo.

Tiempo/13 de agosto 1987

REVISARÁN IMPUESTOS AL CAFÉ

Una comisión interinstitucional, creada ayer en Casa de Gobierno, hará una revisión a los impuestos por la exportación del café, los que, según promesa del presidente del Congreso Nacional, Carlos Montoya, serán eliminados, situación ésta que ha provocado diversas reacciones, particularmente de representantes gubernamentales quiénes han asegurado que al suprimir tales impuestos se debilitará la moneda al grado de hacer una devaluación. La gráfica muestra un momento de la reunión presidida por el presidente Azcona.

La Prensa/14 de agosto de 1987

AZCONA DICE AHORA QUE SUS VOCEROS SE QUEDAN

El secretario de Prensa, abogado Lisandro Quesada, y el jefe de la Oficina de Información de la Casa Presidencial, Marco Tulio Romero, continuarán en sus cargos, dijo ayer el presidente José Azcona Hoyo.

El presidente del Congreso Nacional, licenciado Carlos Orbin Montoya, había anunciado que el presidente Azcona le prometió que ambos voceros del gobierno serían destituidos, pero que Lisandro Quesada pasaría a ocupar el cargo de viceministro de Gobernación.

Sin embargo, Azcona expresó que fue un comentario que le hizo al licenciado Montoya, quien había tomado la determinación de no volver a poner un pie en la Casa Presidencial mientras Quesada y Romero se mantuvieran en sus puestos como voceros del gobierno.

Montoya se presentó el miércoles pasado en la Casa Presidencial para participar en la firma de un convenio de donación con la Agencia para el Desarrollo Internacional (AID), diciendo que había vuelto a la sede del Poder Ejecutivo porque el presidente Azcona le había prometido la destitución de Quesada y Romero.

"Bueno, hicimos un comentario y él (Montoya) lo agarró ya como una cosa hecha, y no era nada más que un comentario", manifestó Azcona.

LISANDRO QUEZADA   **MARCO TULIO ROMERO**

Tiempo/15 de agosto de 1987

CREADA AYER COMISIÓN INSTITUCIONAL DEL CAFÉ

TEGUCIGALPA. - (Faustino Ordóñez Baca). - Una comisión a los impuestos por exportación del café, mismos que podrían reducirse en un 40 por ciento, de acuerdo a la demanda de los cafetaleros.

La reunión, que duró dos horas, fue encabezada por el presidente de la República, José Azcona, y en ella participaron los técnicos de los ministerios de Economía, Hacienda y del Banco Central, además de los representantes de todas las organizaciones afines al café y los miembros de la comisión de café y azúcar del Congreso Nacional.

Tanto el presidente de la Asociación Hondureña de Productos de Café (AHPROCAFÉ), Catarino Montoya, como el viceministro de Economía, Roberto Alvarado, coincidieron en informar que el gobernante Azcona "tiene la buena voluntad" de incentivar a los cafetaleros disminuyéndoles sus impuestos, toda vez que no afecte la economía nacional.

El gobierno central percibe anualmente alrededor de 40 millones de lempiras en concepto de impuestos por la exportación del café que relacionado con los precios que últimamente ha experimentado el rubro a nivel internacional, "resulta muy oneroso "para los que se dedican a esta actividad en el país y en ese sentido desean que se les rebaje por lo menos unos 15 millones de lempiras anuales.

Por su lado, el presidente de la AHPROCAFE, Catarino Montoya, se mostró satisfecho al término de la reunión ya que "hay una decisión del poder ejecutivo en rebajar la tasa impositiva".

Además de la AHPROCAFE y el IHCAFE y los técnicos en materia económica, estuvieron en la cita el ministro asesor Carlos Falck, el asesor en asuntos de café Fernando Montes y representantes de la Asociación Hondureña de Café (AHDECAFE)…

El viceministro de Economía reveló que en la reunión se abordaron los temas relacionados con la situación y perspectivas del mercado internacional del café, y la escala impositiva o sea la tasa, que actualmente cobra el estado a quien se dedica a la exportación del café.

En ese encuentro, reveló el funcionario de Economía, "se ha llegado a un consenso, en el sentido de que debe de tomarse dos aspectos fundamentales; en primer lugar, la situación que vive el productor con los precios del grano y en segundo término la cuestión fiscal del gobierno y las implicaciones que tendrían una adecuación en la escala impositiva en los ingresos fiscales".

"Debe llegarse a una revisión de esta escala de manera que no perjudique al Estado ni al sector productor", subrayó el viceministro de Economía.

Para el próximo año Honduras estaría exportando, según los cálculos del Ministerio de Economía, alrededor de un millón 900 mil quintales.

El Instituto Hondureño del Café (IHCAFE) presentó un documento que aborda la problemática general del café en Honduras y sus comparaciones con los demás países centroamericanos, informó Alvarado.

Catarino Montoya   Roberto Alvarado

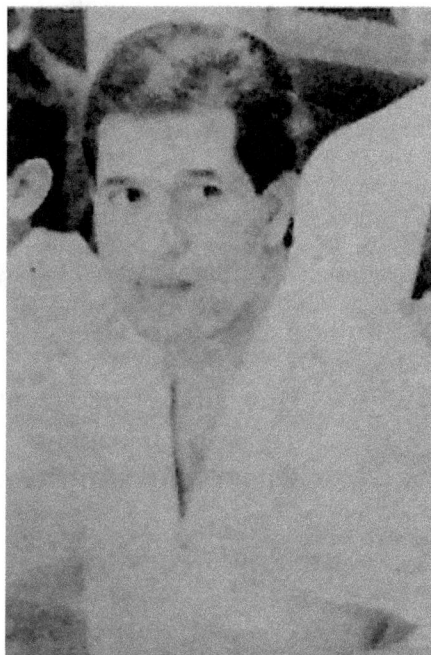

La Prensa/14 de agosto de 1987

QUEZADA Y ROMERO, CANDIDATOS DE AZCONA AL PARLAMENTO C.A.

Los voceros de la Presidencia de la República, Lisandro Quezada y Marco Tulio Romero, serán propuestos para integrar el Parlamento Centroamericano en representación de Honduras, según les dijo el presidente José Azcona Hoyo a sus dos colaboradores de prensa.

Además, les señaló ayer que deben seguir desempeñándose normalmente al frente de sus funciones como secretarios de Prensa, porque todavía no piensa asignarles nuevas responsabilidades por mientras se elige el Parlamento Regional.

El anuncio de la separación de Quezada y Romero de sus cargos actuales, fue hecho el pasado miércoles por el presidente del Congreso Nacional, Carlos Montoya, quién había solicitado su destitución al ingeniero Azcona como condición para volver a la Casa de Gobierno.

Las elecciones para los 12 diputados por Honduras al Parlamento Centroamericano se llevarán a cabo en el primer semestre de 1988.

Según se informó ayer, el presidente Azcona propondrá los nombres de Quezada y Romero al Consejo Central Ejecutivo del Partido Liberal, para que los incluya en las listas que esa agrupación política presentará en las elecciones para el Parlamento Regional.

Quezada: el presidente le habría prometido que será representante de Honduras ante el Parlamento Centroamericano.

El Heraldo/14 de agosto de 1987

"MUNDO DIPLOMÁTICO" ENTREVISTA AL PRESIDENTE JOSÉ AZCONA HOYO

El presidente de la República ingeniero José Simón Azcona Hoyo, concedió una entrevista exclusiva a "Mundo Diplomático" en Revista, para lo cual el presidente fundador de la Revista, licenciado Julio César Bonilla Valle, vicecónsul de Suecia, y Vania García, colaboradora de la Revista y asistente de la Sección Consular de la Cancillería de la República, se hicieron presentes a la Casa de Gobierno.

Dicha entrevista, que contiene material muy importante e interesante se podrá leer en el primer número de "Mundo Diplomático" en Revista, que saldrá a la luz pública dentro de pocos días.

El presidente José Azcona brinda declaraciones a los representantes de "Mundo Diplomático" en Revista, Julio César Bonilla Valle y Vania García.

La Tribuna/14 de agosto de 1987

MUJERES CON INFLUENCIA SE ENTREVISTAN CON AZCONA

La vicegobernadora del Estado de Missouri, Harriet Woods, se reunió ayer con el presidente José Azcona. La alta funcionaria encabezó una delegación de un grupo denominado "Mujeres con Influencia en los Estados Unidos.

Durante la reunión, el mandatario intercambió opiniones con las visitantes sobre la situación global de la región y el Acuerdo de Paz firmado la semana anterior en Guatemala por los gobernantes centroamericanos.

La vicegobernadora de Missouri dijo que "tenemos muchas esperanzas de que el plan de paz suscrito en Guatemala sea la base para terminar con los conflictos y construir el futuro económico y la paz en Centroamérica".

Dijo que personalmente y como dirigente del Partido Demócrata en su estado se opone a la política del presidente Ronald Reagan para Centroamérica, especialmente al apoyo que les brinda a los contras nicaragüenses.

"Nosotros estamos preocupados por la situación que enfrenta Honduras, principalmente en el campo económico y creemos que este país necesita p rioritariamente cooperación económica de parte del gobierno de Estados Unidos, expresó.

Asimismo, descartó la posibilidad de que las tropas norteamericanas que se encuentran en el país puedan ser utilizadas de alguna manera por la administración Reagan para impedir una solución pacífica al conflicto regional.

Miembros del grupo de "Mujeres con Influencia en los Estados Unidos" abandonan la Casa Presidencial. (Foto Aquiles Andino).

La Tribuna/14 de agosto de 1987

AZCONA APORTA 50 MIL PARA EL HOSPITAL DE CATACAMAS

El diputado liberal Zelaya Rosales recibió ayer en la Casa de Gobierno un cheque por 50 mil lempiras como aporte del presidente José Azcona, para el fondo pro-contrrucción del hospital de la ciudad de Catacamas, Olancho.

Esta donación, la primera entrega de una cantidad de 100 mil lempiras ofrecida por el mandatario, será la base para recaudar 250 mil lempiras y proceder al inicio de la otra.

El ministro de Salud Pública, Rubén Villeda Bermúdez prometió la semana anterior incluir una asignación para el hospital en el proyecto de presupuesto de esa secretaria, el cual será enviado a SECPLAN. Hacienda y finalmente al Congreso para su aprobación.

Villeda Bermúdez recibió en su despacho al diputado Zelaya Rosales y al periodista Winston Calix, quien hace 16 años organizó el primer Patronato Pro-Hospital de Catacamas.

Zelaya, como presidente del Club Rotario promovió la ampliación del actual Centro de Salud, con la participación efectiva de la comunidad, el gobierno de Canadá y la Asociación Hijos y Amigos de Catacamas.

Considerando las dramáticas condiciones de salud de una dispersa población de casi 150 mil olanchanos el ministro Villeda Bermúdez estimó necesario incluir esa partida presupuestaria, decisión que con la contribución personal del mandatario oficializa la creación del hospital.

La comunidad de Catacamas en todo momento ha expresado su más firme determinación de contribuir con el hospital y con anterioridad la municipalidad ya otorgó un terreno de 10 manzanas para la obra.

El diputado Manuel Zelaya Rosales recibe el cheque por 50,000 lempiras de manos del administrador de la Casa de Gobierno, Jaime Gaytán, como una aportación personal del presidente José Azcona para el Hospital de Catacamas.

La Tribuna/14 de agosto de 1987

PRESIDENTE AZCONA PROMETE A VOCEROS CONVERTIRLOS EN DIPUTADOS

TEGUCIGALPA. - El secretario de Prensa, Lizandro Quezada, y el jefe de la Oficina de Información de la Casa Presidencial, Marco Tulio Romero, han sido propuestos por el presidente José Azcona Hoyo para que integren el Parlamento Centroamericano.

Según el acuerdo de paz firmado por los presidentes centroamericanos en Guatemala, en el primer semestre del año próximo se celebrarán elecciones simultáneas en los cinco países para la escogencia de los 10 diputados por cada país que integrarán al Parlamento Centroamericano.

Tanto el abogado Quezada como Marco Tulio Romero manifestaron ayer que el presidente Azcona no les ha comunicado su decisión de separarlos como voceros del gobierno, y que la propuesta para que integren el Parlamento Centroamericano, ha sido hecha independientemente de los cargos que actualmente ocupan.

El presidente del Congreso Nacional, licenciado Carlos Orbin Montoya, aseguró el miércoles anterior que el presidente Azcona le había prometido que ambos voceros del gobierno serían destituidos de sus cargos, pero que Lizandro Quezada pasaría a ocupar el puesto de viceministro de Gobernación (TDG).

Tiempo/14 de agosto de 1987

AZCONA SORPRENDIDO POR VISITA DE ORTEGA A LA CAPITAL CUBANA

- *Da la razón a Reagan en cuanto a no suspender la ayuda a los contras mientras Nicaragua no cumpla con el acuerdo de Guatemala.*

El presidente José Azcona declaró ayer que la visita de su colega nicaragüense, Daniel Ortega, a la Habana le tomó por sorpresa y que todavía no se explica el motivo de tan imprevisto viaje.

"Nos sorprende el viaje porque no sabemos a causa de qué o por qué se ha llevado a cabo. Esperaremos qué es lo que trasciende para opinar al respecto", dijo el mandatario.

Azcona dijo que su gobierno está de acuerdo en que se ponga fin a la injerencia extranjera en la región, pero recordó que hay un compromiso de los cinco presidentes centroamericanos que debe cumplirse.

Por otra parte, el presidente calificó como "correcta" la decisión del presidente norteamericano, Ronald Reagan, de pedir más ayuda económica para los contras porque "no sabemos si las partes firmantes del Acuerdo de Guatemala van a cumplir con el compromiso contraído".

"Si el siete de noviembre, cuando empieza a funcionar la simultaneidad de los compromisos, Nicaragua no cumple con su parte, los Estados Unidos tampoco estarán obligados a ponerle fin a la ayuda a los contras", agregó.

A juicio del mandatario, la posición correcta de los gobiernos que tienen problemas internos es negociar mediante el diálogo y procurar la reconciliación con las fuerzas insurgentes.

En el caso de Honduras, Azcona dijo que su único compromiso es no permitir que el territorio nacional se utilice como santuario de fuerzas insurgentes puesto que si produce la reconciliación interna en Nicaragua y El Salvador los nacionales de esos países que se encuentran en nuestro territorio serían repatriados voluntariamente.

"En el pasado he dicho que si se resuelve la situación interna de Nicaragua y El Salvador el conflicto centroamericano desaparece por sí solo", recordó Azcona, quien reiteró que su gobierno va a cumplir con el compromiso contraído en Guatemala.

El presidente reveló que mucha gente tiene reservas acerca de si Nicaragua va a cumplir su parte del convenio, pero "el paso hay que darlo y esperar que el gobierno sandinista honre su compromiso".

El Heraldo/15 de agosto de 1987

AZCONA SE ENFRENTA AL CONGRESO

*Llamará a Junta Directiva para que no suban más el déficit. **Qué chasco el de Montoya ***Se quedan Lisandro y Romero

El presidente José Azcona se quejó ayer de la actitud del Congreso Nacional "que por un lado nos están aumentando el gasto y por el otro reducen los ingresos del gobierno".

El presidente José Azcona aseguró ayer que se mantendrán en sus puestos el secretario de Prensa Lisandro Quesada y el jefe de Prensa de la Casa de Gobierno, Marco Tulio Romero.

El miércoles pasado, el presidente del Congreso Nacional, Carlos Montoya, anunció que ambos funcionarios serían separados del cargo y que Quesada pasaría a la Subsecretaría de Gobernación y Justicia.

En esa oportunidad, Montoya dijo que el mandatario le había prometido sacar de la Casa de Gobierno a sus voceros como una condición para que él volviera a visitarlo en su despacho.

Sin embargo, Azcona negó ayer haber prometido tal cosa al titular del Poder Legislativo y afirmó que lo único que pasó es que "hicimos un comentario con Montoya y él lo agarró como una cosa hecha y no era nada más que un comentario".

"Ellos (Lisandro y Marco Tulio) están aquí en la Casa Presidencial y continuarán en sus puestos", expresó el gobernante.

Anunció que llamará próximamente a la Junta Directiva del Poder Legislativo para que "vean que, así como nosotros nos estamos apretando la faja, ellos deben ayudarnos a que la situación en Honduras no se deteriore".

El mandatario aclaró que no sólo los diputados liberales le están reduciendo los ingresos al gobierno central, sino que también los nacionalistas, "quienes fueron los que más impulsaron la rebaja de los impuestos a los vehículos".

"Son todos los diputados, indicó, los que han tomado diversas acciones que agravan la situación del déficit fiscal del gobierno que se ha incrementado, pero no por culpa del Poder Ejecutivo".

Azcona pidió a los diputados que no actúen en relación a sus intereses particulares, de grupo o políticos, sino que de acuerdo a los intereses nacionales para no seguir afectando los ingresos del Estado.

Subrayó que el gobierno central mantiene congelados los presupuestos de la mayoría de los ministerios desde hace tres años, sacrificando a los empleados y funcionarios públicos que no obtienen mejoras en sus salarios.

Indicó que donde ha habido mal gasto de fondos es en algunos organismos descentralizados y al no poder pagar sus deudas internacionales el gobierno las ha tenido que cubrir para mantener el buen nombre del país.

"El gasto corriente se ha aumentado, señaló, por aspectos compulsivos puramente en los cuales el Poder Ejecutivo no ha tenido control alguno, sino que ha sido por decisiones tomadas en el Congreso Nacional".

Entre las causas del incremento del gasto público, Azcona citó la aprobación del Estatuto del Médico empleado "que en 1986 le costó al pueblo 12 millones de lempiras, en el presente año 14 millones y en 1988 costará 21 millones "

También citó la aprobación del cuatro por ciento de los ingresos de la Portuaria y las Administraciones de Rentas para las municipalidades portuarias que este año representará una erogación entre 15 y 16 millones de lempiras y el otro año 17 millones.

Asimismo, mencionó el incremento del presupuesto del Poder Legislativo de 14 a 24 millones por el aumento en el número de diputados, el aumento de sueldo otorgado a los maestros que presentó una erogación de 19 millones y el aumento de cuatro millones en el presupuesto de la Corte Suprema de Justicia.

En cuanto al reclamo de los maestros, les recordó que "en Nicaragua un docente gana cinco dólares al mes, mientras que ellos están ganando aquí unos sueldos que tal vez no es lo que ellos se merecen porque yo respeto mucho ese gremio, ya que yo fui profesor temporalmente, pero deben estar conscientes de la situación económica del país".

La Tribuna/15 de agosto de 1987

DIPUTADOS, CULPABLES DEL AUMENTO DEL DÉFICIT FISCAL

TEGUCIGALPA. - (Por Faustino Ordóñez Baca). - El presidente José Azcona Hoyo culpó ayer al Congreso Nacional por el desequilibrio que han experimentado las finanzas nacionales durante su gobierno, a pesar de las medidas que se han tomado para controlar los gastos y aumentar los ingresos fiscales.

Por otra parte, el titular del poder ejecutivo se mostró "sorprendido" por la actitud asumida por el comandante Daniel Ortega, que viajó a Cuba recientemente para reunirse con Fidel Castro y discutir el plan de paz que fue suscrito por los mandatarios en Guatemala.

EXHORTACIÓN A DIPUTADOS

El gobernante urgió a los parlamentarios, tanto nacionalistas como liberales, que constituyen la mayoría, para que colaboren con el poder ejecutivo en las medidas que está tomando para controlar los gastos corrientes y que "no sigan actuando en relación a sus intereses particulares, políticos o de grupo" cuando se tratan asuntos de tipo económico.

Precisó que en el Congreso Nacional se han emitido varias leyes que obligan al ejecutivo a disminuir algunos impuestos y en otros casos, los legisladores han aprobado decretos a través de los cuales se han erogado fuertes sumas de dinero que han debilitado la economía nacional.

Citó como ejemplo el Estatuto del Médico Empleado que costó 12 millones de lempiras el año pasado; otros 14 se tienen previstos para el presente y para 1988 el gobierno tendrá que presupuestar sólo para los doctores más de 21 millones de lempiras.

"Esto, dijo el mandatario, sumado a los desembolsos que nos obliga el 4 por ciento a las municipalidades puertos, el costo económico que significa el incremento de diputados, el aumento que se les hizo a los maestros este año, ha significado gastos que superan los 40 millones de lempiras

Por si esto fuera poco -añadió- los diputados este año han disminuido los ingresos al poder ejecutivo aprobando la reducción de los impuestos por importación de vehículos, donde sólo se benefician unas dos mil personas anuales; mantienen paralizado el proyecto del cobro de peaje y ahora anuncian la reducción de los impuestos que se cobran por la exportación del café.

"Por un lado, nos aumentó el gasto y por otro lado nos reducen los ingresos", se lamentó el presidente de Azcona, agregando que "los representantes del pueblo no deben actuar en relación a sus intereses particulares, deben actuar conforme a los intereses nacionales".

EVITEMOS NUEVOS IMPUESTOS

Todos debemos poner nuestro granito de arena para no recurrir a la creación de nuevos impuestos, aumento de tarifas a los servicios públicos o a la devaluación de la moneda", exhortó.

"Nosotros, advirtió, no vamos a llegar a estos extremos siempre y cuando nos ayude en a aumentar nuestros gastos ni disminuir los ingresos"

Aclaró Azcona que sus pensamientos "no conllevan ninguna crítica" para el poder legislativo, pero sí está consciente que en ese poder del Estado se han ejecutado "globalmente" acciones "que perjudican o agravan el déficit fiscal", cuyo monto ya sobrepasa los 650 millones de lempiras.

Reveló que por condición impuesta por Estados Unidos tras el otorgamiento de nuevos préstamos es que se ha empeñado a ejercer un control austero, especialmente en las instituciones descentralizadas.

El mandatario anunció que próximamente llamará a la Junta Directiva del Congreso Nacional para discutir la situación económica y hacerles saber personalmente los efectos que están causando las acciones que se han adoptado en la Cámara.

"Que nos vean que nos estamos apretando la faja y que puedan colaborar para que la situación en Honduras no se deteriore", dijo Azcona.

DIFÍCIL COMPLACER A MAESTROS

Las presiones que están efectuando los maestros porque se les apruebe su estatuto, similar al de los médicos, difícilmente darán los frutos deseados sostuvo el gobernante que pidió a los mentores "más conciencia" en sus peticiones.

"Si no tenemos suficientes fuerzas para resistir presiones aquí, van a venir situaciones difíciles como el caso de Nicaragua, donde un maestro gana cinco dólares al mes", sentenció el jefe del ejecutivo.

DESAPARECERÁN LOS CONTRAS

Azcona sostuvo que su gobierno cumplirá con el documento firmado en Guatemala.

"El único compromiso de Honduras es no permitir el uso de su territorio a fuerzas insurgentes y el trato a los refugiados. Nosotros vamos a cumplir basándonos en la simultaneidad", aseguró.

Lo importante para que desaparezcan de una vez por todos los problemas en Centro América, a juicio del presidente, es que en los países donde hay conflictos se establezca una reconciliación nacional como lo establecen los compromisos de la Declaración de Guatemala.

"Nos ha sorprendido el viaje del presidente Ortega a Cuba. No sabemos a qué iba ni a causa de qué, comentó el ingeniero Azcona para añadir que Honduras estaría de acuerdo para que las grandes potencias no ejerzan influencias en el istmo centroamericano.

Dijo que mientras los países, como Nicaragua no cumplan con los compromisos adquiridos, Estados Unidos puede seguir ayudando a los rebeldes nicaragüenses. "Esa es una decisión correcta" acotó.

TEMEROSA PRENSA NORTEAMERICANA

Observó que ahora la prensa norteamericana ha adoptado una actitud a favor de la política exterior de Reagan, pues "parece que están muy temerosos de que Nicaragua no quiera cumplir con el compromiso".

REFUGIADOS

El presidente se mostró pesimista en cuanto a la solución del problema de los refugiados nicaragüenses que han causado daños a la población civil del oriente del país.

"No sé dónde los podamos reubicar, porque en ningún lado los quieren" dijo, y recordó que el compromiso que tiene Honduras en cuanto a la política que se debe seguir con los desplazados de guerra es "ejecutar las repatriaciones voluntarias".

El mandatario reveló que fue "una broma" la que le hizo al presidente del Congreso Nacional que separaría a los portavoces presidenciales para complacer sus inquietudes, palabras que fueron tomadas en serio por el licenciado Carlos Montoya.

Montoya anunció recientemente en la casa de gobierno que Azcona le había "prometido" trasladar a Lisandro Quezada, secretario de prensa, a la Subsecretaría de Gobernación y Justicia y estudiar un posible despido de Marco Tulio Romero, que se desempeña como Jefe de Información.

La Prensa/15 de agosto de 1987

A FONDO DEBE INVESTIGAR CONGRESO EL CONTRABANDO

Insta a los empresarios a invertir más en el país para sacar a flote la economía

Recomienda al gobierno buscar fuentes alternativas de financiamiento

El contrabando y la defraudación fiscal en Honduras han tomado características alarmantes, según el director de la Agencia para el Desarrollo Internacional (AID), de los Estados Unidos, John Sanbrailo.

Considera el funcionario norteamericano que el pueblo hondureño debe respaldar los esfuerzos del gobierno para erradicar el contrabando porque esa actividad ilícita está mermando considerablemente los ingresos del Estado y provocando altos niveles de desempleo.

Sanbrailo dijo que el Congreso de la República debe investigar a profundidad el problema del contrabando porque son muchos los fondos que no ingresan al fisco.

No obstante, el director de AID no quiso referirse a la situación irregular que generan los contrabandistas en gran escala ni a la competencia ilícita que hacen los militares al introducir diversidad de artículos al país sin el correspondiente pago de derechos aduanales.

Por otra parte, Sanbrailo se mostró partidario de que Honduras busque fuentes alternativas de financiamiento en el exterior, especialmente en Canadá, Japón, la Comunidad Económica Europea, el Fondo Monetario Internacional y el Banco Mundial.

"No es saludable para Honduras ser dependiente de los desembolsos de AID únicamente", dijo Sanbrailo.

El funcionario de los Estados Unidos reafirmó que el déficit fiscal es el problema número uno que enfrenta la economía hondureña y reveló que el número dos es la falta de inversión de parte del sector privado.

"El sector privado debe intensificar sus inversiones en proyectos productivos y en el fomento de nuevas exportaciones", dijo Sanbrailo.

Agregó que la reactivación de la economía hondureña no depende solamente del sector público sino también "del esfuerzo conjunto de todas las fuerzas vivas del país especialmente del inversionista privado".

Los representantes del gobierno norteamericano insistieron ante el presidente Azcona en la necesidad de controlar mejor el gasto público y disminuir el déficit fiscal.

El mandatario replicó que "en una democracia funcional, como la hondureña, los distintos sectores sociales exigen satisfacción a sus necesidades" y que la resistencia de los Poderes Legislativo y Ejecutivo ante esas presiones "no es muy fuerte".

Azcona aseguró que es política de su gobierno controlar la brecha fiscal, mejorar la percepción de impuestos y cumplir fielmente las medidas de austeridad valederas para el Gobierno Central y los organismos autónomos y semiautónomos.

El director de AID, John Sanbrailo (izquierda) al momento de pedir un mayor control del déficit fiscal de parte del gobierno de Honduras.

Escuchan el embajador norteamericano, Everett Briggs, el presidente Azcona, el ministro de Hacienda, Efraín Bú Girón, y el presidente del Banco Central, Gonzalo Carías. (Foto Alejandro Serrano).

*El Heraldo/*15 de agosto de 1987

SER CONSCIENTES EN SUS PETICIONES RECOMIENDA AZCONA A LOS MAESTROS

Las reclamaciones salariales que hacen los maestros deben ser conscientes porque, de lo contrario, puede suceder como en Nicaragua donde un profesor gana cinco dólares al mes, dijo el presidente Azcona.

El mandatario añadió que reconoce el esfuerzo que hacen los maestros para ganarse el sustento, pero sostuvo que la situación económica del país "no permitirá satisfacer todas las demandas que hacen los mentores".

Recordó que hace unas semanas se reunió con la dirigencia del Movimiento Nacional del Magisterio y que les había pedido que fueran conscientes en sus reclamaciones porque "cualquier aumento que les haga representa muchos millones en el Presupuesto Nacional".

Para el caso, sostuvo que el incremento de 55 lempiras que se les concedió este año a los maestros representó un aumento de nueve millones de lempiras anuales en el Presupuesto de la República.

Azcona recordó que en el pasado ha sido maestro en forma contingencial y que ese dinero "cuesta ganarlo", pero pidió comprensión a los profesores, con quienes dijo estar dispuesto a dialogar en cualquier momento.

*El Heraldo/*17 de agosto de 1987

HONDURAS CUMPLIRÁ:NO PERMITIRA CONTRAS

El presidente José Azcona anunció ayer que a partir del próximo 7 de noviembre su gobierno ya no permitirá el uso del territorio nacional por parte de Fuerzas insurgentes, en acatamiento a lo estipulado en el convenio que los cinco mandatarios de la región firmaron recientemente en Guatemala.

El diputado alemán del Parlamento Europeo, Jannis Spekellariou, dijo que Honduras tendría muchas dificultades para desalojar a los contras y deseó que el gobierno tuviera el mismo coraje de Azcona al firmar, el acuerdo.

Azcona expresó que "nosotros no tenemos mayores problemas para cumplir con ese convenio. El único cumplimiento es que ya no vamos a permitir el uso de nuestro territorio para fuerzas insurgentes y el tratamiento a los refugiados. Eso lo vamos a cumplir fielmente".

Sin embargo, Azcona dijo que esperaba que Nicaragua también cumpla con el convenio el cual tiene la peculiaridad de la simultaneidad o sea que deben realizarse varios eventos a la vez. Nosotros vamos a cumplir al llegar a los 90 días después de la "firma del convenio" reiteró.

El gobernante consideró que la decisión del gobierno de Estados Unidos de seguir ayudando a la contra nicaragüense es correcta "porque no sabemos si las dos partes van a cumplir con el convenio. Si Nicaragua no lo hace tampoco Estados Unidos respetará la petición de que se suspenda la ayuda a los contras. "

"Todos tenemos nuestras reservas respecto a si Nicaragua cumplirá con el convenio, pero el paso de firmar el documento había que darlo y ahora esperamos que Nicaragua cumpla fielmente con los compromisos contraídos", comentó.

Azcona dijo que le ha sorprendido el viaje que el miércoles pasado hizo a Cuba el presidente de Nicaragua, Daniel Ortega, "No se a causa de qué, ni por qué y esperamos a ver qué explicaciones da Ortega a la prensa o qué trasciende de todo eso para tener un poco más de elementos de juicio".

Por otra parte, el mandatario expresó que confía en que el problema de los refugiados se resuelva al producirse una reconciliación nacional en Nicaragua y el Salvador, de acuerdo al convenio firmado en Nicaragua.

"Esperamos, indicó, que esos refugiados sean repatriados porque la mayor preocupación que tenemos en este momento sobre la problemática centroamericana es en relación a los refugiados, quienes en todas partes son indeseables".

La Tribuna/15 de agosto de 1987

"GRUPO DE LOS CUATRO" DECIDE APOYAR GOBIERNO DE JOSÉ AZCONA

Los aspirantes al Consejo Central Ejecutivo del Partido Liberal, William Hall Rivera, Jorge Arturo Reina, Ramón Villeda Bermúdez y Enrique Ortez Colindres, se reunieron ayer sorpresivamente, según dijeron ellos mismos, para ponerse de acuerdo a fin de apoyar al presidente José Azcona Hoyo.

Extraoficialmente se informó que la reunión entre dichos dirigentes liberales era para dar los primeros pasos de una posible alianza y lograr presentarse con un solo candidato a las elecciones del 6 de septiembre.

Hall, Reina y Ortez no me negaron ni confirmaron una alianza entre ellos, y se limitaron a decir: "todo es posible, no puede descartarse esa idea".

Los aspirantes a controlar el Partido Liberal aseguraron que su interés es la unidad del liberalismo, ahora y después de las elecciones, para poder enfrentarse al candidato opositor Rafel Leonardo Callejas.

Jorge Arturo Reina y Ortez Colindres aseguraron que uno de los puntos coincidentes entre los cuatro es darle su respaldo al gobierno de Azcona Hoyo y su política exterior, específicamente en el tratado de paz firmado en Guatemala recientemente.

WILLIAM HALL

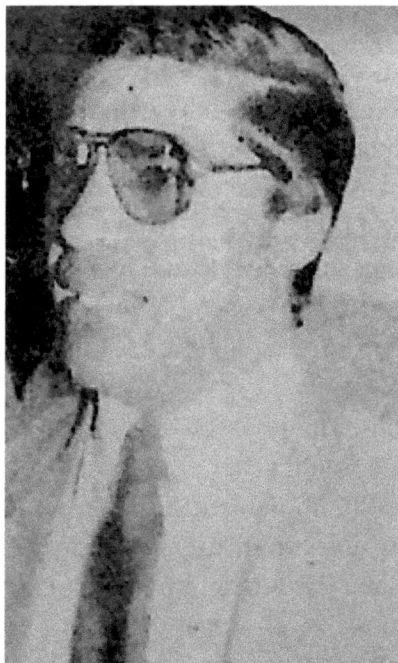

JORGE MARADIAGA

El Heraldo/14 de agosto de 1987

HONDURAS RECIBE DESEMBOLSO DE LPS. 60 MILLONES PARA FORTALECER SUS RESERVAS

TEGUCIGALPA. - (Por Faustino Ordóñez Baca), - El primer desembolso de 60 millones de lempiras destinado a fortalecer las reservas del país y contemplados en el "Programa de Estabilización Económica", fue suscrito en Casa Presidencial, ayer por los gobiernos de Honduras y Estados Unidos.

Estos fondos forman parte de los 130 millones de lempiras que el país del norte suscribió con el nuestro el 19 de junio del año en curso, con una donación orientada a promover un mayor crecimiento económico, fomentar la generación de empleos y ejecutar una serie de medidas estructurales conducentes a racionalizar las operaciones del sector público.

Los documentos fueron firmados por el presidente José Azcona, acto que fue observado por los ministros vinculados al acontecer económico del país y en representación del gobierno norteamericano su embajador Everett Brigss y el representante de la AID, John Sambrailo.

La aportación económica de Estados Unidos al gobierno hondureño también tiene como finalidad promover mayores exportaciones e inversiones del sector privado y fomentar un mayor crecimiento de la economía para crear nuevas fuentes de empleo.

Según las cláusulas del convenio, los dólares donados por el gobierno norteamericano, a través de la Agencia Internacional para el Desarrollo proporcionará divisas a través del Banco Central para que muchas empresas hondureñas puedan importar insumos y equipos necesarios, a fin de aumentar sus niveles de producción.

La institución bancaria a su vez venderá estas divisas al sector privado, lo que generaría lempiras paras ser utilizados en los programas de desarrollo previstos.

Se estima que por cada dólar desembolsado de esta donación se generarán tres dólares adicionales en nuevas actividades económicas, señala un comunicado de prensa de la embajada americana.

El director de la AID en Honduras, John Sambrailo, dijo que este organismo está en la capacidad de realizar este desembolso económico debido al logro obtenido por el gobierno hondureño en la implementación del programa.

A pesar del progreso alcanzado reconocemos que el déficit fiscal todavía constituye el problema clave de la economía nacional ", dijo el funcionario norteamericano para luego agregar que confiamos que el gobierno tomará las medidas necesarias para seguir controlando el excesivo gasto público e incrementar los ingresos fiscales.

"Confío en que todas las fuerzas vivas del país darán un mayor apoyo a fin de que el Ministerio de Hacienda y el Gabinete Económico puedan redoblar sus esfuerzos por disminuir el déficit fiscal.

El director de la AID hizo un llamamiento al sector privado del país "para que intensifique sus inversiones en proyectos productivos y en el fomento de nuestras exportaciones".

Por su lado, el embajador de Estados Unidos, Everett Briggs, por medio de estos fondos el gobierno de Reagan "desea cooperar con Honduras en sus esfuerzos de promover el crecimiento económico".

"Reconocemos, dijo el diplomático, que durante los próximos meses se necesitarán esfuerzos aún mayores para reducir la brecha fiscal e implementar reformas estructurales que puedan fomentar nuevas exportaciones e inversiones".

Entre tanto, el presidente de la República, José Azcona Hoyo, tras agradecer el gesto del gobierno norteamericano, dijo que aquí "estamos empeñados que el programa económico tiene que seguir adelante."

Reconoció que los entes descentralizados, sobre todo, "han sido los principales causantes de la situación fiscal que este gobierno heredó".

"Estamos dispuestos en mejorar la percepción de los impuestos y para ello vamos a poner en práctica medidas importantes especialmente en el manejo del impuesto sobre ventas y el impuesto sobre rentas", anunció el gobernante.

Asimismo, el ministro de Hacienda y Crédito Público, Efraín Bu Girón, manifestó que "Estados Unidos ha comprendido el papel preponderante de Honduras para fortalecer la paz, al tiempo que interpreta nuestras necesidades".

La Prensa/15 de agosto de 1987

DESARROLLO DE EXPANSIÓN CEMENTERA CONOCERÁ PRESIDENTE AZCONA

SAN PEDRO SULA. - El presidente José Simón Azcona, visitará hoy Cementos de Honduras, para conocer la forma en que marchan los trabajos de la llamada "Expansión 5", mediante la cual se logrará levantar nuevamente esa empresa que estuvo a punto de cerrar operaciones, por la forma en que se manejó su administración.

El mandatario y sus acompañantes entre los que figura el ministro de Comunicaciones, Obras Públicas y Transporte, Juan Fernando López, se entrevistará con el gerente, Roberto Larios Silva y otros funcionarios de la cementera, que aumentará ostensiblemente su producción con el millonario proyecto.

El programa de trabajo del presidente, comprenderá además entrevistas con funcionarios departamentales y locales para analizar aspectos de desarrollo en el sector norte, de acuerdo a lo informado.

La Prensa/15 de agosto de 1987

OPTIMISTA EL MANDATARIO SOBRE
FUTURO DE INDUSTRIA CEMENTERA

SAN PEDRO SULA. - La expansión cinco de la empresa Cementos de Honduras, S.A. se inició en el gobierno de Roberto Suazo Córdova, pero se paralizó debido a la caída de los precios de ese rubro en el mercado internacional, según dijeron algunos funcionarios de esa empresa.

Indicaron que el error más grande que se cometió fue "abandonar el proyecto de expansión cinco" de Cementos de Honduras y crear la Industria Cementera, S.A. (INCESA), a sabiendas que los precios del producto en el exterior habían disminuido.

Mientras tanto, el presidente José Azcona sobre este particular manifestó que "esa expansión estaba realizándose en un momento en que hubo depresión en el consumo de cemento en el mundo, pero ahora la demanda de ese producto en el Caribe y en Estados Unidos está creciendo bastante".

Azcona cree que una vez que esté terminada la "expansión número cinco" de Cementos de Honduras vamos a poder exportar una cantidad mayor de ese producto. "De un negocio malo que resultó al principio, puede resultar un magnífico negocio ahora" agregó.

El gobernante comentó que "si se hubiera esperado a hacer la fábrica INCESA cinco o diez años después de haber hecho la expansión cinco de Cementos de Honduras, o a la inversa, creo que hubiera resultado mucho mejor la operación. Lo que pasó fue una mala planificación a nivel nacional"

Según el mandatario, la fábrica de Cementos de Honduras es una de las que va a costar menos por tonelada, de las últimas que se han instalado en todo el mundo.

Dijo que la vieja planta productora de cemento llegaba a producir entre 150 a 160 mil toneladas métricas por año. INCESA 400 mil toneladas, y la expansión número cinco de Cementos de Honduras, 700 mil toneladas métricas anuales.

Expresó que los cinco años que ha tardado en ampliarse la empresa Cementos de Honduras con su proyecto "expansión cinco", en definitiva "ha resultado provechoso por la poca demanda y bajos precios en el mercado exterior".

"Pero sí creemos que ya en dos, tres, cuatro o cinco años, Honduras con la exportación que se haga y el consumo interno que va creciendo rápidamente, esas dos fábricas estarán trabajando al cien por ciento de su capacidad", apuntó.

El Heraldo/17 de agosto de 1987

EUA DONAN OTROS 60 MILLONES

Los documentos oficiales para el desembolso de 60 millones de lempiras en favor de la economía hondureña, fueron firmados ayer por el presidente José Azcona Hoyo, el embajador de Estados Unidos, Everett Briggs, y el director de AID, John Sanbrailo.

El nuevo desembolso se efectúa bajo el Programa de Estabilización Económica, firmado el 19 de junio pasado, por la suma de 130 millones de lempiras.

Los fondos serán utilizados para promover un mayor crecimiento económico, fomentar la generación de empleos productivos en el sector privado e incrementar los ingresos y bienestar de los hondureños menos favorecidos.

Según la embajada americana, se estima que por cada dólar desembolsado de la citada donación se generarán tres dólares adicionales en nuevas actividades económicas.

La donación servirá en general para apoyar el Programa Económico del gobierno, cuyo objetivo primordial es disminuir las brechas fiscales y de la balanza de pagos.

Parte de los dólares proporcionarán divisas para que las empresas hondureñas importen insumos y equipos necesarios que les permitan aumentar sus niveles de producción y empleo, y los lempiras resultantes de las operaciones se utilizarán en programas de salud, educación, agua potable, desarrollo rural y agrícola, generación de empleo e infraestructura.

El presidente Azcona suscribe los documentos oficiales que permitirán a su gobierno recibir en los próximos días una donación de 60 millones de lempiras de parte de los Estados Unidos. (Foto Alejandro Serrano).

El Heraldo/15 de agosto de 1987

CONGRESO REDUCE INGRESOS DEL GOBIERNO Y AUMENTA GASTO PÚBLICO, ACUSA AZCONA

*Recomienda a los diputados no rebajar impuestos por demagogia sino conforme a los intereses nacionales.
*Llamará a la Junta Directiva del Poder Legislativo para que no siga aumentado la brecha fiscal.

Por: Ramón Murillo Cantoral/Redactor de EL HERALDO.

El presidente José Azcona Hoyo responsabilizó ayer al Congreso Nacional por el marcado incremento en el gasto público y acusó a los diputados de actuar "demagógicamente" al pretender rebajar impuestos que son necesarios para cumplir programas de beneficio social.

La reacción del titular del Poder Ejecutivo se produjo luego que el director de la Agencia para el Desarrollo Internacional (AID), de los Estados Unidos, John Sanbrailo, recomendara al gobierno controlar "el excesivo gasto público" en que estaría incurriendo la administración.

"A pesar del progreso alcanzado en la aplicación del Programa Económico del gobierno, reconocemos que el déficit fiscal todavía constituye el problema clave de la economía nacional", le dijo Sanbrailo a Azcona en el curso de la ceremonia realizada ayer en la Casa de Gobierno.

El director de AID añadió que su país espera que el gobierno de Honduras "tomará las medidas necesarias para seguir controlando el excesivo gasto público e incrementando los ingresos fiscales".

La "llamada de atención" de Sanbrailo fue ratificada por el embajador de los Estados Unidos, Everett Briggs, quien sostuvo que durante los próximos meses "se necesitarán esfuerzos aún mayores para reducir la brecha fiscal e implementar reformas estructurales que puedan fomentar nuevas inversiones y exportaciones".

EL CONGRESO ES CULPABLE: AZCONA

Al ser consultado sobre las opiniones externadas por los representantes del gobierno de Estados Unidos, el presidente Azcona sostuvo que el Poder Ejecutivo hace todo lo que está a su alcance para no incrementar el gasto público, pero dijo que el desequilibrio proviene del Congreso.

Azcona recordó que el gasto ha crecido porque en el Congreso se han aprobado decretos para favorecer a determinados sectores y enumeró entre ellos el Estatuto Médico, el cuatro por ciento para las ciudades puertos, el incremento en el presupuesto de la Corte Suprema de Justicia, sin olvidar las reclamaciones que está planteando el gremio magisterial.

"El gasto se ha aumentado por aspectos compulsivos en los cuales no tiene ningún control el gobierno", continúo.

El presidente señaló que paralelamente se han producido decretos para disminuir los ingresos del gobierno, como es el caso de la rebaja de los impuestos de introducción que pagan los automóviles.

Azcona dijo que no se arrepiente de haber vetado el decreto para rebajar los impuestos a los vehículos porque la práctica ha demostrado que sólo beneficia a unos dos mil hondureños "que son los que compran carro anualmente".

Igualmente, destacó que por culpa de los diputados ha sido imposible poner en vigencia el decreto para el cobro del peaje en las carreteras.

El presidente acusó a los diputados de aumentar el gasto público, por un lado, y de reducir los ingresos, por el otro.

"Los diputados no deben actuar en relación a sus intereses personales o de grupo o por intereses políticos sino conforme a los intereses nacionales", sugirió el mandatario.

Añadió que en los próximos días llamará a la Junta Directiva del Congreso para que vean que el Poder Ejecutivo está "apretándose la faja" y para que ayuden a fin de que la situación económica no se deteriore.

Azcona sostuvo que los presupuestos de los ministerios están congelados desde hace dos años o tres años y que los funcionarios y empleados están haciendo grandes sacrificios para trabajar con esos presupuestos.

El jefe de Gobierno fue claro al señalar que no acusaba a ningún grupo político en particular, sino que "hay acciones que globalmente perjudican o agravan la situación y esas acciones no son imputables al Poder Ejecutivo"

"Todos debemos poner nuestro grano de arena para que la situación se mantenga y que no haya necesidad de recurrir a nuevos impuestos, devaluación de la moneda o aumento de las tarifas de los servicios públicos", expresó.

En lo particular, Azcona aseguró que no es partidario de aplicar tales medidas, pero espera que los diputados le ayuden a no aumentar los gastos y disminuir los ingresos por impuestos que ya están creados.

"No debemos, por demagogia, recurrir a la reducción de impuestos cuando las arcas nacionales requieren y necesitan esos impuestos para satisfacer los programas sociales", finalizó.

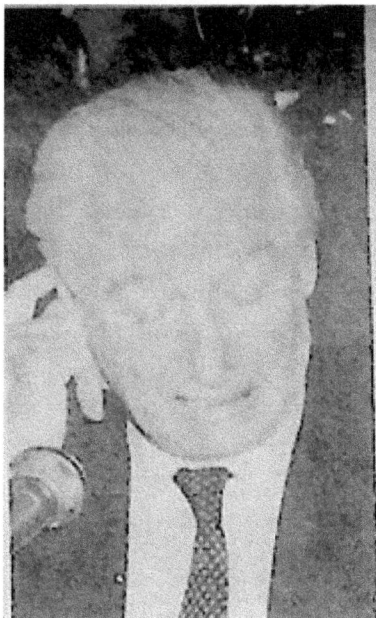

Azcona Hoyo

El Heraldo/15 de agosto de 1987

Azcona:
SEGUIRÁ AYUDA A LOS CONTRAS SI NICARAGUA NO CUMPLE PLAN

TEGUCIGALPA. - El presidente José azcona Hoyo advirtió ayer que, si el gobierno de Nicaragua no cumple con lo estipulado en el acuerdo de paz suscrito en Guatemala, dentro del plazo de 90 días, Estados Unidos no recibirá la petición de que suspenda la ayuda a los contrarrevolucionarios nicaragüenses.

El mandatario hondureño dijo que le ha sorprendido el viaje que recientemente realizó a Cuba el presidente de Nicaragua, Daniel Ortega, "no sé a causa de qué, ni por qué, y esperamos a ver qué explicación da a la prensa o qué transciende de todo eso, para tener un poco más de elementos de juicio" agregó.

Al referirse al apoyo de Fidel Castro para que en Centro América se elimine la presencia de tropas y asesores militares extranjeros, Azcona manifestó que "nosotros estaríamos dispuestos a

317

que eso suceda, pero hay un compromiso de los cinco presidentes (centroamericanos) y está claramente estipulado lo que dice en el convenio, y eso debe cumplirse".

Preguntado cuál era su criterio sobre la decisión de la administración Reagan de continuar apoyando a los "contras", a pesar del acuerdo de paz logrado en Guatemala, el presidente Azcona expresó "bueno, es que el acuerdo no ha surtido efectos, tenemos 90 días, yo creo que es una decisión, desde el punto de vista de los Estados unidos, correcta, porque no sabemos si las partes van a cumplir el convenio"

"Si dentro de los 90 días, a partir de la suscripción del convenio, (…) Nicaragua no cumple con lo convenido, pues, entonces tampoco Estados Unidos recibirá la petición de que se suspenda la ayuda a la contra", agregó.

A criterio del presidente hondureño, el éxito del acuerdo de paz depende de los países que tienen problemas internos, "nosotros no tenemos mayores problemas aquí, nosotros el único cumplimiento es que no vamos a permitir el uso de nuestro territorio por parte de las fuerzas insurgentes, y el tratamiento a los refugiados lo vamos a cumplir fielmente. Lo importante es que se resuelva la situación interna en los países donde hay conflictos, especialmente en Nicaragua":

A la pregunta qué medidas, impondrá el gobierno para impedir el uso del territorio por parte de los contras, Azcona Hoyo expresó que "nosotros vamos a cumplir, van a transcurrir los 90 días y al llegarse los 90 días, nosotros vamos a cumplir. Desde luego, el convenio no es que uno va a cumplir su parte y otro no va a cumplir, sino que tiene la peculiaridad de la simultaneidad, o sea que deben cumplirse varios eventos simultáneamente". "El compromiso que tiene Honduras es que la repatriación de los refugiados tiene que ser en forma voluntaria, tal como lo dictan los convenios internacionales. En todas partes, los refugiados son indeseables".

"La solución que tiene el problema de los refugiados, es que en realidad exista una reconciliación nacional en los países que nos han mandado esos refugiados, o sea en Nicaragua y El Salvador, para que esos refugiados sean repatriados a esos países, esa es nuestra esperanza, porque la mayor preocupación que tenemos en este momento sobre la problemática centroamericana, es precisamente en relación a los refugiados" agregó. (TDG).

Tiempo/15 de agosto de 1987

EN CEMENTOS DE HONDURAS NO HUBO ROBO NI SAQUEO: AZCONA

Invertidos 180 millones en nueva planta para producir 700 mil toneladas por año

Por: JORGE TALAVERA SOSA

Una elevada producción de cemento tendrá Honduras a partir de los primeros meses del año entrante, al ponerse en marcha la Expansión Cinco de la planta de Cementos de Honduras, en Bijao, Cortés, cuyo complejo fue visitado el sábado anterior por el presidente José Azcona, el designado Jaime Rosenthal y miembros de su Gabinete de Gobierno.

Con una capacidad de 700 mil toneladas métricas por año que generará unos 20 millones de dólares en divisas, por la exportación de 520 mil toneladas.

La nueva cementera explotará nuevas canteras de caliza de alto grado en zonas aledañas a la Planta de Bijao, con una reserva estimada de 700 millones de toneladas.

La obra, valorada en 180 millones de lempiras, está dotada de dos Parques Prehomogeneización con capacidad de almacenaje de 18 mil toneladas cada uno.

Asimismo, posee trituradora única de martillos para procesar 700 toneladas por hora; molino de crudos de molienda para 22 toneladas por hora; silo de homogeneización para almacenamiento de 10 mil toneladas; horno rotatorio con precalentador de cuatro etapas y precalcinador en el tubo ascendente con capacidad garantizada de dos mil toneladas por día.

También, sistema de control de operaciones, instalaciones combinadas con el ferrocarril para el transporte del producto a granel de Bijao a Puerto Cortés, para la exportación; instalación en la Empresa Nacional Portuaria de una terminal de graneles.

Finalmente, conversión de los molinos de la planta vieja a cemento y otros equipos, cuya instalación ha sido supervisada por la Holtec-Holderbank de Canadá y la asistencia técnica de la F.L. Smidth, fabricante del equipo.

NO HUBO SAQUEO

El presidente Azcona, quién se mostró sorprendido de los alcances del proyecto, dijo que nunca hubo robo o saqueo en Cementos de Honduras, sino una mala planificación.

Eso se reflejó, indicó, al aprobarse la expansión y a la vez la instalación de la Industria Cementera Honduras, S.A. (INCEHSA), lo que, sumado a la recesión mundial, la caída de los precios en el mercado internacional y otros factores, llevaron al descalabro económico a la empresa.

Sin embargo, afirmó que su recuperación se da como un hecho, sin que el pueblo tenga que pagar un tan solo centavo por los desaguisados del pasado.

"No hay que buscar culpables del fracaso pasado, más que la mala planificación y el mercado deprimido de entonces. Hay que pensar que dentro de cinco años ambas cementeras estarán operando en un 100 por ciento y con un mercado asegurado, especialmente en el "Caribe" reiteró Azcona.

El gerente de la empresa, Roberto Larios Silva, dijo que la obra fue financiada en su primera etapa con fondos externos y propios de la compañía en su segunda etapa.

Los fondos externos fueron aprobados mediante un aval del gobierno y todos se invirtieron correctamente y con su declaración el presidente Azcona desvirtúa las acusaciones lanzadas en el sentido de que esos préstamos fueron desviados.

La producción masiva de cemento, a partir de 1988, convertirá a este rubro en otro renglón más de la economía nacional, afirmó el presidente José Azcona, a su lado el gerente de la empresa, Roberto Larios Silva.

Acompañado del designado Jaime Rosenthal y otros funcionarios, el presidente José Azcona inspeccionó por varias horas la magnitud de la obra.

La Tribuna/17 de agosto de 1987

INSPECCIONA EL PRESIDENTE OBRAS EN EL SECTOR NORTE

SAN PEDRO SULA. - (TRM). - El presidente José Simón Azcona conoció el sábado anterior los avances de la Expansión 5 de Cementos de Honduras que costará alrededor de 180 millones de lempiras y del nuevo hospital Regional del Norte que entrará a funcionar a finales de este año.

El mandatario llegó alrededor de las diez de la mañana en un helicóptero que aterrizó en un altiplano del sector de Bijao donde está localizada la cementera, acompañado de otros funcionarios de su gobierno.

Inmediatamente después, la comitiva entre la que se encontraban los ministros, Juan Fernando López, Rubén Villeda Bermúdez y Reginaldo Panting, así como el designado presidencial Jaime Rosenthal Oliva, fue guida por el gerente de Cementos, Roberto Larios Silva, en un recorrido por las nuevas instalaciones.

La denominada Expansión 5 entrará a funcionar dentro de unos seis meses y vendrá a reforzar la producción de la vieja planta que ya es obsoleta y, por consiguiente, sus costos de operación son muy altos. El nuevo plantel tendrá la capacidad de setecientas mil toneladas métricas por año, de acuerdo a lo informado.

La primera etapa de la obra, fue financiada mediante préstamos y fue suspendida por los problemas financieros de la empresa habiéndose invertido a 1981 140 millones de lempiras, mientras que la segunda etapa que corresponde al actual gobierno y que es la terminación de la obra será concluida en un plazo de 6 meses.

La mayor parte de la producción será destinada a la exportación creándose un nuevo elemento generador de divisas para el país, además de la creación de nuevas fuentes de trabajo. Cementos planea la producción de otros materiales para exportación y consumo nacional tales como cal hidratada, carbonato de calcio, morteros y concreto en bolsa. El presidente salió gratamente impresionado del avance siendo muy explícito cuando públicamente urgió del gerente general de la empresa, ingeniero Roberto Larios Silva, para que continúe implementando el proceso de exportación, prometiendo darle todo el apoyo para que esta actividad se desarrolle con éxito.

EN EL NUEVO HOSPITAL

La comitiva presidencial se encaminó luego por tierra hasta el Hospital Regional del Norte localizado en el sector de El Playón. En el trayecto el mandatario inspeccionó los trabajos de construcción del puente sobre el río Blanco en el bulevar que conduce hacia Puerto Cortés y otro en lo que será la vía de acceso al moderno centro asistencial.

El mandatario dijo estar "extraordinariamente impresionado" por la obra, cuyo costo incluyendo todo su equipo, sobrepasa los cincuenta millones de lempiras.

La expansión comenzará a funcionar en los próximos meses generando nuevas fuentes de empleos y divisas.

Después de reunirse con el director del nuevo hospital, Reynaldo Gómez Urtecho, y el ministro de Salud, Rubén Villeda Bermúdez, el mandatario informó que habían acordado cobrar una cuota de recuperación selectiva a personas que requieran los servicios de ese centro que tengan la suficiente capacidad económica, para compensar lo que no pagan los pobres.

No cree el presidente Azcona que el Regional del Norte se convierta en un "elefante blanco", ni que el Hospital Escuela de Tegucigalpa lo sea, pues lo que sucedió con éste, fue que debieron convertirlo en un centro de referencia y no cerrar el San Felipe, de acuerdo a lo que expresó.

La Prensa/17 de agosto de 1987

NO HAY ENFRENTAMIENTO NI CHOQUE ENTRE PODERES DEL ESTADO: AZCONA

SAN PEDRO SULA. (Tulio Renán Martínez). - Que no existe ningún enfrentamiento ni choque entre los poderes legislativo y ejecutivo, sino un intercambio de críticas producto de la democracia que se vive en el país, declaró aquí el presidente José Azcona Hoyo.

Agregó que "nosotros respetamos la independencia de los poderes del Estado y creo que lo mismo hacen los diputados y no damos directrices al Congreso ni las recibimos de los diputados. Cuando en el Congreso se produce cualquier acción que nosotros creemos que no es la que conviene, entonces lo decimos libremente, como ellos (los diputados) pueden también decir en relación al poder ejecutivo".

En otro orden de cosas manifestó que no cree que "la contra" esté comprando tierras en zona fronteriza, propiamente al margen del río Patuca como se ha venido insistiendo, sino que tal vez se trate de algunos ciudadanos nicaragüenses que perfectamente pueden hacerlo, pues en eso no hay ningún delito.

Agregó que todo extranjero bien puede adquirir propiedades rurales con tal de que estas estén distantes a más de cuarenta kilómetros de las fronteras o de las costas como establece la ley.

En cuanto a los desplazados de ese mismo sector fronterizo, expresó que están regresando a sus hogares en lugares como Español Grande y Yamales y que el gobierno está dispuesto a ayudarles en todo lo que sea posible.

Para el caso se está pensando en resolver favorablemente una solicitud tendiente a crear el municipio de Trojes, contiguo a Cifuentes, que es el lugar más próximo a la guardarraya con Nicaragua, para apoyarlo completamente y se convierta en una avanzada de la hondureñidad.

El mandatario se refirió a las relaciones comerciales que se piensan establecer con Rusia y Checoslovaquia, diciendo que las mismas serán para "incrementar el cultivo del banano como también para ver si aseguramos la venta de nuestros excedentes de café"-

Agregó que se espera que la cosecha de café este año sea igual a la del año anterior y, por tanto, se producirán enormes excedentes cuando se establezcan las cuotas, que será necesario vender a países no miembros de la Organización Internacional del Café (OIC).

En relación a la producción de bananos manifestó que este año vamos a volver a sobrepasar el punto de cincuenta millones de cajas de bananos que no se había logrado alcanzar desde hace diez años, pero advirtió que, aunque esa cifra es halagadora, no debemos conformarnos, pues nuestro país tiene capacidad para más.

Dio a conocer que la Standard Fruit Company está dispuesta a vender banano a Checoslovaquia o a cualquier otro país, pues lo que se trata es de colocar el producto en nuevos mercados.

El presidente también expresó que su gobierno no se ha olvidado del desarrollo de San Pedro Sula como reiteradamente se ha dicho y prueba de ello es que está construyendo dos costosos puentes en su radio urbano como son el de río Blanco y el que estará en el bulevar hacia el nuevo hospital.

Sobre la construcción del edificio del Instituto José Trinidad Reyes, dijo que ya están disponibles dos millones de lempiras y que sólo falta completar el dinero de la obra, con el medio millón que prometieron los egresados.

El mandatario inspeccionó las obras que se realizan para construir el puente sobre el río Blanco. (Foto Max Lemus).

La Prensa/17 de agosto de 1987

AZCONA OBSTACULIZARÁ ACUERDO DE GUATEMALA, VATICINA PDCH

La administración de José Azcona Hoyo podría ejecutar acciones orientadas a obstaculizar el acuerdo de paz firmado por los mandatarios del área en Guatemala el pasado siete del presente mes, y debido a esto no le da la suficiente importancia al tratado pacificador.

Lo anterior es la conclusión de un análisis hecho al plan de paz por una Instancia Nacional que celebró el Partido Demócrata Cristiano el pasado fin de semana en esta capital.

En el evento político participó la ministra de Trabajo de Guatemala, Catalina Soberanis, quién milita en las filas del gobernante Partido Demócrata Cristiano de aquella nación.

Efraín Díaz Arrivillaga, uno de los dos diputados que representan a la Democracia Cristiana hondureña en el Congreso Nacional, informó que los delegados a la Instancia Nacional efectuaron un análisis al documento firmado en Guatemala que impulsa un nuevo proceso pacificador en la región.

Precisó Díaz Arrivillaga que las actuaciones del régimen de Azcona Hoyo demuestran que no le da mucha importancia al acuerdo pacificador y, consecuentemente, podrían surgir observaciones a corto plazo al plan de paz.

De acuerdo a las conclusiones del evento democristiano dadas a conocer por el ex presidente de ese instituto político, el Poder Ejecutivo no otorga la "suficiente trascendencia" al convenio de paz firmado en Guatemala en la cumbre denominada "Esquipulas II".

Sin embargo, Díaz Arrivillaga dijo que la firma impuesta por Azcona Hoyo al documento denominado. "Procedimiento para establecer una paz firme y duradera en Centroamérica", constituye una "paso positivo" de su gobierno en procura de alcanzar el ansiado cese al fuego en el istmo.

En el acto político se conocieron informes de las diferentes estructuras que integran al Partido Demócrata Cristiano y al final se determinó, aun con las reservas que mantienen, emitir un pronunciamiento para respaldar el acuerdo pacificador.

*En la tribuna aparece Catalina Soberanis, ministra de Trabajo de Guatemala, quien participó en el evento político de los Demócratas Cristianos hondureños. (Foto Rolando Mondragón).**

El Heraldo/17 de agosto de 1987

TITULAR DE EJECUTIVO INSPECCIONA
VARIAS OBRAS EN SAN PEDRO SULA

SAN PEDRO SULA. - El presidente José Azcona Hoyo visitó esta ciudad el sábado anterior para inspeccionar el "proyecto expansión cinco" de la empresa Cementos de Honduras, S.A. que estará concluido a finales de este año mediante una inversión de 20 millones de lempiras.

Azcona Hoyo llegó a la fábrica de cemento ubicada en Bijao, jurisdicción de Choloma, a las 10:00 de la mañana del sábado en compañía de algunos miembros de su gabinete de gobierno, altos jefes militares e invitados especiales.

El mandatario aprovechó su presencia en San Pedro Sula para inspeccionar la construcción de dos puentes valorados en más de dos millones de lempiras, lo mismo que el nuevo y moderno edificio del Hospital Regional del Norte, cuya inversión asciende a 50 millones de lempiras.

En el edificio del Hospital Regional del Norte, a inaugurarse próximamente, fue atendido por el director de ese centro asistencial, Reynaldo Gómez Urtecho, quien le mostró todas las clínicas y brindó las explicaciones correspondientes en relación con el funcionamiento de los aparatos médico-quirúrgicos.

Luego de realizar el recorrido de inspección de las mencionadas obras, que concluyó a la 1:30 de la tarde, se dirigió a un hotel de la localidad donde almorzó en compañía de los miembros de su gabinete de gobierno y demás acompañantes.

Enseguida ofreció una conferencia de prensa donde abordó varios temas de interés nacional y regional.

Su retorno a Tegucigalpa lo hizo en las últimas horas de la tarde vía aérea.

*El presidente se entera de los avances en el Hospital Regional del Norte, a inaugurarse próximamente. (Foto Andis López).

El Heraldo/17 de agosto de 1987

www.ingramcontent.com/pod-product-compliance
Lightning Source LLC
Chambersburg PA
CBHW052109020426
42335CB00021B/2688